JÜDISCHE ORTE IN BERLIN

Jüdische Orte in Berlin

Ulrich Eckhardt / Andreas Nachama

Mit Feuilletons von Heinz Knobloch
Fotografien von Elke Nord

Ein Buch der Jüdischen Kulturtage
im Nicolai-Verlag

Jüdische Orte in Berlin
Ulrich Eckhardt, Andreas Nachama
Fotografien: Elke Nord
Feuilletons: Heinz Knobloch

© 1996
Text: Die Autoren
Fotografien: Jüdische Kulturtage und Elke Nord

Einband und Layout: Uwe Lorenz, DESIGN17
Lithografie und Druck: Oktoberdruck Berlin

Ein Buch der Jüdischen Kulturtage
in der Nicolaischen Verlagsbuchhandlung
Beuermann GmbH, Berlin
ISBN 3-87584-581-1

Inhaltsverzeichnis

Kapitel 1	Rund um die Neue Synagoge	8
Kapitel 2	Große Hamburger Straße – Rosenthaler Straße	13
Kapitel 3	Scheunenviertel	21
Kapitel 4	Rund um die Charité	25
Kapitel 5	Marienkirche – Dom – Spandauer Straße	29
Kapitel 6	Schönhauser Allee – Rykestraße	35
Kapitel 7	Brunnenstraße – Zionskirche	40
Kapitel 8	Friedrichshain	43
Kapitel 9	Pariser Platz – Hausvogteiplatz	46
Kapitel 10	Südlich der Leipziger Straße	55
Kapitel 11	Kreuzberg – Neukölln – Tempelhof	63
Kapitel 12	Tiergartenstraße – Nollendorfplatz – Potsdamer Straße	71
Kapitel 13	Fasanenstraße – Wittenbergplatz	79
Kapitel 14	Kurfürstendamm	85
Kapitel 15	Kantstraße – Hardenbergstraße	90
Kapitel 16	Otto-Suhr-Allee – Lietzensee	95
Kapitel 17	Maison de Santé	98
Kapitel 18	Bayerisches Viertel	100
Kapitel 19	Friedenau – Steglitz	106
Kapitel 20	Grunewald	112
Kapitel 21	Dahlem – Zehlendorf – Wannsee	120
Kapitel 22	Westend – Heerstraße – Eichkamp	124
Kapitel 23	Siegmunds Hof – Levetzowstraße	129
Kapitel 24	In den Zelten – Alt-Moabit – Plötzensee	132
Kapitel 25	Wedding	136
Kapitel 26	Pankow	138
Kapitel 27	Weißensee	143
Kapitel 28	Spandau	147
Kapitel 29	Treptow – Adlershof – Köpenick	149

Vorwort

Die in 29 Kapiteln dargestellten Gänge durch die jüdische Berliner Geschichte machen klar, wie stark die Stadt von Menschen jüdischer Herkunft geprägt war, wie tief zertrümmert die fruchtbare Verbindung ist. In nur 12 Jahren ging zugrunde, was in zwei Jahrhunderten als eine europäische Hoffnung gebaut war. Wer die verschlungenen Wege zu den weitverzweigten Schauplätzen jüdischen Lebens wirklich oder gedanklich nachvollzieht, kommt zur beunruhigenden Einsicht, daß das Zerstörungswerk des nationalsozialistischen Herrschaftsapparates weit über die Zeit des Regimes hinauswirkt, daß der Umgang mit dem Geschehenen lange Zeit von Verharmlosung und Beschönigung gekennzeichnet war, daß die Zerstörung jüdischer Gemeinden und jüdischen Lebens offensichtlich als endgültig betrachtet wurde, daß erhalten gebliebene jüdische Orte dem planerischen Neubeginn weichen mußten, daß dieser Neubeginn von Verdrängung begleitet war, daß das Empfinden der Verantwortung sich erst langsam und mühsam durch die Euphorie des Wiederaufbaus durchkämpfen mußte. So entstanden die Un-Orte jüdischen Lebens, die sich nur noch schwer entziffern lassen und der regelmäßig erneuerten Erklärung bedürfen.

Monumentale Denkmäler können und werden das Vergessen und Verdrängen nicht beenden. Unter ihrem Druck und ihrer Wucht werden Leben und Leiden der vielen Einzelnen nur schwer erkennbar bleiben. Autoren und Herausgeber hoffen, daß die vielen kleinen Geschichten und Begebenheiten, die am jeweiligen authentischen Ort – oder Un-Ort – nach Chronistenpflicht erzählt werden, mehr Bewußtsein und Gedächtnis schaffen als jedes Denkmal oder Mahnmal. Vielleicht ist das Ergebnis der gegenwärtigen Diskussion um ein Mahnmal für die ermordeten Juden Europas eher an vielen sorgfältig eingerichteten Denkorten zu finden als an großen Denkmälern, die Erinnerung neutralisieren.

Nach dem Kriege wurde die ab 1933 betriebene Löschung jüdischer Spuren weitergeführt. Keiner erwartete die Wiedergründung jüdischer Gemeinden in Deutschland – auch unter den Juden selbst war die dauerhafte Wiedereinrichtung jüdischer Gemeinden umstritten. Heinz Galinski war einer der wenigen hoffnungsvollen Pioniere nach der Shoa, der an den Aufbau nach dem Untergang glaubte, um wieder jüdisches Leben in Berlin einzurichten. Beschädigte Synagogen sind in den 50er Jahren scheinbar gedankenlos abgerissen worden. Die Tilgung jüdischer Namen auf Straßenschildern wurde nicht rückgängig gemacht. Jüdische Namen auf Hauswänden wurden übermalt oder überputzt. Gedenktafeln fehlen an wichtigen Orten oder wurden beseitigt und gestohlen. Rückübertragungen enteigneter oder arisierter Grundstücke und Gebäude nach dem Einigungsvertrag werden nur zögerlich vollzogen.

In zahlreichen Facetten berichtet das vorliegende Buch auch vom Drama der Emanzipation und Assimilation. Um in der allzeit von latentem Antisemitismus durchsetzten aufstrebenden bürgerlichen Konkurrenzgesellschaft bestehen und weiterkommen zu können, mußten jüdische Intellektuelle, Wissenschaftler und Unternehmer schneller und fortschrittlicher sein. Deshalb waren ihnen und ihren Familien Bildung und Lebensstil besonders wichtig. Berlins Sprung ins 20. Jahrhundert wurde so durch die jüdischen Bürger erheblich beschleunigt.

Den höchsten Prozentsatz an der Gesamtbevölkerung Berlins erreichte der jüdische Anteil in der Zeit von 1905 bis 1925, nämlich etwa 4%. 1905 waren es 130.000 und 1925 etwa 173.000 jüdische Einwohner. 1933 betrug die Zahl 160.000. Sie sank auf 75.000 im Jahre 1939, das sind 1,7%, auf 33.000 im Jahre 1942 und auf 17.000 im Jahre 1943. Die Zahl der „illegal" im Untergrund lebenden Menschen wird auf 5.000 bis 7.000 Menschen geschätzt. Die Zahl der Überlebenden am Ende des 2. Weltkrieges 1945 wird mit 1.400 vermutet.

Berlin ist keine Stadt mehr, die eine durch ihre jüdische Herkunft geprägte Bevölkerungsgruppe mit maßgeblichem Einfluß auf das Kultur- und Wirtschaftsleben hätte – trotz des ansteigenden Zuzugs, vor allem aus Osteuropa seit der historischen Zäsur der Jahre 1989/1990. (Zum Vergleich: In Paris sind es 400.000 Menschen mit jüdischer Identität.) Vor 1933 lebte ein Drittel der deutschen Juden in Berlin – bis zu 175.000 Menschen. 1946 waren es 5.000, die aus Lagern und Verstecken zurückkehrten. Bis 1989 lebten 6.000 Personen jüdischen Glaubens im Westen, 200 im Osten der Stadt. Jetzt sind es schon mehr als 10.000 in der vereinigten Stadt. Es wird vom Umgang mit der jüdischen Kultur und den Menschen abhängen, ob es gelingen wird, die jüdische Gemeinde in Berlin weiter zu entwickeln, um Berlin wieder zu einem Zentrum jüdischen Lebens in Europa werden zu lassen.

Alle von Elke Nord aufgenommenen Fotografien stammen aus den Jahren 1994 und 1995. Bewußt enthält das Buch keine historischen Fotos. Einige Ortsbeschreibungen stützen sich auf Vorarbeiten von Eva-Maria Thimme und Alfred Etzold. Ihnen danken wir ebenso wie Hermann Simon für Beratung und Durchsicht sowie Uwe Lorenz für die Buchgestaltung und Susanna Salman für die Textverarbeitung. Das Buch erscheint anläßlich der von den Jüdischen Kulturtagen im Centrum Judaicum eingerichteten Ausstellung „Jüdische Orte in Berlin" mit dankenswerter materieller Unterstützung durch die Stiftung Preußische Seehandlung und die Stiftung Centrum Judaicum/Neue Synagoge, die Landesbank Berlin, die Harold Bob Stiftung und den Habimah-Verein.

Das Buch enthält als besondere literarische Beiträge vierzehn Essays von Heinz Knobloch, dem wir für die Mitwirkung herzlich dankbar sind.

Uns ist bewußt, daß die Auswahl jüdischer Orte und Namen unvollständig ist und Fehler wegen schwieriger Quellenlage möglich sind. Die Herausgeber wünschen sich kritische Hinweise und Ergänzungen für weitere Auflagen und bitten um Zuschriften über den Verlag.

Kapitel 1

Rund um die Neue Synagoge

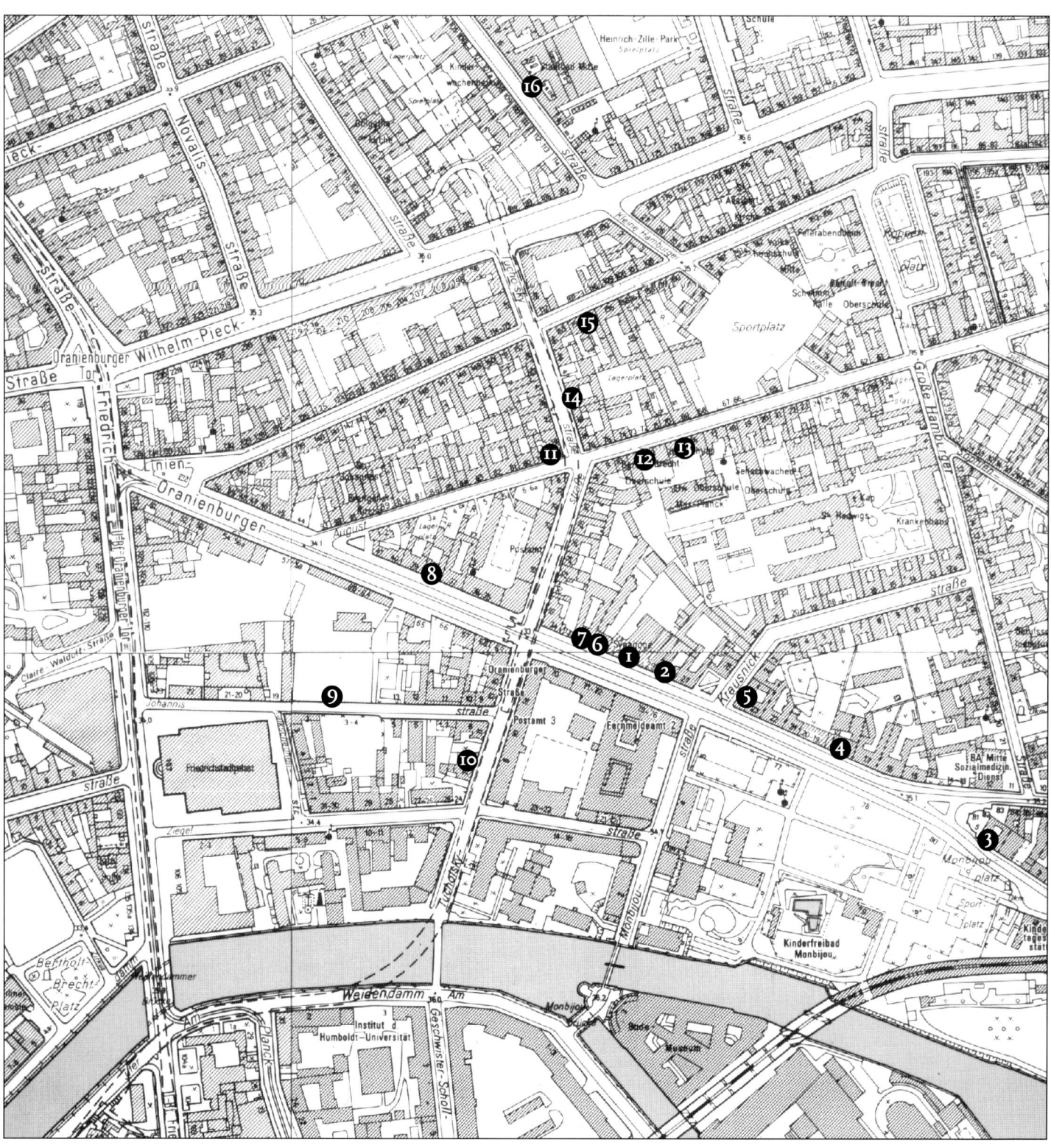

Oranienburger Straße 30
Neue Synagoge/Centrum Judaicum

„Tuet auf die Pforten, daß einziehe das gerechte Volk, das bewahret die Treue."

50 Jahre nach der Befreiung vom nationalsozialistischen Terror, der alle jüdischen Gemeinden Europas auslöschen wollte, geschah am 7. Mai 1995 das seinerzeit Unvorstellbare: Als Mittelpunkt einer wieder wachsenden Jüdischen Gemeinde Berlins und Heimstatt für das Centrum Judaicum wurde die Neue Synagoge zum zweiten Male eingeweiht. Die 50 Meter hohe goldene Kuppel, weithin sichtbar die Silhouette der Stadt prägend, ist wieder Wahrzeichen jüdischer Traditionen in Berlin. Im rekonstruierten Vorderhaus mit Rotunde, Vestibül, Repräsentantensaal, Ausstellungsräumen und Vortragssaal (auch für die im Nachbarhaus, Oranienburger Straße 29, beheimatete Jüdische Volkshochschule) wird künftig jüdisches Erbe und Leben vermittelt. Das Haus steht allen offen, auch wenn es rund um die Uhr geschützt werden muß. Eine kleine Synagoge und ein rituelles Bad (Mikwe) im Keller des rechten Turms werden demnächst wieder eingerichtet.

Die Neue Synagoge wurde nach Entwürfen von Eduard Knoblauch und August Stüler im maurischen Stil von 1859 bis 1866 gebaut und am 5. September 1866 eingeweiht. Die Synagoge war mit über 3.000 Sitzplätzen das größte und galt als das prächtigste jüdische Gotteshaus in Berlin und in Deutschland.

Dank des Eingreifens von Wachtmeister Wilhelm Krützfeld, dem eine Gedenktafel

gewidmet ist, blieben die Schäden in der Pogromnacht 1938 verhältnismäßig gering, so daß von April 1939 bis zum 30. März 1940 wieder Gottesdienste stattfinden konnten. Danach wurde das Gotteshaus von der Wehrmacht als Lagerhaus mißbraucht. Ausgebrannt nach einem Bombenangriff in der Nacht des 22./23. November 1943, wurde die Hauptsynagoge im Jahre 1958 gesprengt. Ab 1988 wurde mit dem Wiederaufbau des zur Straße gelegenen Teils des Gebäudes begonnen. Zum 100. Jahrestag am 5. September 1991 war die Straßenfassade als eindrucksvoller Torso rekonstruiert und der Spruch des Propheten Jesaja über dem Portal wieder zu lesen.

Die Architektur ist stolzer Ausdruck des Selbstbewußtseins Berliner Juden, die hier nicht nur einen religiösen, sondern auch kulturellen und geistigen Mittelpunkt fanden.

Beispielsweise spielte Albert Einstein in einem Konzert am 29. Januar 1930 als Violinsolist. Im Unterschied zur ersten, der Alten Synagoge in der Heidereutergasse, wurde in der Neuen Synagoge der Gottesdienst nach liberalem Ritus abgehalten unter Verwendung einer Orgel und eines gemischten Chores. Die Reform des Ritus war Teil des Assimilationsprozesses. Jüdische Traditionen sollten der umgebenden Gesellschaft und den veränderten Lebensumständen der Juden angepaßt werden.

Der bekannteste Komponist jüdischer Synagogalmusik Louis (Lazarus) Lewandowski (1823–1894) wirkte ab 1866 hier. Er war der erste jüdische Meisterschüler, den die Preußische Akademie der Künste aufnahm, und wurde später zum Professor ernannt.

Rund um die Synagoge waren mehr als 100 jüdische Institutionen der Wohlfahrtspflege, der Bildung und Wissenschaft angesiedelt. Mit dem benachbarten Café Oren, der Jüdischen Galerie und der Jüdischen Volkshochschule ist wieder ein Mittelpunkt jüdischen Lebens entstanden.

Oranienburger Straße 28

In dem von Gemeindebaumeister Johann Hoeniger um die Jahrhundertwende erbauten Verwaltungsgebäude befanden sich ursprünglich das Gesamtarchiv der deutschen Juden (später vom sogenannten NS-Sippenamt beschlagnahmt und mißbraucht), die Hauptverwaltung, die Hauptbibliothek und bis in die 30er Jahre die Freie Jüdische Volkshochschule. In diesem Hause begann 1945 der allmähliche Wiederaufbau der Jüdischen Gemeinde Berlin. Heinz Galinski wurde am 1. April 1949 in sein Amt als Vorsitzender der Jüdischen Gemeinde berufen. Sein Schreibtisch stand hier bis 1953.

Heute sind die Verwaltung, die Jüdische Volkshochschule und soziale Dienste in dem Gebäude tätig. Im benachbarten Neubau Nr. 29 hat die Stiftung „Neue Synagoge/Centrum Judaicum" ihren Sitz.

Monbijouplatz 4 ❸
Jüdischer Kulturverein

Oranienburger Straße 18 ❹

Hart stoßen in der Oranienburger Straße die geschichtlichen Ereignisse aufeinander: In unmittelbarer Nachbarschaft zur Neuen Synagoge, in einem Studentenheim, begann am Abend des 10. Mai 1933 der Fackelzug, der zur Bücherverbrennung auf dem Opernplatz führte.

Krausnickstraße 1 ❺

Hier wurde am 12.8.1899 Alfred Kantorowicz geboren. Er war Redakteur bei der Vossischen Zeitung und Mitarbeiter der Weltbühne, emigrierte 1933, kam 1946 in die DDR als Professor der Humboldt-Universität zurück und übersiedelte 1957 in die Bundesrepublik.

Oranienburger Straße 31 ❻

Das Jüdische Hospital begann 1853 seine Arbeit in unmittelbarer Nachbarschaft zum alten Jüdischen Friedhof in der Oranienburger Straße 6–8 und erhielt einen 1896 von Moritz und Bertha Mannheimer gestifteten Neubau. Nach der Verlegung des Hospitals zur Auguststraße wurde das Gebäude durch die Jüdische Gemeinde genutzt, u. a. vom Jüdischen Museum, dessen unersetzliche Schätze nach der Schließung 1938 verlorengingen. In dem Gebäude befinden sich heute die Zentral-Wohlfahrtsstelle und die Geschäftsstelle des Zentralrats der Juden in Deutschland, der im Januar 1996 seinen Sitz von Bonn nach Berlin verlegte.

Durch Rückübertragungsbescheid wurde die Jüdische Gemeinde wieder Eigentümerin der Grundstücke Oranienburger Straße 28, 29, 30 und 31 mit 8.000 qm. Aus dem Berliner Landespressedienst vom 1. 9. 1995: „Die Bearbeitung der Verfolgtenansprüche ist mit die schwierigste Materie. Die Grundstückshistorie ist bis ins Jahr 1933 zurückzuverfolgen und damit bis in die Tiefen der deutschen Geschichte hinein." Es liegen den Berliner Vermögensämtern (am 31. 7. 1995) insgesamt 286.814 Anträge auf Rückübertragung vor, 75.401 Anträge auf Restitution von Grundstücken. 1.000 Grundstücke wurden zurückgegeben. 33.249 Antragsteller berufen sich auf verfolgungsbedingten Vermögensverlust. Bis jetzt sind ca. 7.000 Anträge erledigt, 3.500 abgelehnt.

Oranienburger Straße 32 ❼
(Hofdurchgang zur Auguststraße)

Liberale und Orthodoxe lebten in der Straße auf engstem Raum tolerant zusammen. In diesem Haus jüdischen Lebens existierten eine Schule der orthodoxen jüdischen Gemeinde Adass Jisroel im Hofgebäude, der Talmud-Verein Chewras Schass und Ritualbäder. Die verblichene Inschrift ist nicht echt, sondern blieb von einer Filmdekoration. Ein originaler jüdischer Firmenname war im ganzen Viertel der Spandauer Vorstadt nicht mehr zu finden.

Oranienburger Straße 38 ❽

Das Baruch-Auerbachsche Waisenhaus hatte seinen Sitz an dieser Stelle von 1853 bis 1897. Es beherbergte Knaben und Mädchen.

Später siedelte das Waisenhaus in die Schönhauser Allee 162 über. Dort blieb es bis zu den Deportationen im Jahre 1942.

Johannisstraße 16 ❾

Im starken Gegensatz zum orthodoxen Ritus fand der Gottesdienst in der 1854 eingeweihten Reform-Synagoge, dem sogenannten „Tempel" statt, in starker Anlehnung an den christlichen Gottesdienst vorwiegend in deutscher Sprache. Es gab keine Trennung von Männern und Frauen, und die für Männer obligatorische Kopfbedeckung, das Anlegen von Gebetsschal und Gebetsriemen waren nicht üblich. Zeit des Hauptgottesdienstes war der Sonntagvormittag. Beim Pogrom des November 1938 wurde die Reform-Synagoge verwüstet und später durch Bomben zerstört.

Tucholskystraße 9 ❿
(früher Artilleriestraße 14)

Gegründet am 5. Januar 1870 durch Moritz Lazarus und Salomon Neumann, nahm die Hochschule für die Wissenschaft des Judentums ihre für jeden zugängliche Lehrtätigkeit am 6. 5. 1872 in dem von Gemeindebaumeister Johann Hoeniger entworfenen und von Nathan Bernstein finanzierten Gebäude auf. Nicht nur Rabbiner-Ausbildung war vorgesehen, sondern eine allgemeine Vermittlung jüdischen Wissens. Durch Stiftungen und Zuwendungen reicher jüdischer Bürger erhielt die Hochschule ihre materielle Unabhängigkeit. Sie mußte sich auf Anordnung der preußischen Behörden 1883 in „Lehranstalt" umbenennen. Der ursprüngliche Name wurde 1920 wieder zugelassen, jedoch 1934 erneut verboten. Die 60.000 Bände umfassende Bibliothek und eine hochkarätige Sammlung jüdischer Kultgeräte gingen vollständig verloren. Der Lehrbetrieb mit nur noch wenigen verbliebenen Studierenden mußte am 19. Juli 1942 eingestellt werden. Einer der letzten Professoren war Rabbiner Leo Baeck (1873–1956). Er lehrte seit 1919 Religionsgeschichte, Judaistik und Pädagogik, war ab 1933 Präsident der Reichsvertretung (Reichsvereinigung) der deutschen Juden, kam 1943 ins KZ Theresienstadt, überlebte und emigrierte 1945 nach London. Das Leo-Baeck-Institut in New York erforscht die Geschichte des deutschen Judentums.

Dem nationalsozialistischen Wahn, alle jüdischen Spuren auszutilgen, entging der jüdische Weisheit symbolisierende Löwenkopf über dem Portal.

Auguststraße 77

Das unter Aufsicht der Gemeinde Adass Jisroel stehende Geschäft Kolbo verkauft koschere Lebensmittel sowie Ritualien entsprechend der jüdischen Tradition.

Auguststraße 11–13

Im Stile der Neuen Sachlichkeit entwarf 1927/28 der Gemeindebaumeister Alexander Beer die Mädchen-Volksschule der Jüdischen Gemeinde. Die neue Schule wurde 1930 eingeweiht und bezogen. Am 30. Juni 1942 wurde sie durch die nationalsozialistischen Behörden geschlossen. Es war verboten, jüdische Kinder zu unterrichten.

Auguststraße 14–16

Eduard Knoblauch, Architekt der Neuen Synagoge, baute von 1858 bis 1860 in einem strengen klassizistischen und wohlproportionierten Stil das im Hof gelegene neue Krankenhaus der Jüdischen Gemeinde, das 1914 nach Wedding verlegt wurde. Das an der Straße gelegene Vordergebäude mit Tordurchfahrt und das ehemalige Krankenhaus wurden zwischen den Weltkriegen zu einem von zahlreichen gemeindlichen und privaten Einrichtungen genutzten Zentrum jüdischer Wohlfahrtspflege. Das Jüdische Jahrbuch von 1928 verzeichnete u. a.: Mädchenheim des Jüdischen Frauenbundes, Tagesstätte für Säuglinge, Kindergarten des Wohlfahrtsamtes, die „Chewra Kaddischa" für Groß-Berlin, Kochschule der Gemeinde, Näh- und Arbeitsstube für Frauen und Mädchen, Jüdisches Kinderheim „Ahawah", Zahnklinik, orthopädischer Turnsaal der Jüdischen Kinderhilfe, Kindergarten der orthodoxen Gemeinde Adass Jisroel, Kleiderkammer der Jüdischen Gemeinde. In ihrem gründlich recherchierten Buch hat Regina Scheer eindrucksvoll die Not und den Schrecken, die Todesangst und Verzweiflung geschildert, als diese sozialen Schutzräume für die Schwächsten der Jüdischen Gemeinde vom nationalsozialistischen Terror eingeholt und vernichtet wurden. „Und eines Tages standen da die Mütter mit den leeren Kinderwagen, die Kinder waren weggeholt worden, zusammen mit den Pflegeschwestern. Die Mütter haben stundenlang geheult und wollten nicht gehen." Dies geschah im Februar 1943 im Zusammenhang mit der sogenannten Fabrikaktion. Die Geschichte, die keine Gedenktafel erzählen kann, darf nie vergessen werden.

Tucholskystraße 40
(frühere Artilleriestraße 31)

Adass Jisroel wurde im Juni 1869 gegründet, trat 1876 aus der Jüdischen Gemeinde aus und erhielt die offizielle Zulassung als Religionsgemeinschaft am 9.9.1885. Die Gründung der Israelitischen Synagogengemeinde Adass Jisroel war Reaktion auf den im 19. Jahrhundert herrschenden Druck zu gesellschaftlicher und religiöser Anpassung in der Phase des gesellschaftlichen Aufstiegs. Doch nicht emanzipationsfeindliche Abkapselung war das Ziel der neugegründeten Gemeinde, sondern die Vereinigung von gesetzestreuem Leben mit der Offenheit für Kultur und Bildung der Umwelt. Jüdische Traditionen sollten trotz der Teilnahme an gesellschaftlichen Entwicklungen gewahrt bleiben. Mit der Eröffnung von Religionsschulen, Synagogen und rituellen Einrichtungen entfaltete Adass Jisroel ein eigenständiges Gemeindeleben. Erster Rabbiner war Esriel Hildesheimer.

Gemeindezentrum und Synagoge mit Quellbad, Bachurim-Schule, Rabbiner-Seminar und Talmud-Tora-Schule befanden sich zunächst in der Gipsstraße und wurden 1904 an die heutige Stelle verlegt. Mit dem Anwachsen der Gemeinde wurde neben zahlreichen Religionsschulen 1924 ein zweites Gemeindezentrum in Siegmunds Hof 11 in Berlin-Tiergarten mit Synagoge, Realgymnasium und Oberlyzeum eingerichtet. Ein eigenes Krankenhaus wurde in der Elsässer-/Linienstraße unterhalten. Adass Jisroel wurde von der Gestapo im Dezember 1939 aufgelöst und in die Reichsvereinigung der Juden in Deutschland zwangsweise eingegliedert (nach Adass-Jisroel-Nachrichten 1994).

Die in der Pogromnacht verwüstete Synagoge, die als Ruine den Krieg überstand, wurde erst im Jahre 1967 gesprengt. Ein Hausschatten an der Brandwand des angrenzenden Gebäudes gibt noch eine Ahnung von der Größe des Gotteshauses. Über dem Durchgangsportal zu dem im Hinterhof gelegenen Gotteshaus überlebte wie durch ein Wunder als einziger in Berlin ein Davidstern den nationalsozialistischen Terror, obwohl die Austilgung aller jüdischen Symbole und Spuren angeordnet worden war.

Die Gemeinde Adass Jisroel hat 1989 an diesem Ort ihre Tätigkeit wieder aufgenommen. Seit dem Sommer 1985 konnte der verwüstete Adass-Friedhof in Weißensee wieder hergerichtet werden. Im März 1990 wurde eine kleine neue Synagoge eingeweiht. Als Treffpunkt der Gemeinde dient das Beth Café im Gemeindehaus. Im Seitenflügel des Gebäudes wird eine Mikwe wiederhergestellt. Eine Gedenktafel aus dem Jahre 1986 erinnert an die ermordeten und vertriebenen Gemeindemitglieder.

Das Rabbiner-Seminar für das orthodoxe Judentum, 1873 vom Rabbiner Esriel Hildesheimer gegründet, bildete in sechs Jahren orthodoxe und konservative Rabbiner aus. Es wurde 1938 verboten und geschlossen. Die 25.000 Bände umfassende Bibliothek mit wertvollen Handschriften ging vollständig verloren. Das Rabbiner-Seminar veranstaltete auch Vortrags- und Unterhaltungsabende für die ärmere jüdische Bevölkerung. Josef Burg, langjähriger Minister im Staate Israel, ist einer der bekanntesten Absolventen.

Linienstraße 154a ⑮

Eine Gedenktafel am Haus erinnert an die jüdische Widerstandskämpferin Margarete Kaufmann, die bis zu ihrer Verhaftung im Jahre 1936 für die Kommunistische Partei tätig war. Sie wurde 1938 zu 15 Jahren Haft verurteilt, 1942 nach Auschwitz deportiert und dort ermordet.

Gartenstraße 5 ⑯
Stadtbad Mitte

Nicht – wie es sein sollte – im ehemaligen Kaiser-Friedrich-, dem jetzigen Bode-Museum, sondern im Eingangsbereich des aus den 20er Jahren stammenden Stadtbads befindet sich eine Gedenktafel für den Bankier und Kaufmann (Inhaber einer Baumwollfirma in der Klosterstraße) James Simon (1851–1932), der einer der bedeutendsten Mäzene Berlins war. Er stiftete, finanzierte und förderte soziale Einrichtungen und Museen ebenso wie archäologische Expeditionen in den Orient. Er gründete 1880 das Stadtbad (Volksbad) Mitte, 1901 mit Paul Nathan den „Hilfsverein der deutschen Juden" und war Initiator des Deutschen Orientkomitees 1887 und 1898 der Deutschen Orientgesellschaft. Den Vorderasiatischen und Ägyptischen Museen stiftete er wertvolle Ausgrabungsfunde aus Babylon und Tell-el-Amarna, darunter die Nofretete. Sie stand zunächst in seinem Privathaus Tiergartenstraße 15a. Berlins berühmtestes, aus aller Welt die Touristen anziehendes Kunstwerk, um 1340 v. Chr. geschaffen, kam durch eine von James Simon finanzierte Expedition 1912 nach Berlin. Die Damen der Berliner Gesellschaft strömten zum Hause des Grabungsfinanziers, um vom Make-up der Gemahlin eines dem Sonnengott Amun huldigenden Pharaos Anregungen für das eigene Aussehen zu gewinnen. Die Berliner wurden durch Simon zu Ägyptomanen und pilgerten allsonntäglich zu den Mumien. Sie liebten Nofretete auf Anhieb, als sie nach der Schenkung durch James Simon im Ägyptischen Museum aufgestellt wurde. Heute gehört sie zum Pflichtprogramm für Touristen und ist das meistbesuchte Kunstwerk der Stadt im Ägyptischen Museum in Charlottenburg, Schloßstraße 70. Simons Porträtbüste steht angestrahlt in einer Vitrine an prominenter Stelle in der Eingangshalle des Ägyptischen Museums, und eine Tafel neben der Nofretete bezeugt deren Herkunft aus dem Besitz des Mäzens James Simon. Er starb verarmt nach der Wirtschaftskrise und mußte noch kurz vor seinem Tode den verstärkten Antisemitismus schmerzhaft erleben. Nach 1933 wurde in den Museen sorgfältig jeder Hinweis auf ihn als Stifter getilgt.

Kapitel 2

Große Hamburger Straße – Rosenthaler Straße

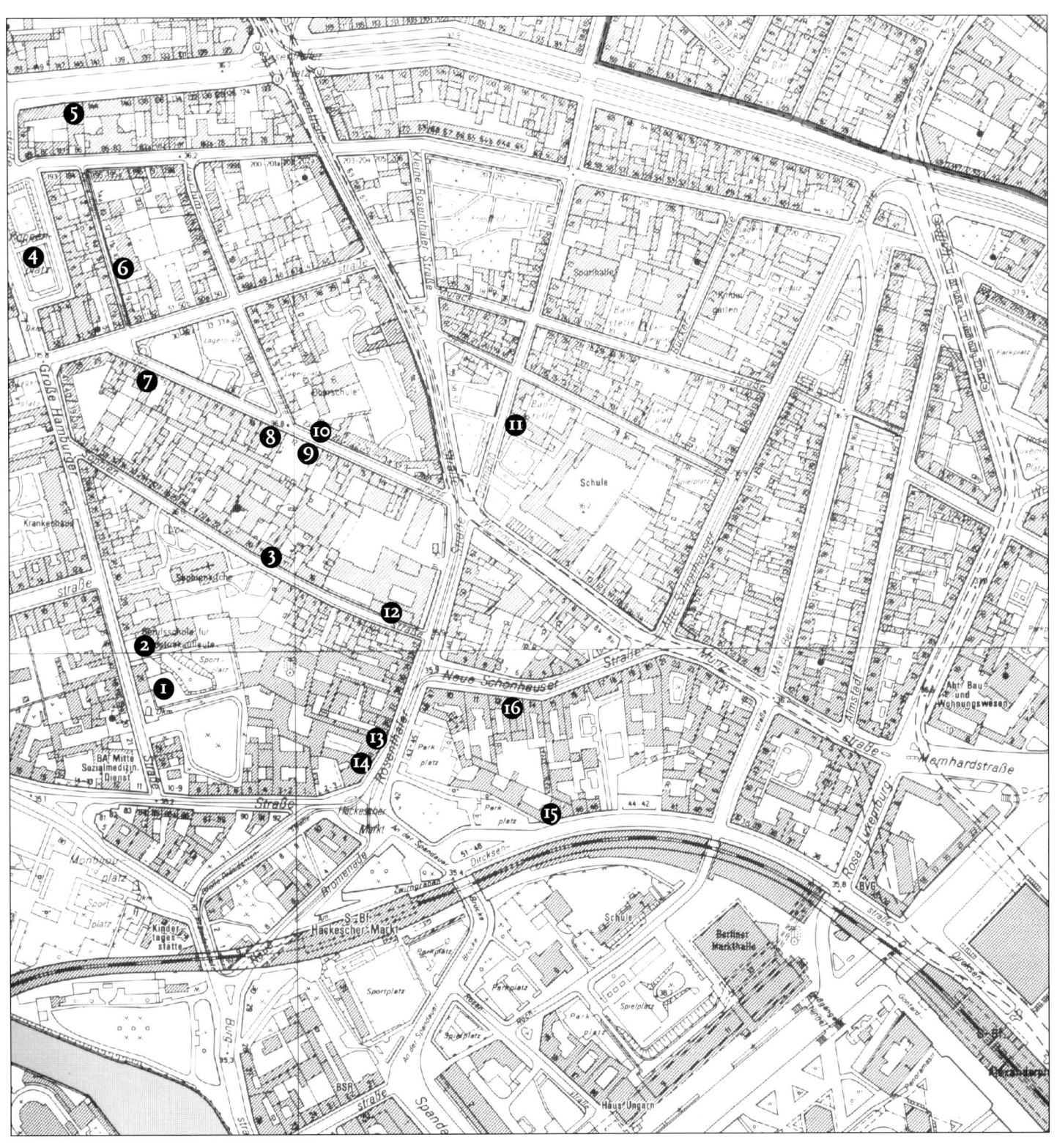

Große Hamburger Straße 26–27 ❶ ❷

Der alte jüdische Friedhof, von 1672 bis 1827 benutzt, wurde 1943 auf Befehl der Gestapo zerstört und umgewühlt. Es war der Begräbnisplatz der 50 Familien Wiener Schutzjuden, die 1671 nach Berlin kamen und vor dem Spandauer Tor angesiedelt wurden.

Damals konstituierte sich nach langer Unterbrechung erneut eine jüdische Gemeinde in Berlin. Als er geschlossen wurde, hatte der Friedhof 2.767 Grabstätten, darunter die Gräber so bedeutender Persönlichkeiten des Berliner Judentums wie Moses Mendelssohn (1729–1786), Veitel Heine Ephraim (1703–1775), Münz- und Silberkaufmann Daniel Itzig (1725–1799) und sein Sohn Isaac Daniel Itzig (1750–1806), Arzt und Philosoph Marcus Herz (1747–1803), Jacob Herz Beer (1769–1825), der Vater von Giacomo Meyerbeer.

Seit 1844 stand vor dem Friedhof das erste Jüdische Altersheim, daneben die Knabenvolksschule. Beide Gebäude wurden 1942 als „Judenlager" der Gestapo in ein Gefängnis mit Gittern und Scheinwerfern umgewandelt. 1943 wurden Splittergräben durch den Friedhof gezogen und mit zerschlagenen Grabsteinen abgestützt. Daran mag der Sarkophag aus zertrümmerten Grabsteinen hinter dem erneuerten Grab Moses Mendelssohns erinnern. Im April 1945 diente das Areal als Massengrab für gefallene Soldaten und im Bombenhagel getötete Zivilisten.

Straße der Toleranz und des Todes könnte die Große Hamburger Straße genannt werden. Friedlich beieinander liegen das katholische St. Hedwigs-Hospital, der berühmte Friedhof der protestantischen Sophienkirche, wo die Karschin, Zelter und Ranke begraben sind, und der alte Jüdische Friedhof.

Wie durch ein Wunder blieb trotz der angeordneten Tilgung aller jüdischen Inschriften und Symbole über dem Portal Große Hamburger Straße 27 die Inschrift mit Skulpturenschmuck „Knabenschule der Jüdischen Gemeinde" erhalten. Die Luftverschmutzung hat Tränenspuren über das Gesicht der Torbogenfigur gezogen. Die Schule wird seit August 1992 wieder von der Jüdischen Gemeinde als Grundschule genutzt, ab 1993 auch als Realschule und als ein allen offenstehendes Jüdisches Gymnasium. Ihr Vorläufer war die Jüdische Freyschule, die auf Initiative von Moses Mendelssohn 1778 durch David Friedländer, Isaac Daniel Itzig und Hartwig Wessely, finanziell unterstützt von Daniel Itzig, ins Leben gerufen worden war und 48 Jahre lang bestanden hatte. Die Knabenschule hatte ihr Domizil zunächst in der Rosenstraße 12. 1863 zog sie in die Große Hamburger Straße um, wo 1905/06 nach Entwürfen des Gemeindebaumeisters Johann Hoeniger das noch jetzt existierende Schulgebäude errichtet wurde. Am 11. März 1942 ließ das Reichssicherheitshauptamt die Schule räumen. Sie wurde am 30. Juni 1942 geschlossen und diente als Sammellager für Deportationen. Anstelle einer 1909 von Ludwig Marcuse geschaffenen Büste Moses Mendelssohns, die im Vorgarten stand und 1941 von SA-Leuten zerstört worden ist, wurden 1983 an der Fassade auf Anregung von Heinz Knobloch ein Porträtrelief von Moses Mendelssohn und eine Tafel mit dem Mendelssohn-Wort „Nach Wahrheit forschen, Schönheit lieben, Gutes wollen, das Beste tun" angebracht, angefertigt von dem Bildhauer Gerhard Thieme.

Das 1829 in der Oranienburger Straße 8 gegründete erste Altersheim der Jüdischen Gemeinde erhielt 1844 einen Neubau auf dem Grundstück des Alten Jüdischen Friedhofs. Das Gebäude wurde 1945 in den letzten Kriegstagen zerstört. Von hier aus wurden mehr als 55.000 Juden in die Vernichtungslager des Ostens deportiert. Bei den den Holocaust in Berlin Überlebenden war bis zur Wiedereröffnung einer jüdischen Schule die „Große Hamburger Straße" gleichbedeutend für den Abtransport in den Tod. Eine Gedenktafel erinnert an die unfaßbaren Geschehnisse. 1985 wurde eine eindrucksvolle Figurengruppe von Will Lammert aufgestellt.

Sophienstraße 18–19 ❸

Im Haus des Handwerkervereins waren die prächtigen Sophien-Säle Aufführungsort für jüdische Theatergruppen, die Stücke in jiddischer Sprache spielten. Das „Deutsch-Jüdische Theater" der Flora Brick spielte 1909 in den Sophien-Sälen u. a. Abraham Goldfadens „Sulamith". Am 19. Oktober 1928 wurde der „Bund proletarisch-revolutionärer Schriftsteller" gegründet, dem u. a. Anna Seghers, Wieland Herzfelde, Ernst Toller und Egon Erwin Kisch angehörten. Die orthodoxe Gemeinde Adass Jisroel unterhielt in dem Gebäude ab 1919 Unterrichtsräume.

Koppenplatz

Auf dem nach dem wohltätigen Stifter eines Armenspitals benannten Platz (ehemals ein Armenfriedhof) soll im kommenden Jahr endlich das seit 1988 geplante Denkmal für die ermordeten Berliner Juden entstehen. Eine Bronzeplastik assoziiert mit Tisch und umgekipptem Stuhl die von den Nationalsozialisten zerstörte deutsch-jüdische Kultur, die Berlin geprägt hatte. Ein verlassenes Zimmer als Sinnbild für zerstörtes jüdisches Leben. Das von Carl Biedermann und Eva Butzmann entworfene Denkmal soll daran erinnern, was in Berlin unter den Augen der Nachbarn geschah. Auf der Bodenplatte wird ein Gedicht von Nelly Sachs eingraviert, um den Sinn des Mahnmals zu erklären. In dem umgebenden Viertel der Spandauer Vorstadt gab es eine besonders dichte jüdische Bevölkerung.

Torstraße 146
(ehemals Wilhelm-Pieck-Straße 146, zuvor Elsässer Straße 85)
und Linienstraße 86

Das unter Aufsicht der orthodoxen Gemeinde Adass Jisroel stehende, 1900 gegründete Israelitische Krankenheim war das zweite große jüdische Krankenhaus in Berlin. Nach der Unterbringung im Hause Prenzlauer Allee 36 wurde es in der Elsässer Straße 85 (die alte Hausnummer ist in einer Terrakotta-Platte am alten Gebäude noch erhalten) 1909 eingerichtet und im Herbst 1941 von den nationalsozialistischen Behörden geschlossen. Der Hintereingang Linienstraße 86 war die Ausfahrt des Leichenwagens für Verstorbene. Reste hebräischer Inschriften sind mit einiger Mühe noch ablesbar.

Kleine Auguststraße 10

Nur noch ein Hausschatten erinnert an die 1938 ausgebrannte und erst in den 70er Jahren abgerissenen Synagoge des Vereins Ahawas Scholaum.

Gipsstraße 3

Am Haus des ehemaligen Israelitischen Volkskindergartens und Kinderhorts ist eine Gedenktafel für Sala und Martin Kochmann, Mitglieder der kommunistisch-jüdischen Widerstandsgruppe „Herbert Baum" angebracht. Beide haben hier gewohnt und gearbeitet. Nach der Gestaltung der Schrift zu urteilen, könnte die Tafel schon vor Gründung der DDR angebracht worden sein. Es fehlen das sonst übliche rote Dreieck, Kennzeichen der politischen Häftlinge, von der VVN als Symbol politischen Widerstands ausgewählt, und der Davidstern, wie er sich etwa auf Gedenktafeln für jüdische Opfer in Weißensee befindet. Ein Haken für den Ehrenkranz zum jeweiligen Gedenktag gehörte in der ehemaligen DDR immer dazu. Die standardisierten und normierten Gedenktafeln, die sich meist mit unauffälligem Material und grauer Oberfläche im Rauhputz der Hausfassade verlieren, werden von den Passanten kaum wahrgenommen. Zur Stützung der antifaschistischen Staatsdoktrin dienten sie mit dem Ritual der Kranzaufhängungen und Ehrenwachen der Einübung politischen Verhaltens. Jede Gedenktafel war einem die Namen der Geehrten tragenden Kollektiv, meist Schule oder Betrieb, zugeordnet und zur Pflege anvertraut. Wie nach der Wende viele Schulen ihre Namen verloren, selbst wo es durchaus gute Gründe des erinnernden Beibehaltens gegeben hätte, verloren die Tafeln ihren Schutz und ihre Funktion; sie wurden teilweise amtlich demontiert oder privat gestohlen. Für Sala Kochmann wurde jedoch jüngst wieder eine Schule in Johannisthal gefunden, die ihren Namen wachhält.

Sala Kochmann, 1912 bei Posen geboren, war aktives Mitglied der Widerstandsgruppe um Herbert Baum. Bis zu ihrer Verhaftung im Mai 1942 arbeitete sie als Kindergärtnerin im jüdischen Kindergarten an der Jerusalemer Straße, später wie auch die Gruppenmitglieder Marianne Joachim und Hanni Meyer in der Gipsstraße, wo auch ein Treffpunkt der Gruppe Baum in den Jahren 1940 und 1941 war. Nach dem versuchten Brandanschlag auf eine Propaganda-Ausstellung der Nationalsozialisten im Lustgarten wurden als Vergeltung 154 namentlich bekannte, zwischen 21 und 72 Jahre alte Juden verhaftet und in Sachsenhausen zusammen mit 96 Insassen erschossen, ihre Angehörigen nach Theresienstadt verschleppt und weitere 250 Juden verhaftet und einige Zeit später ermordet. Die Widerstandskämpferin Sala Kochmann wurde 1942 verhaftet und in Plötzensee hingerichtet. Ihr Ehemann Martin Kochmann, der sich zunächst verbergen konnte, wurde ein Jahr später ermordet.

Gipsstraße 11

Die Bäckerei Tannenwald und die Fleischerei Selmar Kaufmann hatten ihre Ladengeschäfte in diesem für die Architektur des Viertels besonders charakteristischen Hofgebäude, erbaut um 1790.

Gipsstraße 12a

Im Jahre 1873 konnte die orthodoxe jüdische Gemeinde Adass Jisroel, die bis dahin ihre Gottesdienste in gemieteten Räumen abgehalten hatte, hier eine eigene Synagoge mit Ritualbad einrichten, ebenso ihr im gleichen Jahr eröffnetes Rabbiner-Seminar.

31 Jahre später zog Adass Jisroel in ein neues Gebäude in der Artilleriestraße 31 um. Von 1904 an diente das Haus als sogenannte „Toynbee-Halle" des unabhängigen Ordens Bne Briss (UOBB), der kostenlose populäre Unterhaltungs- und Vortragsabende für die ärmere jüdische Bevölkerung veranstaltete. In den 20er Jahren wurden in den Räumen wieder tägliche Gottesdienste abgehalten, teils von privaten Synagogen-Vereinen (u. a. Mogen Dowid), teils von der jüdischen Gemeinde selbst, die zu den hohen Feiertagen angesichts des Andrangs stets auf die Anmietung zusätzlicher Räume angewiesen war.

Gipsstraße 23a

In der Städtischen Gemeindeschule unterhielt Adass Jisroel ab 1894 eine von ihr überwachte Religionsschule. Das Bildungswesen der orthodoxen Gemeinde war hoch entwickelt. Seit der Zulassung als zweite offiziell anerkannte jüdische Gemeinde durch königliche Kabinetts-Ordre entstanden zahlreiche schulische Einrichtungen, u. a. in der Weinmeisterstraße 13, in der Gipsstraße, in der Bleibtreustraße 43 (als zweite Religionsschule bis 1926), im Hofgebäude der Oranienburger Straße 32, ein Realgymnasium in der Neuen Schönhauser Straße 13, in der Sophienstraße 18–19, Monbijouplatz 10 (Ollmannsche Töchterschule), Siegmunds Hof 11 (von 1926 bis 1941). Die letzte Zuflucht von Adass Jisroel lag nahe dem S-Bahnhof Bellevue im 2. Stock eines Hinterhauses der Wiclefstraße.

Gormannstraße 5

Vom israelitischen Heimathaus mit Vereinsküche für Notleidende und dem Club „Großvater Teitel" steht nach der Bombardierung im 2. Weltkrieg nur noch das Hinterhaus.

Sophienstraße 12–15/ Ecke Rosenthaler Straße

Die erste Filiale des Stralsunder Unternehmens der Brüder Georg, Franz, Wilhelm und Wolf Wertheim wurde am 1. 10. 1885 Rosenthaler Straße 27 eröffnet – quasi die Geburtsstunde eines Warenhauskonzerns, der Berlin prägte. Das Gebäude aus dem Jahre 1903, entworfen von Alfred Messel, war Prototyp vieler später gebauter Kaufhäuser, so auch des berühmten Wertheim-Kaufhauses (1910) am Leipziger Platz, mit der typischen modernen Vertikalstruktur.

Rosenthaler Straße 39 ⓭

Im Seitenflügel befand sich die Bürstenfabrik von Otto Weidt, der nach Kriegsbeginn blinden jüdischen Zwangsarbeiterinnen und -arbeitern durch Beschäftigung Schutz vor Deportation und Ermordung gab und mit seltener Zivilcourage lange Zeit erfolgreich versuchte, sie vor alltäglichen Schikanen und vor der Vernichtung zu bewahren. Nach langem Verschweigen erinnert jetzt eine Gedenktafel an diese ermutigende Geschichte eines nicht-jüdischen Helden des Alltags. Mindestens 56 Juden hat er geholfen, hat sie versteckt, ihnen Ausweis und Lebensmittel besorgt, hat für sie die Gestapo und das Arbeitsamt bestochen. 27 Menschen überlebten durch diese Tat.

Otto Weidt, 1883 geboren, schuf sich allmählich sein kleines Unternehmen. Als die Nationalsozialisten an die Macht kamen, beschäftigte er in seiner kleinen Fabrik demonstrativ Arbeiterinnen und Arbeiter aus dem jüdischen Blindenheim in der Steglitzer Wrangelstraße. Es gelang ihm sogar, eine Gruppe Blinder und Taubstummer aus dem Sammellager in der Großen Hamburger Straße zurückzuholen. In von ihm gemieteten Lagerräumen in der Brücken- und Großbeerenstraße hielt er Familien und Angehörige seiner Arbeiter versteckt. Die meisten wurden allerdings durch Denunziation aufgespürt und in die Konzentrationslager geschickt. Nach dem Kriege blieb Otto Weidt Wohltäter, verteilte sein Vermögen, sammelte Geld und Kleider für die Überlebenden (32 Alte, 31 Kinder), die zurückkamen. Er war beteiligt am Wiederaufbau des Heimes in Pankow-Niederschönhausen, das heute ein Altersheim der jüdischen Gemeinde ist. Er forderte 1947 ein Mahnmal für die ermordeten Juden auf einem öffentlichen Platz in Berlin, schrieb Briefe mit der Bitte um Rettung und Hilfe für die notleidenden Überlebenden des Holocausts, starb 1948 arm und verbittert. Sein Name war lange Zeit vergessen. Er wurde durch die Schriftstellerin Inge Deutschkron in ihrer Biographie „Ich trug den gelben Stern", „Daffke...! Die vier Leben der Inge Deutschkron" und durch das Theaterstück „Ab heute heißt du Sara" wieder in Erinnerung gerufen. Ein Ehrengrab wurde ihm erst 1994 auf dem Städtischen Friedhof an der Zehlendorfer Onkel-Tom-Straße eingerichtet.

Rosenthaler Straße 40–41 ⓮
Hackesche Höfe

Mehr als ein Viertel der Mieter in diesem Komplex aus Wohnungen, Werkstätten und Veranstaltungsräumen waren Juden. Es existierten soziale Einrichtungen wie eine Mensa und ein Mädchenheim. In den Höfen wurden Laubhütten zum jüdischen Feiertag aufgestellt. Wo heute im Hackeschen Hoftheater wieder jiddische Musik an historischem Ort erklingt und das Varieté „Chamäleon" spielt, fand am 8. November 1909 eine für das literarische Berlin bedeutsame Gründung statt,

an die jetzt eine Gedenktafel für Jakob van Hoddis erinnert. Zu Beginn des Wintersemesters 1909/1910 lud ein Anschlag am schwarzen Brett der Berliner Universität alle „Produktiven, Intellektuellen und Asozialen" zur Gründungsversammlung des „Neuen Clubs" in Neumanns Festsäle ein. Der „Neue Club" war dann mit seinen Mitgliedern Kurt Hiller, Jakob van Hoddis, Erwin Loewenson, Simon Ghutmann, Heinrich Eduard Jacob, Arthur Drey, Franz Grüner, Rudolf Majut, Erich Unger, John Wolfsohn ein Hort des literarischen Expressionismus. Er verstand sich als eine „Vereinigung von Studenten und jungen Künstlern, die sich verschworen haben, den

Blasphemien dieser Zeit nicht länger untätig zuzusehen und ihren Ekel vor allem Commishaften im Kunst- und Wissenschaftsbetrieb und ihre Bewunderung der Einzelgeister kundzutun". Erwin Loewenson sagte zur Gründung: „Schaffen Sie ein Rendezvous für solche Menschen, und Sie werden die kulturelle Situation in der Stadt Berlin bedeutend verändert haben." Das war eine Kampfansage gegen den konservativen Kulturbetrieb im wilhelminischen Deutschland.

Hans Davidsohn, der später seinen Familiennamen anagrammatisch in van Hoddis und den Vornamen in Jakob umänderte, wurde am 16. Mai 1987 im Hause Grüner Weg 69, der jetzigen Paul-Singer-Straße, geboren. In seinen Gedichten, vor allem in „Weltende", fand der literarische Expressionismus seinen prägnantesten Ausdruck. Jakob van Hoddis gehörte zu den herausragenden Vertretern des Berliner literarischen Lebens. Mit einzigartiger visionärer Kraft besang er den entwurzelten Menschen der technischen Zivilisation, den Menschen der großen Städte. Von den Nationalsozialisten als Jude und Intellektueller verfolgt, blieb er hierzulande bis heute ein Vergessener. Sein Werk, Leben und tragisches Ende im April 1942 in einer Nervenheilanstalt gehören zu den vergessenen Kapiteln deutscher Kulturgeschichte, das nach dem Ende des Nationalsozialismus nicht wiederbelebt wurde und verdrängt blieb.

Dircksenstraße 47 ⑮

Botschaften aus der Vergangenheit auf Hauswänden, in Durchgängen, in Eingängen und Fluren begleiten den Alltag und holen die Geschichte in die Gegenwart. Die Botschaften verschwinden allmählich durch Verblassen, Überstreichen, Verputzen oder Abriß. Die Spandauer Vorstadt, Scheunenviertel und Prenzlauer Berg sind die Reviere für aufspürende Augen geschichtsbewußter Flaneure. In der Krausnickstraße, Linienstraße, Auguststraße, Steinstraße 20, Rykestraße 52, Neuen Schönhauser Straße und in ihren Hinterhöfen lassen sich noch stark verwitterte, bald verlorene Nachrichten über verschwundene Geschäfte oder Handwerksbetriebe auffinden. Aber der Veränderungsprozeß im Berliner Baufieber hat sich beschleunigt, bald werden die letzten Buchstaben vergangen sein.

Wenn über ausgelöschtes jüdisches Leben in der Stadt zu berichten ist, treten zumeist

die bekannten und berühmten Namen in den Vordergrund; aber es darf nicht vergessen werden, daß dies nur ein Bruchteil der Vitalität war, die insbesondere durch den Zuzug aus ostjüdischen Gemeinden in die Stadt kam. Von den kleinen Leuten, ihren bescheidenen Läden und Werkstätten blieben nur die oft mehrmals übermalten Namen auf Hauswänden. Sie sind schon deswegen kaum noch vorhanden, weil jüdische Namen und Symbole systematisch unkenntlich gemacht wurden. Zwei verblaßte Inschriften stehen für viele verlorengegangene, zerstörte Leben und Tätigkeiten: „Sally Rosenberg – Galanteriedamenschuhe" im Hauseingang Dircksenstraße 47 und im Hinterhof Neue Schönhauser Straße 13 der Name der Firma Artur Friedländer.

Neue Schönhauser Straße 13 ⑯

Im von Alfred Messel 1890 errichteten ehemaligen Volkskaffeehaus war ab 1919 ein Realgymnasium der orthodoxen Gemeinde Adass Jisroel untergebracht.

Die Neue Schönhauser Straße war jüdisch geprägt: Nr. 15 die Bäckerei Hirsch, Nr. 3 der Arbeiter-Kultur-Verein, Nr. 10–11 ein später arisiertes Vegetarisches Speisehaus von Rudolf Meinung und Rudolf Kronberg.

Aus der Neuen Schönhauser Straße berichtete Joseph Roth über den „Engelspalast", eine Schieberspelunke, später das berüchtigte Café Dalles.

Kapitel 3
Scheunenviertel

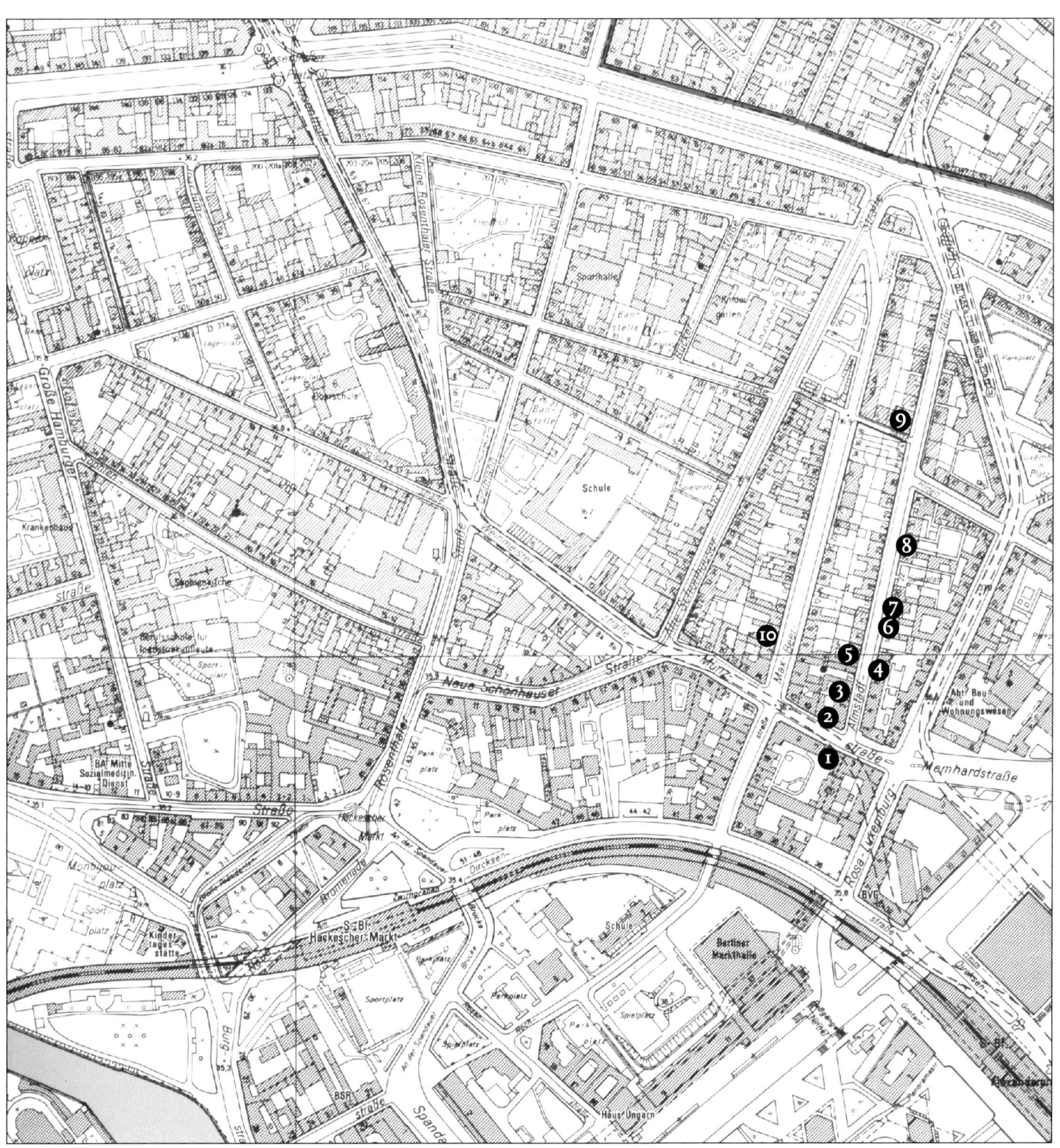

Münzstraße 5 (ehemals 9) ❶

Im Erdgeschoß wurde 1899 das erste Berliner Kino eröffnet, das „Biograph-Theater". Im ersten Stock lag das Speiselokal „Bergers Wiener Restaurant", unter Aufsicht von Adass Jisroel.

Münzstraße 8 ❷

An der Ecke zur Grenadierstraße (der heutigen Almstadtstraße) lag das berühmt-berüchtigte Gangsterlokal „Münzglocke", Treffpunkt der Unterwelt und Schauplatz mancher schauriger Geschichte aus dem Scheunenviertel-Milieu.

Almstadtstraße 5 ❸

Gleich dahinter, Grenadierstraße 24, betrieb Leo Loewenthal ein Lokal mit Schankraum und Saal, wo das Jiddische „Theater des Centrums" seine Bühne hatte. Isaak Löwy, Kafkas Freund und Anreger, trat 1910 hier auf. Alexander Granach sah hier nach seiner Ankunft 1906 jiddisches Theater und wurde davon angeregt.

Alexander Granach über das Scheunenviertel:

„*Eines Tages rief der Mann im Arbeitsnachweis eine Hilfe in einer jüdischen Bäckerei in der Grenadierstraße aus, wo Bedingung war, daß man Barches flechten konnte. Er rief sehr viele Nummern aus, die diese Kunst nicht verstanden. Dann wurde meine Nummer aufgerufen, und ich nahm die Arbeit an.*

Man erklärte mir, wie ich in das Scheunenviertel käme, und plötzlich war ich mitten in Berlin in einer Gegend wie Lemberg. Lothringer Straße, Schönhauser Tor stieg ich aus. Grenadier-, Dragoner-, Mulackstraße, Ritterstraße, Schendelgasse – da gab es noch keinen Bülowplatz, keine Volksbühne. Kleine, enge, finstere Gäßchen mit Obst- und Gemüseständen an den Ecken, Frauen mit bemalten Gesichtern, mit großen Schlüsseln in den Händen strichen herum, wie in der Zosina-Wolja-Gasse in Stanislau oder in Spitalna in Lemberg. Viele Läden, Restaurants, Eier-, Butter-, Milchgeschäfte, Bäckereien mit der Aufschrift ‚koscher'. Juden gingen umher, gekleidet wie in Galizien, Rumänien und Rußland. Die keine Geschäfte hatten, handelten mit Bildern und Möbeln auf Abzahlung. Man ging hausieren mit Tischtüchern, Handtüchern, Hosenträgern, Schnürsenkeln, Kragenknöpfen, Strümpfen und Damenwäsche. Andere wieder gingen von Haus zu Haus, alte Kleider kaufen, die Großhändler wieder kauften und an die alte Heimat lieferten. Die meisten aber in dieser Gegend waren Arbeiter und Arbeiterinnen, die in den Zigarettenfabriken Manoli, Garbaty oder Muratti beschäftigt waren. Da war auch ein reges gesellschaftliches Leben. Die Frommen hatten verschiedene Gebetshäuser, nach ihren Sekten, nach ihren Rabbis benannt.

Da gab es Zionisten aller Schattierungen, da gab es Sozialrevolutionäre, Sozialisten, den ‚Bund' und Anarchisten. Es gab auch Theater und Sänger. Im Königscafé in der Münzstraße trat der Komiker Kanapoff auf. Und das Restaurant Löwenthal in der Grenadierstraße, nahe der Münzstraße, hatte eine Bühne und spielte Theater. ... Ich ließ keine Vorstellung aus. ... Ich bekam Arbeit bei Scholem Grünbaum in der Grenadierstraße und fühlte mich bald zu Hause in diesem Berlin."
(aus: „Da geht ein Mensch", 1945)

Alexander Granach kam 1906 als 16jähriger Einwanderer nach Berlin und verließ die Stadt 1933 als Emigrant. Sein Talent fiel Max Reinhardt auf, und bald war der moderne, vitale Schauspieler aus dem legendären Berliner Theaterleben der 20er Jahre nicht mehr wegzudenken. Er spielte in den Reinhardt-Bühnen und im Theater am Nollendorfplatz. Er betrat auch das Neuland Film an der Seite von Gustaf Gründgens, Marlene Dietrich, Asta Nielsen, Heinrich George und Albert Bassermann u. a. in „Nosferatu", „Erdgeist", „Danton".

Ein weiteres berühmtes literarisches Zeugnis mit eindrucksvollen Schilderungen des Schtetl im Scheunenviertel stammt von Martin Beradt (1881–1949) im Roman „Beide Seiten einer Straße" aus dem Berlin der 20er Jahre. Der Schriftsteller führte ein Doppelleben als Rechtsanwalt und Schriftsteller. Er wuchs in der Jüdenstraße 51–52 auf und arbeitete 20 Jahre an seinem Buch über Mentalität und Leben der Ostjuden in Berlin. Es erschien erst 1965. Die im Roman abgebildete jüdische Gasse ist in Wahrheit die Grenadierstraße. Das Straßenbild war von hebräischen Schriftzeichen, jüdischen Kneipen und Betstuben, vom Durcheinander durchreisender Ostjuden und ihrer Rabbiner mit jiddischem Dialekt geprägt. Das Scheunenviertel stand im Gegensatz zur bürgerlichen Welt der Oranienburger Straße in der Spandauer Vorstadt rund um die Neue Synagoge, wo man sich ebenso wie im neuen Westen von den armen Schluckern aus der Grenadier-, Dragonerstraße oder der Schendelgasse distanzierte. Nichts ist geblieben, die Straßennamen durch Umbenennung verschwunden, die Hausnummern derartig verändert, daß das Aufsuchen der Schauplätze mühsam und erschwert ist. Es fehlen Hinweise und Erklärungen, Gedenktafeln mit erklärender Topographie. Alles wurde zur Legende und Erinnerung an eine vernichtete Kultur.

Laut Statistik waren 1925 in Berlin von insgesamt 140.000 Juden mehr als 40.000 Ausländer, vorwiegend aus dem Osten. Sie wohnten rund um die Grenadierstraße, wo sie das meiste wiederfanden, was sie daheim gewohnt waren. Auch Carl Zuckmayer ließ seinen „Hauptmann von Köpenick" beim Trödler Krakauer in der Grenadierstraße seine abgewetzte Uniform kaufen. Anders als die religiösen Feste in den großen und prächtigen Synagogen von der Oranienburger Straße bis zum Grunewald spielten sich die religiösen Feiertage der osteuropäischen Juden im Scheunenviertel auf der Straße, in den Laubhütten der Hinterhöfe und in den Betstuben in den Etagen der Miethäuser ab. Die Gegend war empfänglich für die Gedanken des Sozialismus. Gershom Scholem, Gustav Landauer, Martin Buber und Salman Schasar, der spätere Staatspräsident Israels, verfochten im Volksheim in der Dragonerstraße ihre politischen Ideale, ehe sie nach Palästina gingen.

Nach den russischen Pogromen von 1881, 1905 und in der dunklen Zeit von 1917 bis 1923 wurde Berlin Zufluchtsort für Tausende vertriebener, verfolgter Juden aus Rußland, Polen, Litauen und anderen Ländern des Ostens. Sie brachten ihre Bräuche aus dem osteuropäischen Schtetl mit und entwickelten in dem zuvor kleinbürgerlichen Stadtquartier eine spezifische spannungsreiche Atmosphäre. Unterwelt und Kriminalität standen neben chassidischer Frömmigkeit und traditionellem Handwerk, die Prostituiertenkneipe neben der esoterischen Buchhandlung. Die Vertriebenen fanden sich in landsmannschaftlichen Vereinen zusammen: z.B. die Dombrower, die Bojaner Chassidim mit ihrer eigenen Musik und jiddischen Literatur.

Die exotisch anmutende Welt, ein eigener Kosmos in der Großstadt, ist nur noch Legende. Sie wurde in 12 Jahren zerstört, endete in Auschwitz, in der Pogromnacht oder im Bombenhagel. Noch bis in die jüngste Gegenwart wurden Häuser abgerissen und Inschriften überputzt, die die Vergangenheit hätten bezeugen können. Beradt: „Vom Morgen bis zum Abend kann die Welt zerstört werden."

Die Almstadtstraße, benannt nach einem kommunistischen Widerstandskämpfer, die frühere Grenadierstraße, hieß in alten Karten (1798) „Verlohrene Straße". Tatsächlich wurde sie zur Straße der Verlorenen, der ostjüdischen Emigranten auf der Flucht vor Pogromen, und sie fanden statt des erhofften Paradieses einen Vorhof zur Hölle: Armut, Elend, Diskriminierung, Hunger, Verbrechen, Razzien, Pogromstimmung, Ghettoatmosphäre.

Almstadtstraße 10 (ehemals 28) ❹
Jüdischer Buchladen

Almstadtstraße 11 (ehemals 22) ❺
Firma Lewin, Jüdische Schallplatten, Schreibwaren und Synagogenstickerei

Almstadtstraße 16 (ehemals 31) ❻

Mehrere Betstuben (Radomsker und Gerer Schtiblach, Schtibel des Kalischer Raw, von Raw Liebermann, dem Stutziner Raw, das Beth Hamidrasch Meradomsk), wenige Reste sichtbar, eine Hand im Treppenhaus, die

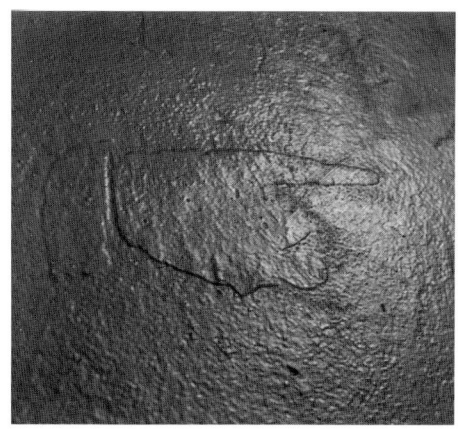

auf eine Herberge verweist, koscherer Lebensmittelladen, jüdische Religionsschule Talmud Thora Ez Chajim von 1923–1938. Ein Hausbewohner hat im Hof ein Rasenbeet in Form eines Davidsterns angelegt mit aufgeschichteten Kieselsteinen in der Mitte – wie auf einem jüdischen Begräbnisplatz.

Almstadtstraße 18 (ehemals 32) ❼
weitere Betstuben

**Almstadtstraße 26 und 28
(ehemals 36 und 37)** ❽
Betstuben und „Judentempel"

Almstadtstraße 43 (ehemals 7) ❾
Fleischerei Sussmann, Bäckerei Goldfarb und eine Buchhandlung

Max Sinasohn erklärt genau und minutiös, welche Synagogen und Betstuben sich in der Grenadierstraße befanden. Die wichtigsten Betstätten waren in der noch erhaltenen Grenadierstraße 31, jetzt Almstadtstraße 16, und Grenadierstraße 36 und 37, jetzt Almstadtstraße 26 und 28, wo ab 1918/1919 bis zu seinem Tod 1938 der Bisoyner Raw, Abraham Mordechai Grynberg, als der anerkannte religiöse Führer der Ostjuden Berlins lebte und wirkte, eine zentrale Pflegestätte talmudischer Weisheit.

**Max-Beer-Straße 5
(ehemals Dragonerstraße 22)** ❿

Die Max-Beer-Straße ist nicht – wie der Name vermuten läßt – nach einer jüdischen Persönlichkeit aus der Berliner Geschichte benannt, sondern nach einem vergessenen, unbekannt gebliebenen antifaschistischen kommunistischen Widerstandskämpfer. Im Haus Nr. 22 wurde im Mai 1916 mit einer Ansprache Gustav Landauers das „Jüdische Volksheim" eingeweiht. Hier waren Tischlerwerkstätten für arbeitslose Jugendliche, ein moderner Kindergarten und Beratungsstellen für Eltern eingerichtet. Franz Kafka besuchte das Volksheim im September 1916 und berichtete in einem Brief über dessen Arbeit. Das Volksheim verlor seine Bedeutung mit der Orientierung seiner Protagonisten in Richtung Palästina und beendete seine Arbeit 1929. Gershom Scholem, einer der prägenden Köpfe, rang um das Selbstverständnis der Juden. Er zweifelte als Skeptiker eines deutsch-jüdischen Gesprächs daran, ob es je einen wahren Dialog gegeben habe und die Emanzipationsbemühungen der preußischen Reformer nicht eher nur Selbsttäuschungen gewesen seien.

Kapitel 4
Rund um die Charité

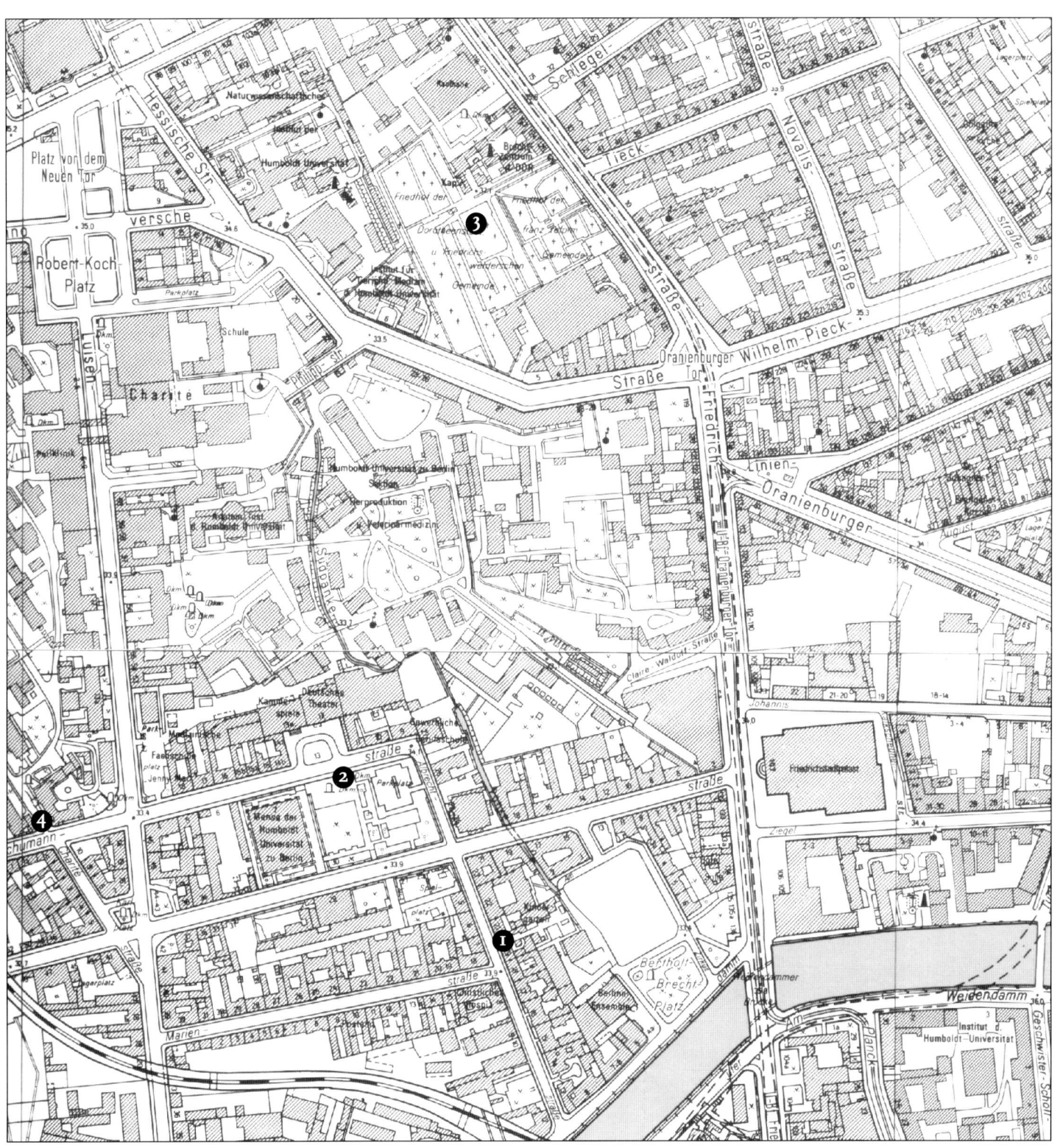

Albrechtstraße 20
Von Heinz Knobloch

Tagsüber beparkt zu beiden Seiten, lockt sie als Schleichweg arglose Autos in die Einbahnstraße. Die stecken nach zwanzig Metern fest, gezügelt von der Müllabfuhr. Deren Männer leeren – und ihr wißt, wie es aussieht, wenn sie es nicht tun! – links und rechts die Container. Niemand überholt in der Albrechtstraße! Da ist sie plötzlich recht lang. Aber für den Fußgänger nicht. Nein, doch! Denn er atmet den Stau ein.

Es gibt drei Albrechtstraßen in Berlin. Zwei davon sind nach dem preußischen Prinzen benannt, der zum 18. Geburtstag seine Straße taufen durfte: 1827. Wir finden die Erste als Querstraße zum Schiffbauerdamm. Ungeachtet der verputzten Fassaden hat sie noch etwas spürbar Altberlinisches.

1890 kam mit seinen Eltern der neunjährige Victor Klemperer aus Bromberg nach Berlin in die Albrechtstraße Nummer 20. Er war das neunte Kind des Reformrabbiners Wilhelm Klemperer, der es von hier nicht weit hatte zur Synagoge in der Johannisstraße. Georg, der große Bruder, war Oberarzt an der nahe gelegenen Charité und hatte ein Lehrbuch der inneren Medizin verfaßt, das bald als „der grüne Klemperer" gefragt war. Belebendes Berlin.

Der kleine Victor erlebte etwas ganz Neues: Ein Teil der Albrechtstraße war asphaltiert. Das sich dadurch ändernde Geräusch der Wagenräder und Hufschläge, das Spiel der Lichter auf dem nassen Asphalt faszinierte den Jungen so, daß er sich noch als Mittfünfziger lebhaft daran erinnerte. Der Straßenbelag hatte außer dem ästhetischen Reiz – die abendlich zum Deutschen Theater rollenden Droschken rasselten auf der glatten Straßendecke nicht – einen praktischen: Asphalt eignete sich besser als Steinpflaster für Spiele, die ein Jahrhundert später erklärt werden müssen: Murmeln, Kreisel und Reifen. Das wagt heute kein Kind mehr auf der Straße. Aber auch seinerzeit war es nicht ungefährlich. Victors Reifen wurde in der Luisenstraße von einem Schlächterwagen überfahren. „Schlächterwagen waren die gefürchtetsten Verkehrssünder... feurige Pferde, feurige Fahrer" – Pferdestärken, wie gehabt.

Die Nummer 20 steht an einem altertümlichen Backsteinbau; der beherbergt eine Kindertagesstätte: im Zusammenziehdeutsch „Kita". Da hätte Klemperer, der sorgsam die Sprache des Dritten Reiches festhielt auf winzigen Zetteln, denn seine Schreibmaschine hatte die Gestapo weggenommen, da hätte der Forscher in der Sprache des mittlerweile Fünften Reiches eine Fundgrube.

Victor Klemperer (1881–1960), Sprach- und Literaturwissenschaftler, Romanist, namhaft durch seine fünfbändige Geschichte der französischen Literatur, wurde 1934 in Dresden als Jude aus dem Lehramt an der Universität ausgeschlossen und 1943 als ungelernter Hilfsarbeiter dienstverpflichtet. In dieser Zeit sammelte er das Sprachmaterial für „LTI – Notizbuch eines Philologen" (1947), das man alle Jahre wieder einmal lesen sollte. [LTI = Lingua Tertii Imperii]

Sind Menschen seines Formats nachgewachsen? Spielen sie kindlich? In Straßen, die so still sind wie die Albrechtstraße manchmal spätabends?

Damals nahmen die Straßenjungen, Söhne der Portiers und andere Kellerkinder, den jüdischen Knaben „mit rauher Freundlichkeit als ihresgleichen auf". So steht es in Klemperers Lebenserinnerungen (1989). Nur sein Hochdeutsch und seine buntschönen Murmeln forderten soziale Vergeltung heraus. Solange, bis Victor „den elterlichen Kapitalismus unter grauen Murmeln" verbarg. Die Straße der Kindheit enthält die Welt.

In seinen Tagebüchern von 1933 bis 1945 „Ich will Zeugnis ablegen bis zum letzten" schildert Victor Klemperer eindringlich die gefährdete jüdische Existenz zwischen Angst und Idylle, Bosheit und Banalität, Vernichtung und Gleichgültigkeit. Er beschrieb die Hölle des Alltags, den bürokratischen Sadismus der Judengesetze als fein dosierte Tortur: Juden dürfen nicht Auto fahren, nicht die Straßenbahn benutzen, keine Schreibmaschine, keine Haustiere besitzen, keine Blumen kaufen, keine Pelze und Wolle tragen. Lebensmittelrationen werden reduziert, so daß Brot und Kartoffeln die einzigen Nahrungsmittel sind. „Man mordet kalt und mit Verzögerung." Im Juni 1942 ist er der letzte Überlebende in einem „Judenhaus".

Klemperer lehrte nach 1945 bis zu seinem Tode im Jahre 1960 an DDR-Universitäten. Schon im März 1933 schrieb er, der doch „...so überzeugt von meinem Deutschtum gewesen" war: „Ich halte es für ganz unwesentlich, ob Deutschland Monarchie oder Republik sei – aber daß es aus den Händen seiner neuen Regierung gerettet werde, kann ich gar nicht erwarten. Ich glaube übrigens, daß es die Schmach, ihr anheimgefallen zu sein, niemals abwaschen kann. Ich für meinen Teil werde niemals wieder Vertrauen zu Deutschland haben."

Schumannstraße 11–14
Deutsches Theater und Kammerspiele

Das Deutsche Theater wurde 1838 von einer Gruppe um den jüdischen Regisseur und Dramatiker Adolph L'Arronge (Aronsohn) (1838–1908) als nationale Musterbühne eröffnet. Er leitete das Haus bis 1894 und engagierte die besten Schauspieler seiner Zeit wie Josef Kainz und Agnes Sorma (Zaremba). Mit dieser Gründung und der Übernahme der künstlerischen Direktion durch Otto Brahm 1894 beginnt der Aufstieg Berlins als Theatermetropole.

Um der preußischen Zensur zu entgehen, wurde die Freie Bühne als Theaterverein gegründet. Sie kreierte den Naturalismus als kritische Gegenwartsdramatik, die herausragende Kunstleistung Berlins um die Jahrhundertwende. Als Vertreter der künstlerischen Wahrhaftigkeit und der psychologischen Durchdringung und mit der Überzeugung, daß das Theater eine moralische Anstalt sei, war Otto Brahm zeitgleich mit Stanislawski ein Wegbereiter des modernen Regietheaters. 1898 wurde Gerhart Hauptmanns „Vor Sonnenaufgang" uraufgeführt.

Das Gebäude des Deutschen Theaters wurde 1849/50 von dem Schinkelschüler Eduard Tietz im Garten des Friedrich-Wilhelm-Städtischen Kasinos errichtet. Die Kammerspiele entstanden im benachbarten Kasino-Gebäude. Die im Kriege beschädigten Gebäude wurden bereits 1946 wiederhergestellt und 1981 bis 1983 umfassend renoviert. Auf der Grünfläche gegenüber dem Theatervorplatz, der von beiden Häusern hufeisenartig eingefaßt wird, stehen Porträtskulpturen der beiden bedeutenden Theaterreformer, die von Eberhard Bachmann 1962 gestaltete Skulptur für Otto Brahm (1856–1912) und die von Wieland Förster im Jahre 1963 geschaffene Büste für Max Reinhardt (1873–1943).

Der Nachfolger Max Reinhardt kam aus Brahms Schauspielerkreis. Er begann mit dem literarischen Kabarett „Schall und Rauch", übernahm von Brahm das Deutsche Theater und gründete 1906 die zugehörigen Kammerspiele. Zum europäischen Theaterereignis wurde Shakespeares „Sommernachtstraum" 1909 im Neuen Theater am Schiffbauerdamm, eine epochale Inszenierung, die Reinhardts Ruhm und Erfolg begründete.

Max Reinhardt ließ den Zirkus Schumann durch Hans Poelzig zum Großen Schauspielhaus umbauen (1919–1923). Auch das Theater am Kurfürstendamm und die Komödie gehörten zu seinem privatwirtschaftlich geführten Bühnenimperium. Große Schauspieler (Alexander Moissi, Elisabeth Bergner, Adele Sandrock, Albert Bassermann u. v. a.), technische Innovationen, Kulinarik der Szene prägten seine Arbeit ebenso wie großstädtischer Witz, Intelligenz und Tempo. Er machte Berlin zur unbestrittenen Theaterhauptstadt vor der Naziherrschaft.

Chausseestraße 126
Dorotheenstädtischer Friedhof

Zahlreiche Schriftsteller, Künstler, Theaterleute, Musiker und Wissenschaftler, die ab 1945 aus der Emigration zurückkehrten und sich in der DDR niederließen, erhielten auf dem traditionsreichen Dorotheenstädtischen Friedhof staatliche Ehrengräber, so Arnold Zweig, Anna Seghers, John Heartfield, Wieland Herzfelde, Hanns Eisler und Paul Dessau. Der Umgang mit den Emigranten, den verdrängten Künstlern und Wissenschaftlern – vielfach ein Exil nach dem Exil – ist ein trübes Kapitel in der deutschen Nachkriegsgeschichte.

in Berlin nieder. Frauen erhielten erst 1920 das Recht zur Habilitation. So war Rahel Hirsch doppelt benachteiligt – als Jüdin und als Frau. Sie mußte 1938 nach England fliehen und konnte dort als 68jährige ihren Beruf nicht mehr ausüben. Sie wurde psychisch krank und lebte in einer Nervenheilanstalt, wo sie am 6. Oktober 1953 an den Folgen des für sie unerträglichen Exils starb. Im weltberühmten Pathologiekomplex der Charité blieb der Hörsaal des pathologischen Museums von Rudolf Virchow erhalten. Dort wurde im September 1995 eine lebensgroße Bronzeskulptur von Susanne Wehland zur Erinnerung an Rahel Hirsch enthüllt. Sie wird vorläufig vor der Neurologie aufgestellt und später ihren Platz vor der Medizinischen Klinik finden, wo Rahel Hirsch von 1913 bis 1919 gewirkt hatte.

Unterbaumstraße/ Schumannstraße/ Charitéstraße ❹

Rahel Hirsch (1870–1953) war Preußens erste Medizinprofessorin, für ihre wissenschaftlichen Leistungen 1913 geehrt – allerdings ohne ordentliche Professur und ohne Lehramt – das war Juden verwehrt. Schon 1919 schied sie wieder aus der Charité aus und ließ sich als Internistin mit Privatpraxis

Kapitel 5
Marienkirche – Dom – Spandauer Straße

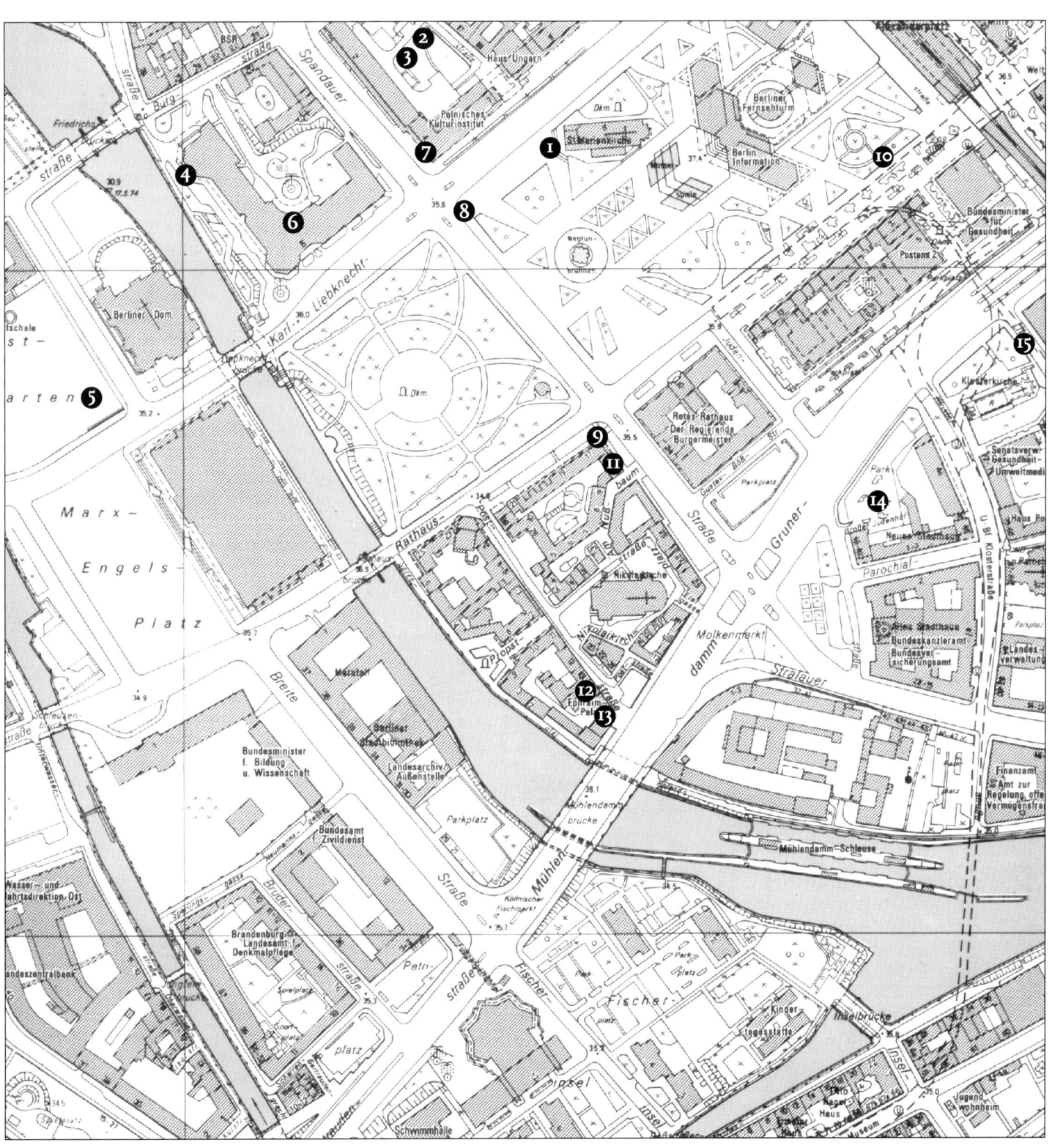

Neuer Markt
Marienkirche

Die Geschichte eines mittelalterlichen Pogroms mit einschneidenden Folgen: Aus der Dorfkirche von Knoblauch zwischen Genthin und Brandenburg im Havelland wurden eine Monstranz und zwei geweihte Hostien gestohlen. Der Dieb behauptete, ein Jude aus Spandau habe eine der Hostien gekauft. Diese unwahre Anschuldigung führte zu dem am 11. Juli 1510 öffentlich auf dem Neuen Markt vor der Marienkirche eröffneten Prozeß gegen 41 Juden aus Berlin, aus Spandau und weiteren märkischen Orten. Wegen Hostienschändung wurden am 19. Juli 1510 39 angeklagte Juden zum Feuertod verurteilt. Zwei Angeklagte wurden enthauptet, weil sie sich während der Haft hatten taufen lassen. Nach dem Prozeß mußten alle Juden die Mark Brandenburg verlassen. Es waren gewiß nicht nur religiöse, sondern eher wirtschaftliche Gründe, die zur Vertreibung führten. In, an oder vor der Marienkirche befindet sich kein Hinweis auf diesen Justizmord.

Eine weitere noch radikalere Austreibung, die fast 100 Jahre dauern sollte, geschah 1573 nach dem Lippold-Prozeß.

Lippold war Hofjude, Finanzberater und Münzmeister des Kurfürsten Joachim II. Er wurde verdächtigt, den Kurfürsten vergiftet und dessen Geliebte Anna Sydow verführt zu haben. Man suchte einen Vorwand, sich der verhaßten Juden zu entledigen. Lippold wurde auf grausame Weise öffentlich hingerichtet. Erst nach dem 30jährigen Krieg konnten sich aufgrund kurfürstlichen Edikts vom 21. Mai 1671 50 jüdische Familien aus Wien wieder in Berlin ansiedeln.

Rosenstraße 2–4

Gegenüber der Marienkirche ist die einst belebte Rosenstraße durch brutale Bebauung entlang der Karl-Liebknecht-Straße abgeschnürt und zu einer Hinterhofsituation verkommen. Die vornehmen Geschäftshäuser mit den Hausnummern 14 bis 18 erinnern in ihrer feingliedrigen Architektur an bessere Zeiten und deuten darauf hin, daß zwischen Spandauer Brücke, Spandauer Straße und Kaiser-Wilhelm-Straße ein lebhaftes Handelszentrum angesiedelt war. Eine angesehene Gegend im Herzen der Stadt wurde durch verfehlte Stadtplanung zu einer unwirtlichen Sackgasse mit schäbigen Wegen, zerstörten Bänken, Müll und Unrat auf nutzloser Grünfläche – ein unwürdiger Zustand für den Ort, wo Berlins älteste Synagoge an der Heidereutergasse und das Gemeindehaus mit der Adresse Rosenstraße 2–4 standen. Ein Zentrum jüdischen Lebens und Glaubens wurde erst mit der völligen Abräumung in den 60er Jahren ausgelöscht. Jede Spur ist beseitigt, der Ort dem Vergessen anheim gegeben – ein Schandfleck nicht nur städtebaulich, sondern auch für das historische Bewußtsein.

Im Jahre 1943 trug sich an diesem fast vergessenen Ort im Herzen der Stadt eine schier unglaubliche und ermutigende Geschichte zu – ein seltenes Beispiel von Zivilcourage: Vom 28. Februar bis zum 16. März 1943 dauerten Aufstand und Widerstand von einigen hundert nicht-jüdischen Frauen und Müttern, die die Freilassung der von der Gestapo in einer Großrazzia, der sogenannten Fabrikaktion, verhafteten und zum Abtransport nach Auschwitz zusammengetriebenen etwa 2.000 jüdischen Männer, Töchter und Söhne verlangten und durchsetzten. Es lebten noch 27.281 Juden in Berlin, etwa 10.000 mußten in der Rüstungsindustrie arbeiten, nahezu 8.000 wurden in Vernichtungslager deportiert. Sie wurden in Sammellagern, u. a. im Jüdischen Altersheim an der Großen Hamburger Straße und im Gemeindehaus Rosenstraße, unter unwürdigen Umständen interniert. Unter dem Eindruck der tagelangen Demonstrationen in der Rosenstraße befahl Goebbels, die inhaftierten jüdischen Ehemänner arischer Frauen zu entlassen. Selbst 25 Männer, die bereits in Auschwitz angekommen waren, wurden zurückgeholt. Gewaltfreier und öffentlicher ziviler Ungehorsam hatte gesiegt. Widerstand war also möglich – entgegen der verbreiteten Meinung. Der Aufstand der Frauen ist nicht weniger bedeutsam als der Aufstand der preußischen Elite am 20. Juli 1944.

In fast zehnjähriger Arbeit aus eigenem Antrieb schuf die Bildhauerin Ingeborg Hunzinger, selbst eine Verfolgte, eine eindrucksvolle Skulpturengruppe mit zahlreichen figürlichen Darstellungen im bewegten Raum, einen „geformten Steingesang". Das Denkmal wurde Ende 1995 aufgestellt. Eingemeißelt ist der Text: „Die Kraft des zivilen Ungehorsams, die Kraft der Liebe bezwingen die Gewalt der Diktatur".

Heidereutergasse 4

Die Straße ist verschwunden, aufgelassen und beseitigt beim Bau von Häuserzeilen entlang der Spandauer Straße. Unter dem Rasen verdeckt sind die Fundamente und Überreste der ältesten und ersten Berliner Gemeindesynagoge, die von dem christlichen Baumeister Michael Kemmeter 1712–1714 erbaut worden ist. Sie war durch einen großen Vorhof von der Straße getrennt. Die Synagoge durfte nicht höher sein als ein einstöckiges Bürgerhaus und war deshalb unter das Straßenniveau gelegt.

Am 21. Mai 1671 erließ Friedrich Wilhelm, der Große Kurfürst, das „Edict wegen auffgenommener 50 Familien Schutzjuden, jedoch daß sie keine Synagoge halten". Erst unter König Friedrich I. durfte mit dem Bau einer Gemeindesynagoge begonnen werden. Die alte Synagoge wurde durch Bomben zerstört, die Anlage von der Post benutzt und erst in den 60er Jahren im Zuge der neuen Straßen- und Bauplanung abgebrochen. Ihr Wiederaufbau wäre möglich gewesen. Der Grundriß wurde am 50. Jahrestag des Frauenprotests vorübergehend auf der Rasenfläche markiert. Im Vorderhaus der Heidereutergasse 4 befanden sich ein Betsaal des Beth Hamidrasch und eine Mikwe.

Burgstraße 25 (ehemals Nr. 16)
(an der Friedrichsbrücke)

Wo sich heute das Kongreßzentrum eines Hotels befindet, stand zuvor die alte Neue Börse und wiederum davor von 1768 bis 1855 die zweiflügelige schloßartige Anlage des Stadtpalais Itzig, das ein Mittelpunkt gesellschaftlichen Lebens war und eine stadtbekannte, wertvolle Kunstsammlung beherbergte. Die Sommerresidenz lag in der Köpenicker Straße nahe dem Schlesischen Tor auf dem Gelände der ehemaligen Bartholdy'schen Meierei. Daniel Itzig (1723–1799) war gemeinsam mit Veitel Heine Ephraim Hofbankier und Münzpächter, ebenso sein Sohn und Nachfolger Isaac Daniel Itzig (1750–1806), der als preußischer Hofbaurat die Potsdamer Straße finanzierte und erbaute (1787–1795). In einem Konkurs verlor er später sein Vermögen.

Lustgarten
(vor dem Dom)

Gedenkstein für Herbert Baum und seine jüdisch-kommunistische Widerstandsgruppe zur Erinnerung an den 18. Mai 1942, als die Gruppe einen wirkungslosen Brandanschlag auf die nationalsozialistische Propaganda-Ausstellung „Das Sowjetparadies" verübte. Die Ausstellung war ein raffiniert-verführerisches Machwerk, durch das der verbrecherische Angriffskrieg und ideologische Vernichtungsfeldzug gegen die Sowjetunion massenpsychologisch vorbereitet werden sollte.

Die Tragik der Gruppe Baum liegt in ihrer doppelten Isolation und Gefährdung. Sie war isoliert von jüdischen Gruppierungen, die den Kommunismus ablehnten. Sie war ausgegrenzt von den illegalen kommunistischen Gruppen, weil die KPD aus ihrem Pariser Exil die Anweisung gegeben hatte, Juden herauszuhalten, um die Gefährdung der Untergrundarbeit zu verringern. Der Widerstand der Gruppe Baum ging in die Leere, und der Brandanschlag zeigte keine Wirkung, weil die jungen Idealisten nicht erkennen konnten, daß ein großer Teil der Bevölkerung den Propagandalügen glaubte und sich in tiefsitzenden antirussischen Ressentiments allzu gerne bestätigen ließ. 28 Mitglieder der Gruppe im Durchschnittsalter von 22 Jahren wurden 1942/43 vom Volksgerichtshof verurteilt und hingerichtet.

Heilige-Geist-Straße 4

Der Salon der Amalia Beer befand sich vor dem Umzug 1801 in die Spandauer Straße 72 in einem Hause an einer Straße, die nicht mehr existiert. Sie verlief gegenüber der Einmündung der Poststraße in nördliche Richtung bis zum Heilige-Geist-Spital.

Spandauer Straße 72 (später 23)

1801 zog Jacob Herz Beer (1769–1825) mit seiner Ehefrau Amalia (1767–1854), der ältesten Tochter von Liepmann Meyer Wulff, von der Heilige-Geist-Straße 4 in die Spandauer Straße 72, wo er auch eine eigene Zuckersiederei betrieb. Das Haus war ein gesellschaftlicher Mittelpunkt Berlins und verfügte über eine Privatsynagoge, die der König 1823 schließen ließ. Hier wuchsen die vier Söhne auf: Der älteste war der 1791 geborene Meyer Beer, ein musikalisches Wunderkind, das 1801 mit einem Mozart-Klavierkonzert debütierte und 1806 eine Kantate für seinen Großvater Liepmann Meyer Wulff komponierte. Er nahm 1825 den Vornamen des Vaters an und wurde als Giacomo Meyerbeer weltberühmt (ab 1825 in Paris, 1842 Preußischer Generalmusikdirektor).

1816 erwarb Herz Beer eine große Sommervilla im Tiergartenviertel, die bald der ständige Wohnsitz der Familie war. Die Beer'sche Villa wurde zu einem geistigen und kulturellen Zentrum Berlins, in dem sich Künstler, Gelehrte und Staatsbeamte im

Salon der Amalia Beer trafen. Nach dem Tod Amalias 1854 wurde auf dem Anwesen die Preußische Seekadettenanstalt eingerichtet.

Spandauer Straße 68 (später 33)

Viele wichtige Adressen prägender jüdischer Persönlichkeiten, die im Herzen der Stadt lebten, werden vom weiten Platz des heutigen Marx-Engels-Forums überdeckt, so auch das Haus des Moses Mendelssohn. Es wurde bereits 1886 im Zuge des Straßendurchbruchs für die neuangelegte Kaiser-Wilhelm-Straße abgerissen. Über dem Hauseingang war auf einer Tafel zu lesen: In diesem Haus lebte und wirkte Unsterbliches – Moses Mendelssohn. Der 1729 in Dessau geborene Moses Mendelssohn kam mit 14 Jahren nach Berlin, wurde Schreiber, Hauslehrer, Buchhalter und schließlich Mitinhaber einer Seidenmanufaktur, war Freund Lessings und Nicolais, übersetzte Pentateuch und Psalmen ins Deutsche, begründete die erste Schule für jüdische Kinder, schrieb philosophische Texte und kämpfte für die Emanzipation der deutschen Juden. Der führende Kopf der Berliner Aufklärung lebte hier ab 1762 bis zu seinem Tode 1786. Erst nach seinem Tod erhielt die Familie 1787 von König Friedrich Wilhelm III. das Generalprivileg zum dauernden Aufenthalt in Berlin!

Im selben Hause schrieb der junge Gotthold Ephraim Lessing sein Schauspiel „Die Juden" und setzte dem Moses im „Nathan" ein literarisches Denkmal. Auch der Mitstreiter der Aufklärungszeit Friedrich Nicolai hatte hier gewohnt.

Spandauer Straße 26
(an der östlichen Ecke des Marx-Engels-Forums)

Geburtshaus der Rahel Levin (19. Mai 1771 – 7. März 1833). Die Tochter des Bankiers und Juwelenhändlers Markus Levin nannte sich nach der Taufe 1814 Rahel Friederike Antonie von Ense, geborene Robert-Tornow. Sie heiratete 1814 den Diplomaten und Schriftsteller Karl August Varnhagen von Ense. Adressen ihrer berühmten Salons: die legendäre Dachstube in der Jägerstraße 54 (bis 1806), nach 1819 Charlottenstraße 32, Französische Straße 20 und schließlich das berühmte Blaue Zimmer in der Mauerstraße 36.

Neue Friedrichstraße 22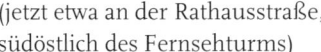
(jetzt etwa an der Rathausstraße, südöstlich des Fernsehturms)

Der 1780 eingerichtete Salon der Henriette Herz (1764–1847) lag in der Wohnung, die sie gemeinsam mit Marcus Herz unweit der ehemaligen Königsbrücke ab Dezember 1779 unterhielt. Beide pflegten eine gelehrte Geselligkeit. Er hielt philosophische Privatvorlesungen, sie pflegte den Diskurs. Marcus Herz (1747–1800) war Arzt, Leiter des Jüdischen Krankenhauses und Philosoph, Schüler Kants.

500 jüdische Familien lebten Ende des 18. Jahrhunderts in der Stadt. Nach französischem Vorbild entstanden in der Oberschicht die Berliner Salons als offene gesellschaftliche Gesprächskreise und Treffpunkte, eine neue Form anspruchsvoller Geselligkeit. Neben den Salons der Rahel Varnhagen, Amalia Beer und Henriette Herz existierte noch der Salon der Familie Abramson. An der Spandauer Brücke wohnte Abraham Abramson (1754–1811), der das erste jüdische Mitglied der Preußischen Akademie der Künste war. Brendel (später Dorothea) Veit/Schlegel (1764–1829), eine Tochter Moses Mendelssohns, verkehrte dort ebenso wie im Salon der Henriette Herz. Die Blütezeit der Salons endete 1806 mit der französischen Besetzung. Nach 1814 wurde Rahels Gesprächsrunde wiederbelebt.

Spandauer Straße 26–32/
Ecke Königstraße
(jetzt zwischen Rathausstraße und Am Nußbaum)

Den gesamten Block an der Spandauer Straße gegenüber dem Roten Rathaus nahm das 1815 gegründete Unternehmen von Nathan Israel ein. Aus einem Stoffhandel entwickelte sich eines der führenden Berliner Kaufhäuser mit Versandhandel. Das Warenhaus mit dem berühmten, verschwenderisch ausgestatteten, glasüberdachten, hallenartigen Treppenhaus war Vorbild für spätere Unternehmen.

Poststraße 14

Am 10. Dezember 1894 wurde Gertrud Käthe Chodziesner als erstes Kind des Rechtsanwalts Ludwig Chodziesner und seiner Ehefrau Elise geboren. Sie nahm den Künstlernamen Gertrud Kolmar an, unter dem sie Gedichte und Erzählungen veröffentlichte und zu einer der bedeutendsten deutschen Lyrikerinnen wurde. Der Vater assimilierte sich in der wilhelminischen Belle Époque und wurde als Prominentenanwalt vermögend. Gertrud Kolmar erlebte eine „Berliner Kindheit um 1900", wie sie ihr Cousin Walter Benjamin beschrieben hat. Sie verliert 1935 ihren Künstlernamen, weil Juden diesen nicht mehr führen dürfen.

Ihre Lyrik erreicht die Öffentlichkeit nicht mehr. Gleichwohl bleibt sie bei ihrem deutsch-nationalen Vater, der sich weigerte, sein Land zu verlassen. Tochter und Vater werden schließlich in einem Berliner Judenhaus im Bayerischen Viertel ghettoisiert, 1942 wird der Vater nach Theresienstadt deportiert, Gertrud Kolmar nach zweijähriger Zwangsarbeit in einem kriegswichtigen Betrieb verhaftet. Im März 1943 verliert sich ihre Spur auf dem Wege nach Auschwitz. Akte des Standesamtes Schöneberg: 1951 unter Nr. 52095 für tot erklärt – „ohne Beruf".

Poststraße 16/am Mühlendamm ⓭
Ephraim Palais

Gemeinsam mit Daniel Itzig war Veitel Heine Ephraim (1703–1775) Pächter der Münze sowie Hofjuwelier und Silberkaufmann. Er zählte zu den reichsten Männern Preußens, finanzierte des Königs Feldzüge und war Oberlandesältester der preußischen Judenschaften.

1762 gestattete Friedrich II. seinem „Münzentrepreneur" Veitel Heine Ephraim den Ankauf eines Hauses. Ephraims Wahl fiel auf ein Gebäude, das er in den folgenden vier Jahren (1762–1766) vom Baumeister Friedrich Wilhelm Dieterichs umbauen ließ. Das Rokokopalais galt als „schönste Ecke" Berlins. Mehrfach umgebaut und an seinem ursprünglichen Standort am Mühlendamm 1935 abgetragen, wurde das Palais unter Verwendung eingelagerter Originalteile der Fassade 1985–1987 nahebei wieder errichtet. Es ist das letzte erhaltene Baudenkmal, das vom Selbstbewußtsein der wohlhabenden jüdischen Oberschicht im 18. Jahrhundert zeugt.

Veitel Heines Sohn Benjamin Veitel Ephraim (1742–1811) erlitt ein Schicksal, typisch für das eines Juden, der sich für gleichberechtigt hielt und an das Gute im Mitmenschen glaubte. Er war Patriot und politisch engagiert für sein Land. Als „Hofjude" geehrt, als angeblicher Spion verachtet, starb er vergessen in Armut.

Jüdenstraße/Grunerstraße/ ⓮
Parochial- und Klosterstraße

Berlin kannte kein eigentliches Ghetto, vielmehr gab es im 13./14. Jahrhundert einen jüdisch geprägten, offenen Stadtbezirk zwischen Rathaus und Franziskaner-Klosterkirche, den Großen Jüdenhof mit Synagoge, Lehrhaus und Ritualbad. Im Zuge der Stadtplanung und -erweiterung um die Jahrhundertwende, schließlich durch den Bombenkrieg sind die Spuren des jüdischen Bezirks restlos beseitigt worden. Noch bis in die 30er Jahre gab ein Platz mit altem Baumbestand und mit einigen aus dem 18. Jahrhundert stammenden Häusern eine Ahnung

vergangener Zeiten. Vermutlich war der Jüdenhof 1571 Schauplatz eines Pogroms. Häuser, Läden, Werkstätten und religiöse Stätten wurden angegriffen und zerstört – aus wirtschaftlichen Gründen. Nach dem Tode des judenfreundlichen Kurfürsten Joachim II. und dem darauf folgenden Justizmord an Lippold wurde die gesamte jüdische Bevölkerung für nahezu 100 Jahre aus Berlin vertrieben.

Littenstraße ⓯

Die Straße, früher Teil der neuen Friedrichstraße, nahe dem Alexanderplatz, die am Stadtgericht vorbeiführt, trägt den Namen des 1938 im KZ Dachau ermordeten Rechtsanwalts Hans Litten, geboren 1903. Er vertrat als Strafverteidiger in den 20er und 30er Jahren Oppositionelle, die gegen den heraufkommenden Faschismus kämpften. So mußte Adolf Hitler 1931 auf Antrag Littens als Zeuge aussagen und im Verhör seine politischen Absichten darlegen. Der Reichstagsbrand diente als Vorwand, den verhaßten Anwalt am 28. Februar 1933 zu verhaften und ihn in mehreren Gefängnissen und Konzentrationslagern zu mißhandeln. An den Folgen starb er am 4. Januar 1938 in Dachau.

Rungestraße 20 ⓰

Im Adressbuchverlag Diederichs arbeitete die Widerstandskämpferin Edith Wolff aus der Gruppe Chug Chaluzi. Zur Rettung und Ausschleusung illegal in Berlin lebender Juden wurden falsche Ausweise gedruckt. Edith Wolff wurde am 19. Juni 1943 verhaftet und deportiert.

Köpenicker Straße 114–115 ⓱

Wo zwischen zwei in Plattenbauweise errichteten Mietskasernen an der Ecke Köpenicker Straße/Michaelkirchstraße eine trostlose, zugige, von dürren Bäumen bestandene tote

Ecke entstanden ist, befanden sich die Häuser Nr. 114 und Nr. 115 mit den Räumen des Synagogen-Vereins Ahawas Re'im, der 1872 gegründet worden war, sowie die Druckerei des Ehepaars Frieda und Adolf Wiegel, wo Materialien der Widerstandsgruppe „Gemeinschaft für Frieden und Aufbau" hergestellt wurden. Sie wurden am 12. Oktober 1944 verhaftet und deportiert.

Köpenicker Straße 67–68 ⑱

Verschwunden im Komplex eines gewaltigen Wärmekraftwerks ist das legendäre, im Jugendstil ausgestaltete „Bunte Theater", wo Arnold Schönberg zu Beginn des Jahrhunderts Kapellmeister in Wolzogens literarischem Kabarett „Überbrettl" war und seine Brettl-Lieder komponierte.

Rungestraße 25–27 ⑲
Von Heinz Knobloch

Eine Gedenktafel an diesem Gebäude erinnert seit 1995 an Bona Peiser (1864–1929). Wem ihr Name nichts sagt, und das werden viele sein: Bona Peiser war die erste deutsche Bibliothekarin. Geboren als Tochter eines jüdischen Verlagsbuchhändlers und mit Büchern aufgewachsen, bereitete sie sich in England umfassend auf den Bibliotheksdienst vor, leitete später in Berlin ehrenamtlich die Bibliothek im Kaufmännischen Verband für weibliche Angestellte und kümmerte sich intensiv um den Aufbau von Bücher- und Lesehallen.

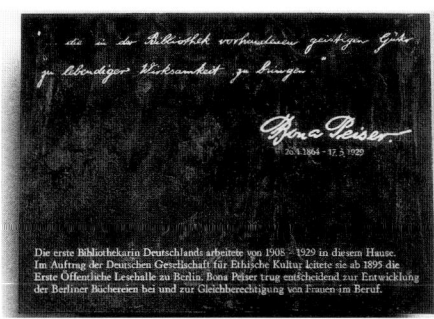

1895 entstand in der Neuen Schönhauser Straße 13 in einem städtischen Gemeinschaftshaus Berlins erste öffentliche Lesehalle, eine völlig neue Einrichtung für die deutsche Hauptstadt. Aus 500 Büchern zu Beginn wurden durch Schenkungen und Spenden bald über 3.000. Gemeinsam mit dem Bibliothekar an der Königlichen Bibliothek Dr. Jeep leitete Bona Peiser die Lesehalle, die im ersten Jahr 49.625 Besucher zählte.

1902 zog die Bücher- und Lesehalle, der seit 1898 Bona Peiser allein vorstand, um die Ecke in die Münzstraße 11 und fand 1908 endgültig eine Heimstatt in der Rungestraße 25–27. Längst hatte die unermüdliche Bibliothekarin im „Centralblatt" der deutschen Frauenvereine einen Artikel über ihren Beruf veröffentlicht und an ihrer Lesehalle Möglichkeiten zur praktischen Ausbildung geboten. Monatlich organisierte sie im „Berliner Frauenklub von 1900" Treffen, aus denen die „Vereinigung bibliothekarisch arbeitender Frauen" hervorging. Es war die Zeit, als sich die „Schreibmaschinen-Fräuleins" die Büros eroberten. „Bei Bona Peiser gelernt zu haben, bedeutete für jeden Bibliothekseleven eine Empfehlung, besonders aber für junge Damen aus dem Bürgertum, die ihre Lebenserfüllung in einem sozial engagierten, standesgemäßen Beruf suchten" (Erwin Marks).

1913 zog die Bücher- und Lesehalle Kinder in ihren Bann, zählte bald neunzigtausend Besucher, die dort lesend saßen und 40.000 Bände nach Hause ausliehen.

Mitten im Ersten Weltkrieg veröffentlichte Bona Peiser eine Studie im angesehenen „Archiv für Frauenarbeit" und erläuterte im Rückblick auf weibliche Tätigkeit im Büchereiwesen die Möglichkeiten zur Ausbildung in diesem Beruf. 1928, ein Jahr vor ihrem Tode, forderte Bona Peiser eine „Neuordnung der Ausbildung, die auch uns Frauen den notwendigen Einfluß in Richtung und Ziel in der Volksbüchereiarbeit sichern helfen soll".

Die Bibliothek in der Rungestraße war 1927 zur städtischen Volksbücherei geworden, wurde 1937 umquartiert und 1945 zerstört. Aber seit Ende August 1994 trägt die Kreuzberger Stadtteilbibliothek in der Oranienstraße 72 den Namen „Bona-Peiser-Bibliothek". Bald werden mehr Menschen von dieser ersten deutschen, hauptberuflich bezahlten Bibliothekarin wissen.

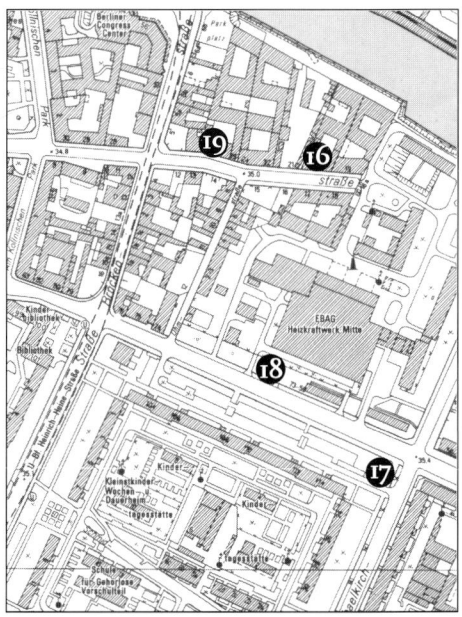

Kapitel 6
Schönhauser Allee – Rykestraße

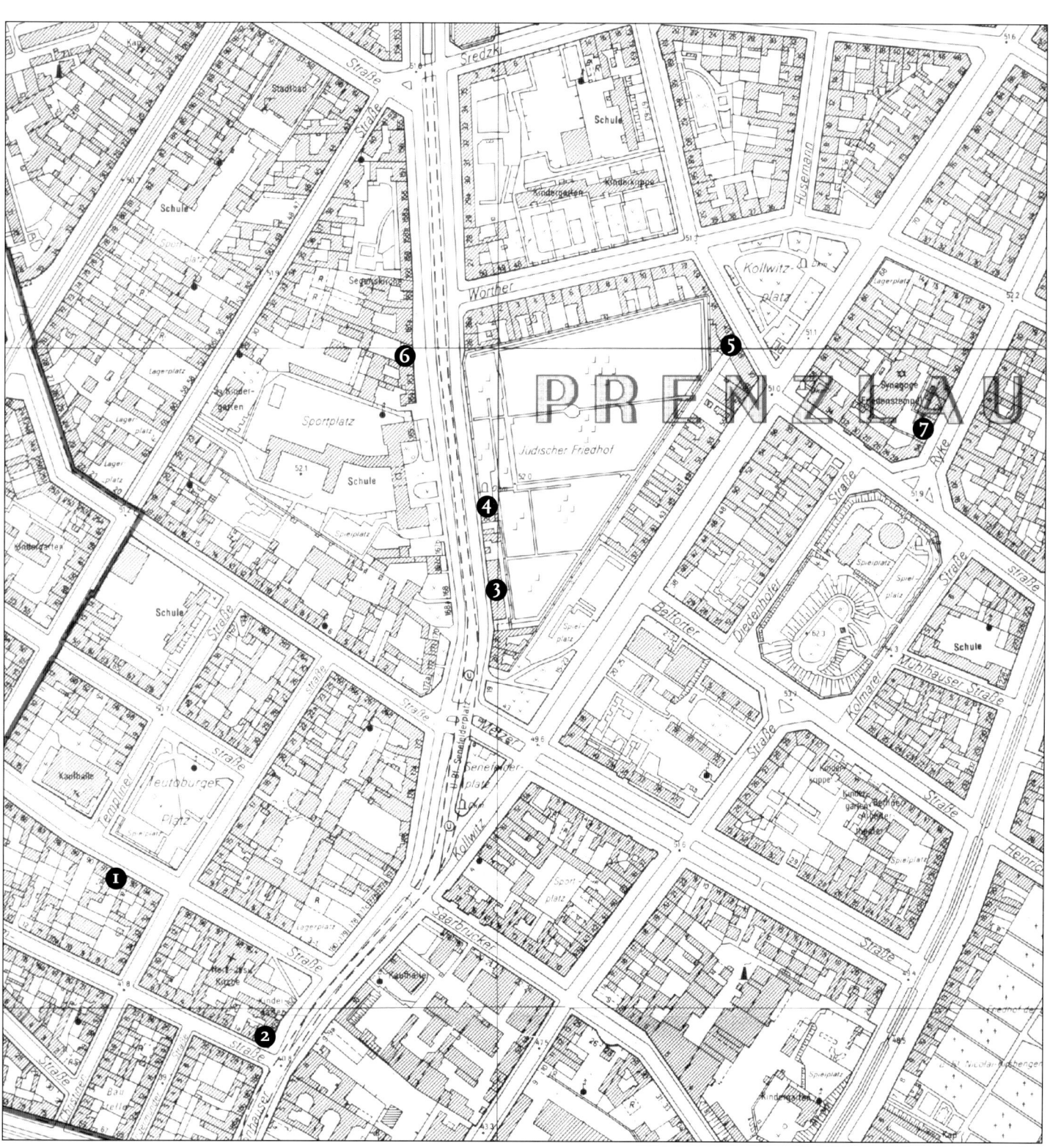

Fehrbelliner Straße 92

Das 1897 gestiftete Jüdische Kinderheim hatte nachweislich des 1932 letztmalig erschienenen Führers durch die Jüdische Gemeindeverwaltung und Wohlfahrtspflege 10 Heimplätze sowie Raum für 180 Kindergarten- und Hortkinder und zählte damit zu den kleineren, aber vorbildlichen Sozialeinrichtungen der Jüdischen Gemeinde.

Schönhauser Allee 183

Ernst Lubitsch, der 1937 für seine cineastischen Meisterwerke mit einem Ehren-Oskar ausgezeichnete Schauspieler und Regisseur wuchs ab 1896 hier auf. Geboren wurde er am 28. Januar 1892 in der Lothringer Straße 82a (zuweilen Wilhelm-Pieck-Straße), und er war Schüler des Sophiengymnasiums in der Weinmeisterstraße 15. Die Gedenktafel

wurde an seinem 100. Geburtstag von seiner Tochter Nicola enthüllt.

Lubitschs Berliner Schaffensjahre waren zunächst geprägt durch die Zusammenarbeit mit Max Reinhardt. In seinen ersten eigenständigen Filmwerken schuf er ab 1914 eine Serie grotesker Einakter, in denen er die Figur des Lehrlings und späteren Geschäftsmannes Meyer verkörperte, der auf wundersame Weise Alltagsverwicklungen meisterte. Noch in den 20er Jahren wechselte er nach Hollywood, wo es vor allem seine amerikanischen Komödien *Trouble in Paradise (Ärger im Paradies)*, 1932; *Design for Living (Serenade zu Dritt)*, 1933; *Bluebeard's Eighth Wife (Blaubarts achte Frau)*, 1938, waren, die ihm zu Weltruhm verhalfen. Am 30. November 1947 verstarb Lubitsch in Hollywood.

Schönhauser Allee 22

Am 2. Dezember 1880, dem Tag ihrer Silbernen Hochzeit, stifteten Bertha und Moritz Manheimer der Jüdischen Gemeinde eine zweite Altersversorgungsanstalt. Moritz Manheimer, 1826 in Gommern, Provinz Sachsen, geboren, war einer der Mitbegründer der Damenkonfektionsfirma „Gebrüder Manheimer" in der Oberwallstraße. Ab 1872 hatte er sich ausschließlich der Wohltätigkeitsarbeit verschrieben und errichtete zahlreiche Stiftungen für allgemeine soziale und jüdische Zwecke.

Der für 89 Bewohner großzügig angelegte Bau in der Schönhauser Allee wurde am 11. November 1883 eingeweiht. 1941 wurden die letzten Insassen mit dem Pflegepersonal nach Auschwitz deportiert.

Noch immer erinnert keine Gedenktafel an dem heute als Polizeiwache genutzten Gebäude an die Stifter, die Bewohner, das Pflegepersonal und deren tragisches Ende.

Schönhauser Allee 23–25
Jüdischer Friedhof

Vom Senefelderplatz aus gabeln sich zwei Ausfallstraßen. Hier beginnt ein magischer Bezirk, in dessen Inneren eine aufgelassene, verlorene Straße verläuft, öffentliches Straßenland nach dem Kataster, entlang der Friedhofsmauer des 1827 angelegten jüdischen „Orts der ewigen Ruhe", versteckt hinter den Gartenhäusern der gründerzeitlichen Miethäuser in der Kollwitzstraße, zugänglich nur von einer stets verschlossenen Hintertür des jüdischen Friedhofs, Judengang, Judenstraße oder Kommunikation genannt.

Knaackstraße 40 am Kollwitzplatz: Das geflickte rostige Tor wird auf immer verriegelt sein, die Straße wird niemals mehr benutzt werden. Sie ist parzelliert in girlandenumsäumte, lampionbestückte Feierabendidyllen mit ausrangiertem Mobiliar zur friedlichen Nutzung an lauen Berliner Sommerabenden. Die Erhaltung der gemauerten Pforten und geschmiedeten Gartentörchen läßt noch den Respekt vor fremdem Areal erkennen.

Der stille Ort zwischen Schönhauser Allee, Kollwitz- und Knaackstraße hat nahezu 25.000 Gräber unter Efeu, Ahorn, Linden und Kastanien, hell im Winter, dunkel im Sommer, ein lebendiges Geschichtsbuch über jüdisches Leben und Berliner Kultur, veranschaulicht in erhabenen, kostbaren Grabmälern. In einem Dreieck in der Mitte liegen die unter Blattwerk hügelig verschwundenen Gräber der Namenlosen aus dem Scheunenviertel. Es waren nicht immer so prächtige Kondukte wie für Giacomo Meyerbeer im Mai 1864. Meist waren jüdische Beerdigungen, die aus dem Scheunenviertel vom Schönhauser Tor heraufkamen, traurige Prozessionen, denen in großer Zahl die armen Schlucker und Schnorrer von der Schendelgasse, Hirten-, Dragoner- und Grenadierstraße folgten. Kaiser und Hofadel, wenn sie auf der Prachtallee hinaus nach Pankow und Schloß Niederschönhausen kutschierten, wollten nicht durch dunkle, notleidende Gestalten gestört werden. So entstanden Hintereingang und Judengang.

Der Friedhof war früher eine Brauerei und Meierei, noch finden sich die Reste von Zisternen auf dem Gelände. In einer der Zisternen, so wird überliefert, versteckten sich junge Deserteure in den letzten Kriegswochen des Jahres 1945. Die Gestapo habe sie entdeckt und an den Friedhofsbäumen erhängt. („Den Tod anderer nicht zu wollen, das war ihr Tod", ist auf einer Gedenktafel zu lesen.) Die letzten hier Begrabenen sind Vera Frankenberg, ein 1945 auf dem Friedhof von einer Granate tödlich getroffenes junges Mädchen, und Martha Liebermann. In Erwartung der Deportation gab sie sich 1943 den Tod. Sie wurde nach dem Krieg von Weißensee neben ihren 1935 verstorbenen Mann Max Liebermann hierher umgebettet.

Nach der Schließung des ersten und ältesten jüdischen Friedhofs in der Großen Hamburger Straße erwarb die Jüdische Gemeinde das Gelände und richtete 1827 ihren zweiten Begräbnisplatz an der damaligen Pankower Chaussee ein. Links vom Haupteingang befanden sich die Trauerfeierhalle sowie die für den Friedhofsbetrieb notwendigen Zweckbauten. Anstelle der zerstörten Gebäude steht heute ein 1961 nach einem Entwurf von Ferdinand Friedrich aus Sandsteinquadern errichteter Gedenkstein: „Hier stehst Du schweigend, doch wenn du Dich wendest, schweige nicht!"

Auf dem Friedhof befindet sich auch das Grabmal für den 18jährigen Alexander Goldmann und den 21jährigen Simon Barthold, die nach dem 22. 3. 1848 ihren Verletzungen erlagen. Die anderen jüdischen März-Gefallenen wurden im Friedrichshain bestattet. Das Denkmal für die gefallenen jüdischen Soldaten der Kriege 1866 und 1870/71 ist als Obelisk mit aufgesetzter Kugel gestaltet.

Lang ist die Liste bedeutender Wissenschaftler, Unternehmer, Schriftsteller, Gelehrter und Künstler, die auf diesem Friedhof beerdigt sind. Zu ihnen gehört Giacomo Meyerbeer, der Schöpfer der Opern „Die Hugenotten" und „Die Afrikanerin". Er wurde 1791 in Berlin geboren, verstarb 1864 in Paris, wurde aber seinem letzten Willen entsprechend von dort aus nach Berlin überführt und im 1850 angelegten Familienbegräbnis beigesetzt.

Als der Maler Max Liebermann, der langjährige Präsident der Akademie der Künste und Ehrenbürger Berlins, 1935 beigesetzt wurde, standen die Zeichen für die Juden in Berlin schon auf Sturm und Verfolgung. Staatliche Vertreter und Funktionäre der gleichgeschalteten Künstlervereinigungen erschienen nicht zu seiner Beisetzung. Seine neben ihm beigesetzte Frau Martha hat sich

1943 das Leben genommen, um einer Deportation zu entgehen. Unmöglich die Namen auch nur der bekanntesten der in 22.500 Einzelgräbern und 750 Familiengruften Beigesetzten zu nennen. Unter ihnen befinden sich Leopold Ullstein und Albert Mosse, die Verleger, James Simon, der Mäzen, Joseph Mendelssohn, der Bankier, Ludwig Loewe und Georg Haberland, die Unternehmer, und Gerson von Bleichröder, der zu den wichtigen Finanziers der Bismarckschen Politik gehörte.

Gestalterisch bemerkenswert sind die Gräber für Sophie Loewe 1876, Paul Model 1895, Berthold Kempinski 1910, die gegen das Verbot der Abbildung Verstorbener verstoßen.

Viele bedeutende Persönlichkeiten des Berliner Judentums sind auf protestantischen Kirchhöfen bestattet.

Schönhauser Allee 162 ❻

Baruch Auerbach, 1793 im Bezirk Posen geboren, war Pädagoge und Philanthrop. Seit 1829 Direktor der Gemeindeschule, gründete er 1832 das später nach ihm benannte Waisenhaus als Seminar und Erziehungsanstalt zunächst in der Rosenstraße und 1853–1897 in der Oranienburger Straße 38, dann in der Schönhauser Allee gegenüber dem Friedhof. Die letzten Zöglinge wurden zusammen mit ihren Lehrern und Betreuern 1942 deportiert. Über die letzten Monate im Heim berichtet Hans Rosenthal in seiner Autobiographie „Zwei Leben in Deutschland". Die Liberale Synagoge Norden wurde 1923 gegründet und im durch Kriegseinwirkung zerstörten Gebäude des Waisenhauses betrieben. Im Hof sind noch Relikte der gemauerten Laubhütte zu erkennen.

Rykestraße 53 ❼

Zwei breite Tordurchfahrten geben von der Rykestraße den Blick frei auf ein schönes Backsteingebäude in den Formen einer neoromanischen Basilika. Architekt der in ihrer ursprünglichen Gestalt am besten erhaltenen Berliner Synagoge war 1903/04 der Gemeindebaumeister Johann Hoeniger.

Im Vorderhaus befanden sich die Volksschule des „Jüdischen Schulvereins e.V."

und die VI. Religionsschule der Jüdischen Gemeinde mit ca. 500 Schülern. Die im Hof gelegene, 1904 eingeweihte, ursprünglich nach konservativem Ritus geführte Synagoge mit 2.000 Plätzen wurde in der Pogromnacht 1938 zwar demoliert, wegen der umstehenden Wohnhäuser jedoch nicht in Brand gesteckt. Noch bis 1940 konnten Gottesdienste gehalten werden, danach wurde das Gotteshaus als Lager und Pferdestall für die Wehrmacht mißbraucht. Der gesamte Gebäudekomplex wurde 1953 restauriert. Der Trausaal wurde zur Wochentagssynagoge. Die einzige Synagoge Ost-Berlins wurde „Friedenstempel" genannt.

Kapitel 7
Brunnenstraße – Zionskirche

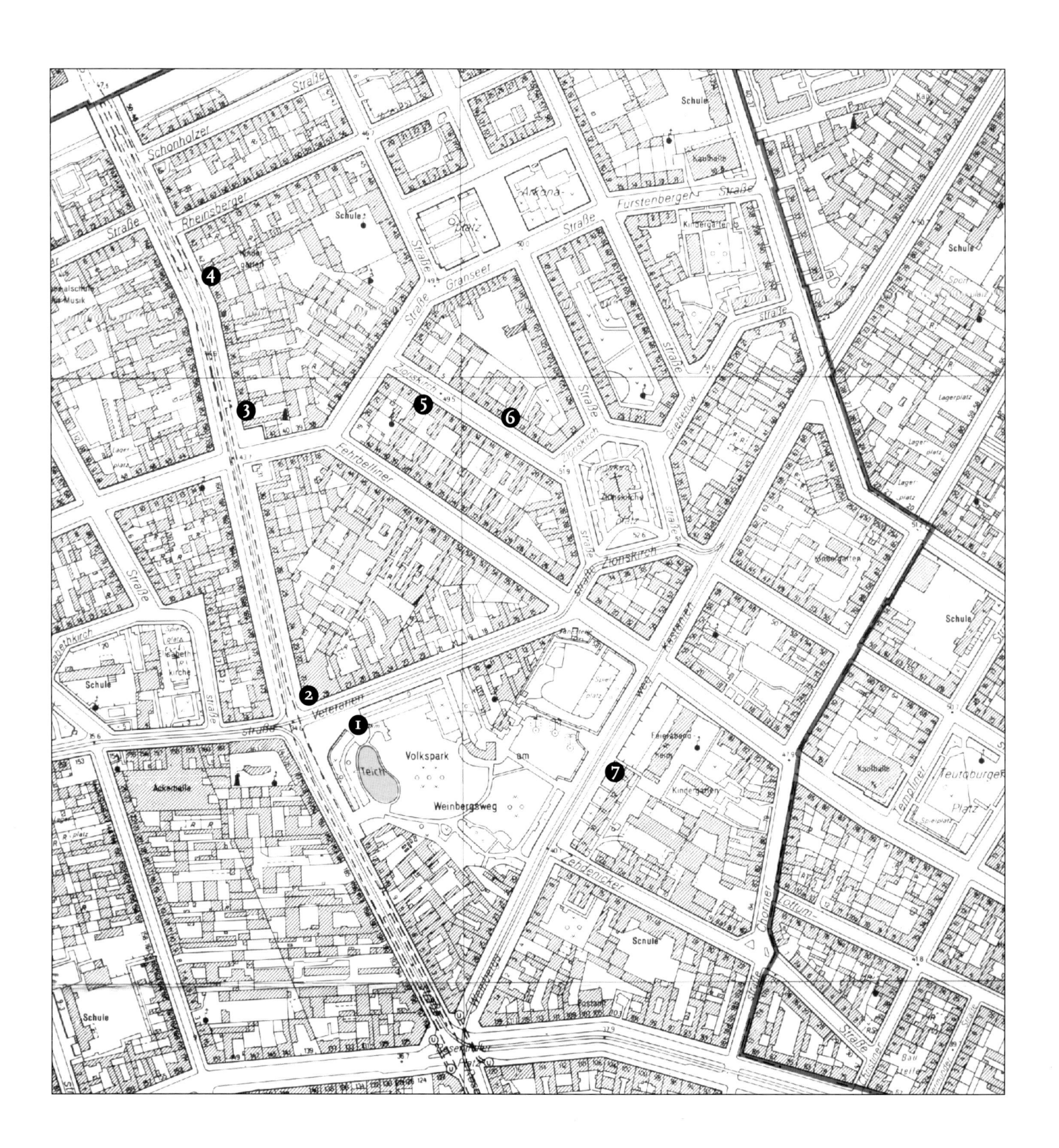

In der Brunnenstraße
Von Heinz Knobloch

Das schönste Denkmal, das einer bekommen kann, hat Heinrich Heine seit 1958 am Volkspark am Weinbergsweg. Vormals standen dort Miethäuser aus dem 19. Jahrhundert, die im Krieg zerstört wurden. So kam es zu dieser ausgedehnten Grünanlage für Alt und Jung. An der Ecke Brunnenstraße und Veteranenberg steht das Heine-Denkmal von Waldemar Grzimek. Es ist menschlich erreichbar, soll heißen, die Kinder können es besteigen und sich auf Heines Knie setzen; die sind schon abgewetzt. Es ist also kein todernstes Denkmal und daher selten. Und da niemand so recht sagen kann, was Heine gerade tut – den linken Arm erhoben wie mitten im Gespräch – bleibt es ein Denkmal, das den Behörden damals schon nicht recht zusagte. Deshalb muß er hier bleiben und kam nicht an prominenteren Ort, was unser Glück gewesen sein mag und seines, denn wenn Heine in der Heinrich-Heine-Straße hätte sitzen müssen, an einem der Grenzübergänge zu Zeiten der Berliner Mauer, und die Menschen hätten bei seinem Anblick nicht nur in der Nacht an Deutschland gedacht, sondern auch tagsüber; nicht auszudenken.

Da war es doch richtig, wenn zwei Berliner Schriftsteller, Paul Wiens und Peter Edel – der eine war Emigrant, der andere überlebte Auschwitz – wenn sie, statt offizielle Gebinde niederzulegen an Heines Geburtstag, ihm den Blumenstrauß in die erhobene Hand steckten und mit einem weißen Schleier festbanden. Der flatterte ihm Tage später wärmend um den Hals. Wie gesagt, die Menschen hier mögen ihn, und er ist auch nicht besprayt.

Heine blickt auf ein hochragendes Gebäude. Das hat Louis Lachmann (1860–1910) erbaut für Adolf Jandorf (1870–1932), den Warenhausgründer. Nach einer Lehre als Kaufmann hatte er als Zwanzigjähriger in den USA moderne Verkaufsmethoden studiert. 1892 eröffnete er in Berlin am Spittelmarkt das „Hamburger Engros-Lager", ein Spezialgeschäft für Kurz-, Weiß- und Wollwaren und Tapisserie, das Stammhaus des späteren Warenhauskonzerns. So wurde Jandorf zum Wegbereiter des modernen Warenhauses und erreichte mit seiner Vielfalt vor allem Mittelschichten und Arbeiter. Seine Häuser nutzten Ecken, die sich dadurch noch mehr belebten. Auch sein zweites, die Zentrale vorm Halleschen Tor. Die anderen in der Großen Frankfurter Straße und am Cottbuser Damm. Jedes schon von Außen ein architektonisches Prachtstück.

Von den fünf „Union"-Warenhäusern Jandorfs – eine Postkarte aus dem alten Berlin bildet sie ab – blieb nur das Gebäude an der Ecke Brunnenstraße übrig. Mit dem Wappenschild aus Sandstein an der Fassade: Drei Bienen.

Das bedeutet: erst Fleiß, dann Honig; dazu angeborene Betriebsamkeit und angefüttertes Staatsbewußtsein. Es geht auch ohne Raubvogel im Landeswappen.

1907 ließ Adolf Jandorf nicht wie bisher im Stadtinnern, sondern an der Grenze privater Wohnviertel, im neuen Verkehrs- und Einkaufszentrum am Wittenbergplatz ein Kaufhaus des Westens (KaDeWe) errichten. „Ein Häuserkomplex wurde aufgekauft", heißt es in einer zeitgenössischen Beschreibung, „kaum entstandene Wohnpaläste fielen der Spitzhacke zum Opfer." Für das größte Kaufhaus Deutschlands. „Von diesem Zeitpunkt ab datiert die Umwandlung der ganzen Gegend."

Jandorf, ein kleiner, schlanker Herr, öffnet morgens um 8 Uhr im Haus vorm Halleschen Tor (heute Ecke Mehringdamm) die Post, hört den Vortrag der Statistischen Abteilung über Einnahmen und Anforderungen der rund 1.290 Einkäufer. „Punkt 11 Uhr fährt Adolf Jandorf vor dem Kaufhaus des Westens vor, um seine feststehende Sprechstunde abzuhalten", die Direktoren berichten. Dann stellen sich Bewerber vor. „Adolf Jandorf engagiert persönlich das gesamte Personal für seine sechs Geschäfte und hat gerade bei diesen Personalengagements einen merkwürdig treffsicheren Blick." Gegen 17 Uhr 30 wandert er am Halleschen Tor durch das ganze Geschäft, „mit strenger Miene Fehler und Schäden rügend". Dann Besprechungen, Vorträge. Postunterschreiben. Um 21 Uhr werden aus allen Filialen telefonisch die Kassenrapporte gemeldet. Das Wappen am Veteranenberg erscheint zutreffend.

Die Brunnenstraße führt leicht bergan und vermittelt, was sonst kaum sichtbar ist, den Eindruck vom Urstromtal. Hier ist sie altbebaut, hat Hinterhöfe wie zu Zilles Zeiten. Neben der Nummer 33 weist seit dem 28. August 1994 eine Tafel die Vorübergehenden auf eine Besonderheit hin: „Auf dem Hof dieses Hauses befindet sich das Gebäude der ehemaligen Synagoge ‚Beth Zion'. Sie diente als Privatsynagoge eines jüdischen orthodoxen Vereins, den eingewanderte polnische Juden 1879 gründeten. 1910 wurde dieses Haus eingeweiht. Nach der Zerstörung des Innenraumes in der Pogromnacht 1938 fanden keine Gottesdienste mehr statt. 1982 wurde das Gebäude wieder äußerlich instandgesetzt. Es ist eines der wenigen erhalten gebliebenen Zeugnisse für das jüdische Leben um 1900."

Die erst unlängst restaurierte hebräische Inschrift über der Tür lautet zu deutsch: „Dies ist das Tor des Ewigen, durch das die Gerechten eintreten werden." Zu DDR-Zeiten waren es Mitarbeiter des volkseigenen Betriebes Berlin-Kosmetik, der dort Büroräume hatte. Das Bauwerk blieb in der Pogromnacht verschont, weil bei einem Brand das umliegende Wohnquartier aufgeflammt wäre. So blieb es beim Demolieren der Innenräume.

Der Verein „Beth Zion" zählte um 1930 etwa 450 Mitglieder. Aber wer diese Synagoge entworfen und gebaut hat, wann sie geweiht wurde und wie lange ihre Gemeinde bestand, blieb bislang unbekannt. Man weiß heute nicht einmal, wieviele Plätze sie hatte...

Im Haus Nummer 41 gibt es keine Erinnerung an Minna Schwarz (1859–1936). Nur noch in Zeitungsblättern. „Wer hat nicht in der Brunnenstraße 41 das Mütter- und Säuglingsheim gekannt, dessen Begründung Minna Schwarz zu verdanken ist!" heißt es im Nachruf, der ihren Ausspruch zitiert: „…keine werdende Mutter darf ungeschützt an unserer Tür stehen". Selbst kinderlos, hatte sie 1889 hier ein Mütter- und Kinderheim des Frauenvereins der Berliner Bne-Briss-Loge gegründet. Junge Mädchen wurden in Wöchnerinnen- und Säuglingspflege ausgebildet, mit Staatsexamen. 1923 erlangte ihre Säuglingspflegeschule staatliche Anerkennung.

Minna Schwarz gründete den Frauenverein der Berliner Logen, den sie fast fünfzig Jahre lang leitete, und war in vielen Vorständen tätig. 1932 wandelte sie das Heim um in ein Altersheim für ältere Damen und Ehepaare, sah darin ihre neue Lebensaufgabe und verbrachte hier ihre letzten Lebensjahre.

Als Minna Schwarz, geborene Rosenau, im 78. Lebensjahr am 27. Dezember 1936 in Berlin verstarb, stand in der Anzeige des Frauenvereins der Berliner Logen und des Minna-Schwarz-Heims: „Wir danken Minna Schwarz für all ihre Liebe, Hingabe, Güte und Hilfe." Minna Schwarz, „deren ganzes Trachten nur dem sozialen Leben der jüdischen Gemeinschaft geweiht war, hat Ungezählten Trost und Aufrichtung in schwerster Stunde durch ihre großzügige Arbeit gebracht." Das sind nicht die Floskeln üblicher Nachrufe. Diesen Worten muß man das Befinden der Berliner Juden seit dem Boykott von 1933 und der 1935 erlassenen Nürnberger Gesetze unterlegen.

Die letzten Insassen des Minna-Schwarz-Heimes wurden deportiert und Opfer des Massenmords.

Es gibt keine Gedenktafel.

Zionskirchstraße 4 (ehemals Nr. 2) ❺

Eine Gedenktafel erinnert an ehemalige Bewohner des Hauses: „Am 27. März 1943 wurde die jüdische Familie Betty Hirsch, geb. Kaatz, und ihre beiden Kinder Inge und Horst aus diesem Hause von der Gestapo abgeholt und von den Faschisten ermordet."

Zionskirchstraße 15 (ehemals Nr. 48) ❻

Die zum Gedenken an die jüdische Bürgerin Josephine Marcuse angebrachte Gedenktafel wurde offenbar nach der deutschen Vereinigung entfernt. Josephine Marcuse wohnte bis 1942 in diesem Haus und wurde 63jährig nach Riga deportiert und ermordet.

Weinbergsweg 13 ❼

Eine Stiftung des Ehepaars Moritz und Sara Reichenheim ermöglichte 1870 die Gründung des Reichenheimschen Waisenhauses der Jüdischen Gemeinde. Das nach Plänen des Architekten Friedrich Hitzig errichtete, 1872 bezogene Gebäude war Schauplatz des Films „Das Waisenkind" mit Asta Nielsen, wurde 1941 geschlossen. Kinder und Erzieher wurden in ein Vernichtungslager deportiert und das Gebäude im Krieg zerstört.

Kapitel 8
Friedrichshain

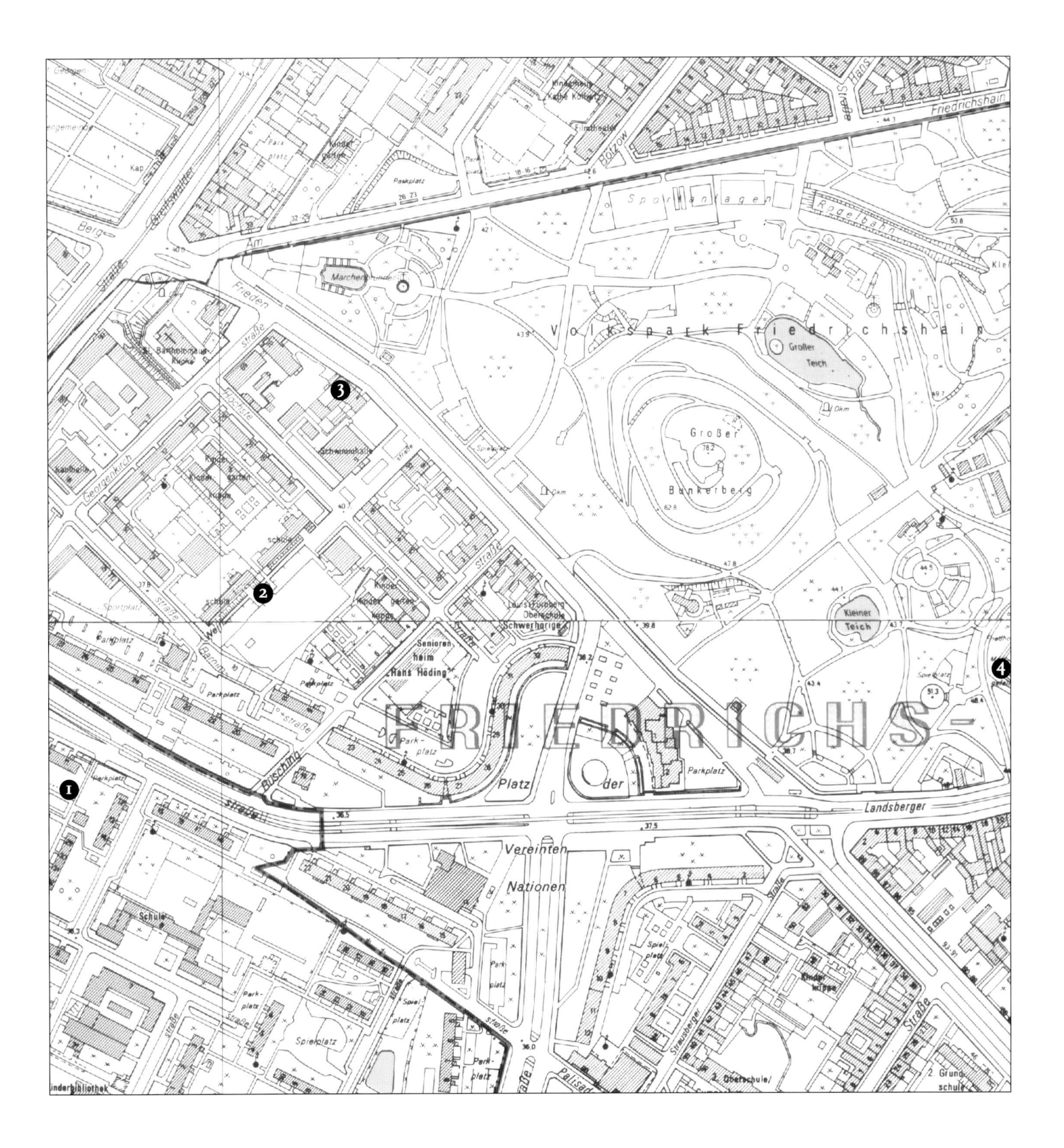

Mollstraße 11/Berolinastraße ❶

Vermutlich in dieser Grünanlage bestanden bis 1866 Überreste des Friedhofs an der Judengasse, der von 1539 bis 1573 genutzt worden war. Daran erinnert ein Gedenkstein in hebräischer Schrift für die Pogromopfer von 1510 und 1573.

Weinstraße 1–2 (ehemals Barnimstraße) ❷

Eine 1977 von Günther Junge geschaffene Gedenkstele für die 1919 ermordete Rosa Luxemburg, die im „Königlich-preußischen" Frauengefängnis Barnimstraße 1915/16 inhaftiert war. Das Gebäude ist 1974 abgerissen worden. Dr. Luxemburg, 1871 bei Lublin geboren, übersiedelte nach ihrem Studium der Nationalökonomie in der Schweiz nach Berlin. Sie schloß sich dem linken Parteiflügel der SPD um Karl Kautsky und Franz Mehring an und war eine der entschiedenen Gegnerinnen des von Eduard Bernstein vertretenen Revisionismus. Nach ihrer Freilassung 1918 trat sie mit dem von ihr gegründeten Spartakusbund für die Räterepublik ein, spielte eine hervorragende Rolle bei der Gründung der KPD Ende Dezember 1918.

Am 8. März 1994 brachte das Aktive Museum Faschismus und Widerstand eine Gedenktafel in Erinnerung an die zwischen 1933 und 1945 inhaftierten Widerstandskämpferinnen gegen den Nationalsozialismus an: „Für mehr als 300 Frauen war hier die letzte Station vor ihrer Hinrichtung in Plötzensee. Sie wurden ermordet, weil sie Flugblätter verteilt, Verfolgten geholfen, ausländische Sender gehört, Zweifel am ‚Endsieg' geäußert oder geringfügige Straftaten begangen hatten, für die sie die NS-Justiz als ‚Volksschädlinge' zum Tode verurteilte."

Friedenstraße 3 ❸

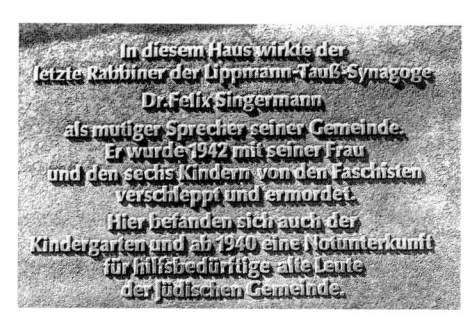

Gedenktafel für die 1776 gegründete Lippmann-Tauß-Synagoge, die 1942 aufgelöst worden war. Als sich 1671 mit dem Toleranzedikt des Großen Kurfüsten wieder Juden, aus Wien kommend, in Berlin ansiedeln durften, war es ihnen ausdrücklich verboten, Synagogen zu errichten. Sie mußten ihre Gottesdienste in Wohnungen abhalten. Bis zur Einweihung der ersten Gemeindesynagoge 1714 in der Heidereutergasse bestand eine Vielzahl von Privatsynagogen. Zu ihnen zählte auch die Lippmann-Taußsche, die 1776 einen eigenen Bau erhielt und 1893 im Hof der Gollnowstraße ihr letztes Domizil bezog. Im Novemberpogrom wurde die Synagoge demoliert, 1950 das im Krieg beschädigte Gebäude abgerissen und die Straßenführung verändert. Die Gollnowstraße befand sich in der Nähe der heutigen Mollstraße. Im Haus Friedenstraße 3 soll der Synagogenverein von 1936 bis zur Auflösung 1942 Gottesdienste abgehalten haben. (Bild Seite 45)

Landsberger Allee 49 ❹
Friedhof der Märzgefallenen im Volkspark Friedrichshain

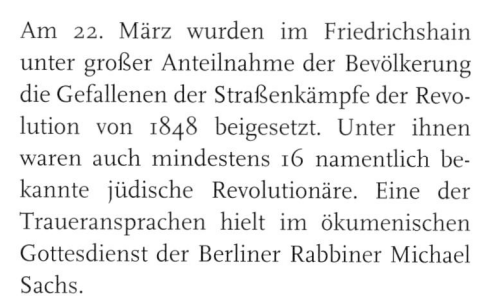

Am 22. März wurden im Friedrichshain unter großer Anteilnahme der Bevölkerung die Gefallenen der Straßenkämpfe der Revolution von 1848 beigesetzt. Unter ihnen waren auch mindestens 16 namentlich bekannte jüdische Revolutionäre. Eine der Traueransprachen hielt im ökumenischen Gottesdienst der Berliner Rabbiner Michael Sachs.

Im benachbarten Krankenhaus Friedrichshain arbeitete 1923–1925 Dr. Gottfried Bermann als Chirurg. 1929 übernahm er die Leitung des S. Fischer-Verlages, nachdem er 1926 Samuel Fischers Tochter geheiratet hatte und sich von da an Bermann Fischer nannte. Er starb 1995 und wurde in Weißensee bestattet.

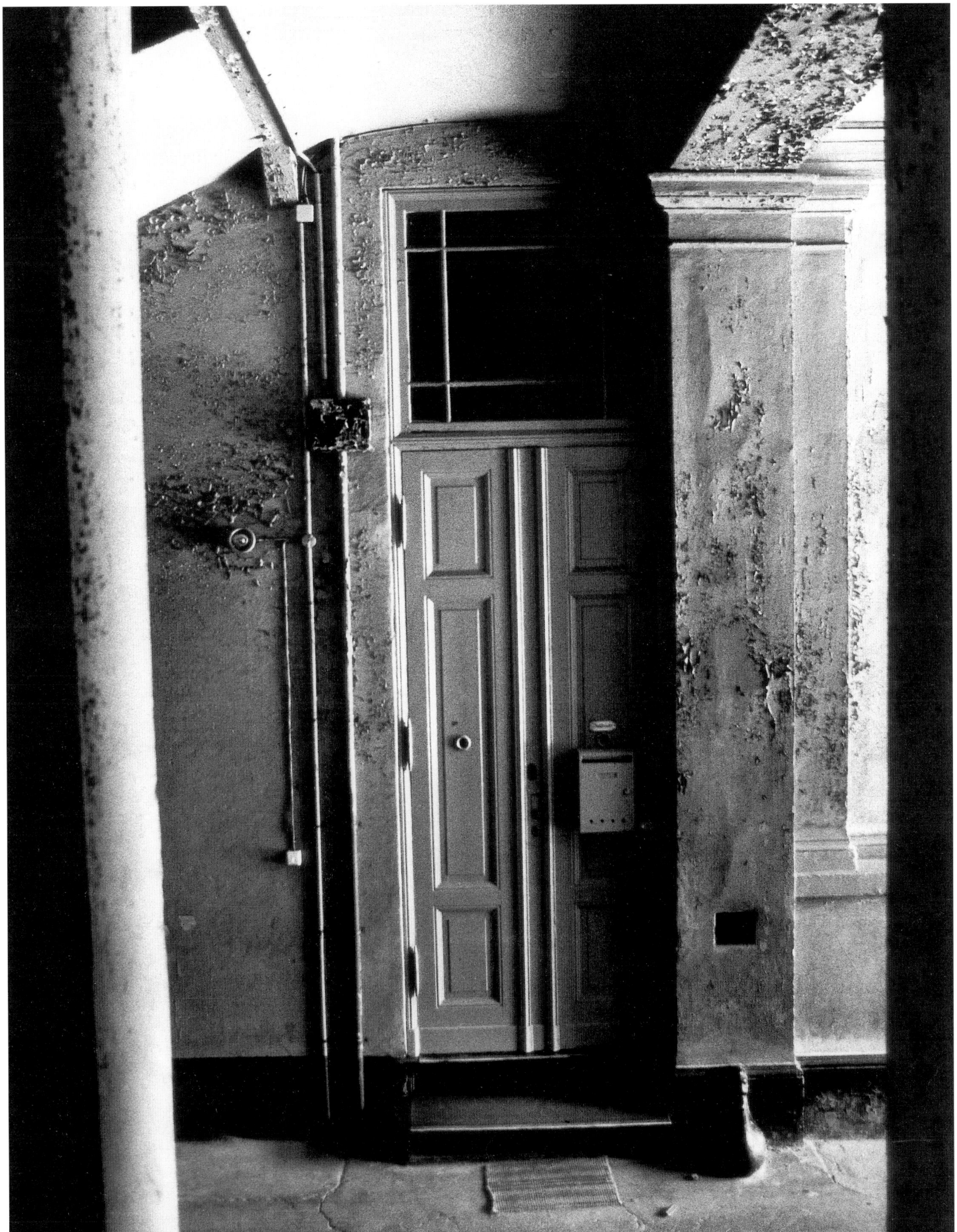

Kapitel 9
Pariser Platz – Hausvogteiplatz

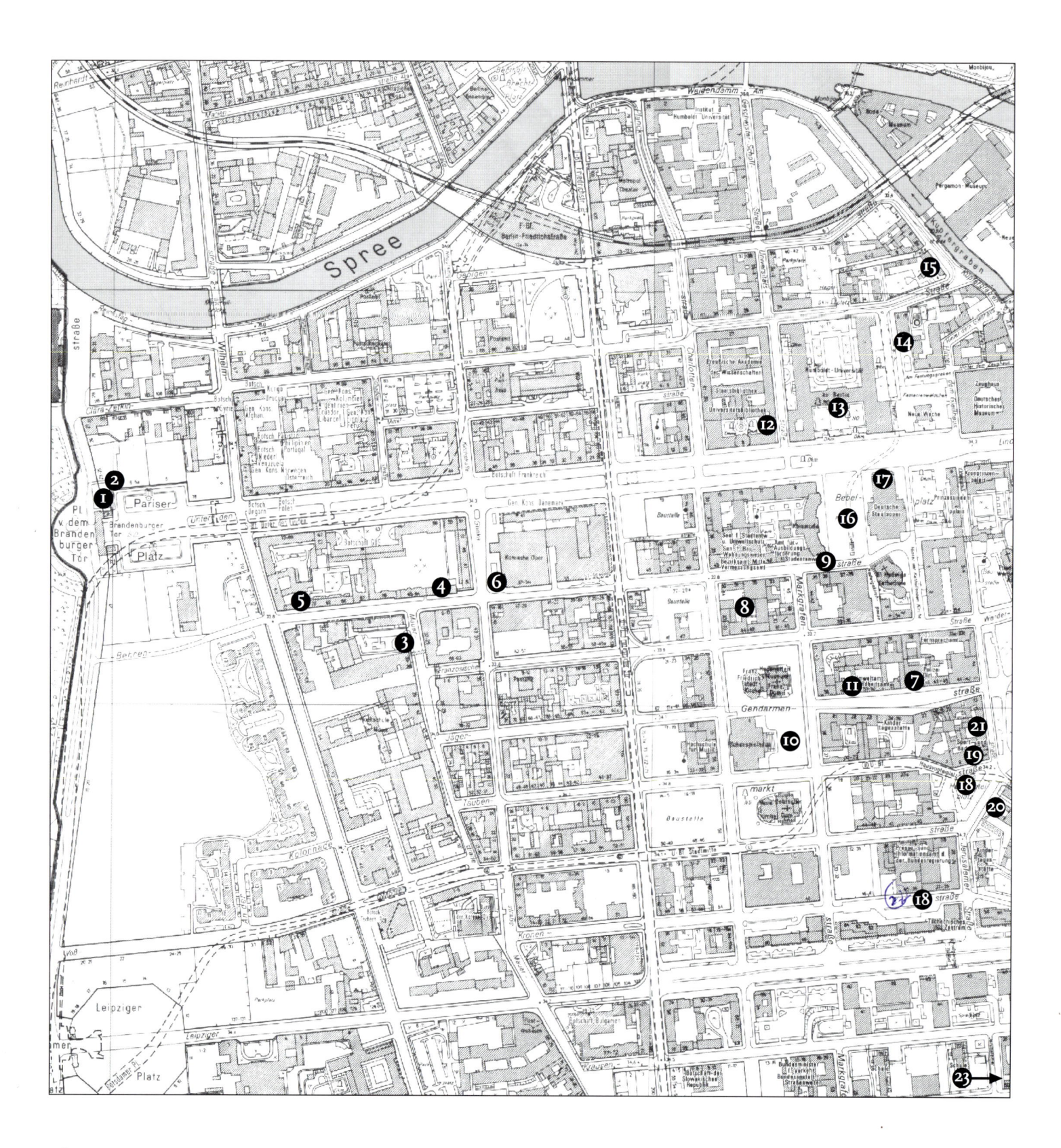

Pariser Platz 7
Am Brandenburger Tor

Nach längeren Auslandsaufenthalten kehrte Max Liebermann in seine Geburtsstadt zurück. Er wurde hier zum bedeutendsten Vertreter des deutschen Impressionismus und war Mitgründer der Berliner Secession 1898. Seine Eltern wohnten in der Burgstraße 29, als er am 20. Juli 1847 geboren wurde. Von 1892 bis zu seinem Tode im Jahre 1935 hat Max Liebermann in der stattlichen, repräsentativen Stadtvilla unmittelbar neben dem Brandenburger Tor gewohnt – quasi auf dem Logenplatz der Geschichte. Von seinen Wohnungsfenstern und seinem Atelier aus blickte er auf kaiserliche Paraden, die monumentalen Einmärsche gekrönter Häupter in die Stadt, aber auch auf die Fackelzüge der Nationalsozialisten und unzählige Führungen ausländischer Staatsbesucher, zu deren Pflichtprogramm einst wie jetzt der Gang durch das Brandenburger Tor gehörte. Auf einer Lithographie des Jahres 1914 ist aber auch der Vorbeizug russischer Kriegsgefangener an seinem Hause wiedergegeben. Nach vierjährigem Rechtsstreit gelang ihm der Bau des berühmt gewordenen Glasateliers auf dem Dach des Wohnhauses durch den bekannten Architekten Hans Grisebach. Als er von dort aus am 30. Januar 1933 den Fackelzug der SA erlebte, sprach er die unsterblichen Worte: „Ick kann jar nich so ville fressen, wie ick kotzen möchte!" Er mußte die Bücherverbrennung noch erleben, verließ die Akademie der Künste, deren Präsident er 1921–1933 war. Den Sommer verbrachte er meist in seiner Villa am Großen Wannsee. Dort inspirierten ihn Natur und Landschaft zu seinen impressionistischen Arbeiten. Er starb 1935, mußte die Pogromnacht nicht mehr erleben. Der dezimierte Trauerzug zum Friedhof an der Schönhauser Allee war ein deutliches Vorzeichen des bereits durch geistigen und physischen Terror gefährdeten Berliner Kulturlebens. Seine Witwe gab sich 1943 den Tod, als nationalsozialistische Schergen sie abholen wollten.

Pariser Platz 6a

Meyerbeers Trauerzug
Von Heinz Knobloch

Zu selten sendet der eine oder andere Rundfunk ein Werk dieses Komponisten; ein Konzert, eine Ouvertüre. Opernhäuser spielen die „Hugenotten" oder „Die Afrikanerin", die erst nach Giacomo Meyerbeers Tod uraufgeführt werden konnte.

Ein Berliner aus gutem, begütertem Haus; aus einer der reichsten jüdischen Familien, die seit über hundert Jahren in der Stadt lebten, Baer hießen, dann Beer. Der Vater war durch Zuckersiedereien – Wirkung der Kontinentalsperre Napoleons – 1815 zum reichsten Bürger Berlins geworden. Die Mutter, die bildschöne Amalia Beer, bekam für ihre vielfältige caritative Tätigkeit während der sogenannten Befreiungskriege einen hohen preußischen Orden. Anhaltender ist das Lob (1837) von Heinrich Heine: „Wohltätigkeit ist eine Haustugend der Meyerbeer'schen Familie...".

Beers wohnten 1801 in einer Villa in der Spandauer Straße Nr. 72 und später am Tiergarten. Die kunstverständige Amalia führte einen Salon, in dem sich vor allem musikalische Künstler begegneten. So wuchs ihr Ältester von vier Söhnen in einer musisch anregenden Umgebung auf.

Der am 5. September 1791 in einer Poststation bei Berlin (Vogelsdorf) Geborene hieß Jakob Liebmann Meyer mit Vornamen. Daraus wurde, als er Neunzehn war, der Nachname Meyerbeer, und aus Verehrung für Italien, wo er seine ersten Erfolge hatte, 1817 aus Jakob Giacomo.

Von namhaften Lehrern ausgebildet, reiste er (Wien, Paris, London, Venedig), komponierte und wurde nach seinem sensationellen Pariser Erfolg („Robert der Teufel") zu einem gesuchten Opernkomponisten, zu einem „musikalisch-nationalisierten Franzosen".

1832: Im Januar Akademiemitglied in Paris und Ritter der Ehrenlegion. Im August Hofkapellmeister in Berlin. Aber erst 1842 kam Meyerbeer, zum Preußischen Generalmusikdirektor ernannt und ausgezeichnet mit dem „Pour le mérite" der Friedensklasse, nach Berlin. Die Uraufführungen seiner großen Opern erfolgten nach wie vor in Paris, wo Meyerbeer 1863 die Uraufführung seiner Oper „Die Afrikanerin" vorbereitete, jedoch erkrankte und am 2. Mai 1864 starb.

„Nun, wenn er schon so früh gehen mußte, so tat er doch gut daran, in Paris zu sterben", stand dort in der Zeitung.

Aber in Berlin wollte er begraben sein.

Am 6. Mai fand die offizielle Trauerfeier der französischen Nation statt. Vom Trauerhaus in der Rue Montaigne führte der Zug mittags zum Nordbahnhof. Minister und Marschälle, Gardesoldaten, Militärmusiker; acht Persönlichkeiten, darunter der preußische Botschafter, hielten die Zipfel des Leichentuchs. Sieben Redner sprachen in der schwarz ausgeschlagenen Bahnhofshalle, zuletzt der Oberrabbiner. So verabschiedete Frankreich, das „er als Vaterland seiner Werke erwählt hatte", einen genialen Künstler.

Sechs Jahre später verdarb der Krieg diesen „Bund zwischen zwei Schwesternationen", die seit Meyerbeers Dasein und Wirken „nichts mehr trennen sollte", wie es im Nachruf hieß. Der Abgeordnete Ollivier schrieb: „Die Politik trennt, die Kunst eint". Sie darf es, solange das der Politik nützt.

Mit einem Sonderzug reiste der Sarg, unterwegs fünfmal zu Ehrungen angehalten, nach Aachen. Dort wurden alle französischen Embleme gegen preußische ausgewechselt. Die Politik trennt...

Der Sarg des preußischen Hofbeamten Giacomo Meyerbeer mußte preußische Farben tragen, wurde aber auch von einem Prinzen und dem Hofopernintendanten auf dem Potsdamer Bahnhof erwartet. Eine schweigende Menschenmenge begleitete den Trauerzug zu Meyerbeers Wohnung am Pariser Platz Nr. 6a am Brandenburger Tor.

Am Montag, dem 9. Mai, fand hier die Trauerfeier statt. Kränze der Majestäten, Kerzen, Blumen. Zu Füßen des Verstorbenen lag auf weißem Kissen ein Lorbeerkranz von der Dresdener Hofkapelle. Chorgesang, eine Andacht des Rabbiners Dr. Joel, dann ordnete sich auf der Straße ein Zug, der in Umfang und Pracht für einen Künstler seinesgleichen sucht; zwar ließ Wilhelm II. Adolph Menzel ähnlich, nur pompöser aus dem Alten Museum zum Friedhof geleiten, ging auch selber ein paar Schritte mit – die Kunst eint – aber wenn der Künstler nicht in die Politik paßt: Max Liebermanns Begräbnis unter Aufsicht der Gestapo im Februar 1935 bleibt ein beredtes Zeugnis.

Giacomo Meyerbeers Trauerzug hat außer den zu schildernden, unsere Vorstellungskraft bewegenden Einzelheiten etwas Besonderes. Wir können ihm folgen. Es gibt die Straßen noch, sogar ihre Namen sind unbeschädigt.

Voran Musikdirektor Wieprecht mit Musikmeistern, dann Bläser der Kavallerie und Artillerie. Die Dirigenten trugen umflorte Marschallstäbe, die in Zivil gekleideten Musiker umflorte Instrumente. Zwölf Kammermusiker mit hohen Friedenspalmen begleiteten den Sarg. Dann die Galawagen des Königs, der Königin und sämtlicher Mitglieder des königlichen Hauses, dahinter ungezählte Equipagen. Von einer unübersehbaren Menschenmenge umgeben ging es Unter den Linden entlang, vorbei am Denkmal für Friedrich II. Zur Enthüllung des Reiterstandbilds hatte Meyerbeer eine „Ode auf Christian Rauch" komponiert, die am 31. Mai 1851 uraufgeführt worden war.

Als der Zug das Opernhaus erreichte, wurde vom Dach eine schwarze Fahne entrollt. Im Säulengang stand der männliche Opernchor und sang: „Was Gott tut, das ist wohlgetan", das alte evangelische Kirchenlied, wobei es offensichtlich niemanden störte, daß es für einen Juden erklang. Die Kunst eint.

Der zeitgenössische Zeitungsmann, dem wir diese ausführliche Beschreibung verdanken, erwähnt die Frühlingssonne; warm und mild ist der Tag: „Alles war geeignet, das menschliche Gemüt zu erregen".

Die Sänger schlossen sich dem Zuge an, der zum Kastanienwäldchen abbog, zwischen Singakademie und Schinkels Königswache bis zur Friedrichsbrücke führte, dann zur Neuen Promenade. Dort muß heute die S-Bahn unterquert werden. Dann über den Hackeschen Markt in die Rosenthaler Straße, und da wir nun schon einmal hier sind: rechts stand statt der Grünanlage ein Gebäude, in dessen erstem Stock sich das Polizeirevier 16 befand. Sein Vorsteher Wilhelm Krützfeld hat in der Pogromnacht 1938 die Neue Synagoge in der Oranienburger Straße vor der Zerstörung bewahrt. Auch durch manche Hilfeleistung haben Beamte dieses Reviers bis in den Zweiten Weltkrieg hinein mehr für verfolgte Juden getan, als wir heute wissen. Es gehört aber auch eine Bescheinigung dazu, gültig nur für einen Tag, den 25. Februar 1943: der „Jude Leib Israel Friedländer, 76 Jahre alt", darf die Straßenbahn benutzen, hin und zurück, zur Fahrt zum Jüdischen Friedhof in Berlin-Weißensee. „Zweck der Fahrt: Beerdigung seiner Ehefrau"...

Gegenüber, am Eingang zur Rosenthaler Straße 39, wurde im Mai 1993 eine Gedenktafel enthüllt: „In diesem Haus befand sich die Blindenwerkstatt von Otto Weidt", (1883–1948), den der Senat unlängst durch eine Ehrengrabstelle ehrte. Weiter heißt es: „Hier arbeiteten in den Jahren 1940 bis 1945 vornehmlich jüdische Blinde und Taubstumme. Unter Einsatz seines Lebens beschützte Weidt sie und tat alles, um sie vor dem sicheren Tod zu retten. Mehrere Menschen verdanken ihm das Überleben." Vor allem Inge Deutschkron, die sich schon zu DDR-Zeiten vergeblich um eine Gedenktafel bemüht hatte, Weidt aber bereits in ihrem Buch „Ich trug den gelben Stern" ein literarisches Denkmal setzte.

Rechts in die Neue Schönhauser Straße. Linkerhand, Nr. 8, ein Wohnhaus, errichtet um 1770; über den Bögen Girlanden und weibliche Köpfe. Man konnte aus seinen Fenstern dem Trauerzug Meyerbeers zuschauen, vernahm die feierlichen Klänge. Das Musikkorps war geteilt. Blies abwechselnd Beethovens Trauermarsch aus der As-Dur-Sonate, einen Choral und Wieprechts „Trauerparade". Wilhelm Wieprecht voneweg als Direktor der gesamten Musikchöre des Gardekorps. Erneuerer der preußischen Militärmusik, Märschekomponist und Erfinder der Baßtuba.

Alte Schönhauser Straße, immer geradeaus bis in die Schönhauser Straße, die heute Allee genannt. Dann ist es nicht mehr weit, nur etwas bergan: Prenzlauer Berg, bis zum Friedhof der Jüdischen Gemeinde Vor dem Schönhauser Tor, wie es damals hieß.

Der Eingang und die Leichenhalle waren schwarz dekoriert. Der Theaterchor sang „Rasch tritt der Tod den Menschen an". Ein christliches Lied in der jüdischen Trauerhalle! Die Zeiten haben sich geändert. Vormals, am 29. Juni 1827, hatte Rabbiner Joseph Oettinger den neuen Friedhof mit einer Predigt in deutscher Sprache eingeweiht, was ihm von seinen Strenggläubigen herbe Kritik einbrachte und von der Preußischen Regierung eine Abmahnung wegen „Nachahmung christlicher Sitten"!

Rabbiner Dr. Joel sprach das Totengebet. Dann wurde der Sarg zum Erbbegräbnis der Familie getragen und – wie von Giacomo Meyerbeer gewünscht – neben seiner 1854 verstorbenen Mutter beigesetzt.

Angesichts aller lobenden Inschriften, die später die Grabstelle schmückten, sei nicht vergessen, wie sehr sich Meyerbeer um die Verbesserung der sozialen Lage der Musiker, Sänger und Komponisten seiner Zeit gekümmert hat. Um genau zu sein: Der Orchester-Etat des Opernhauses stand fest, die Zahl der Musiker nahm zu. Das für knapp 100 Musiker vorgesehene Geld mußte nun für 160 reichen. 120 Taler verdiente ein Musiker im Jahr. General-Musikdirektor Meyerbeer setzte als Mindestgage 300 Taler jährlich durch. Es gibt immer Gesprächsstoff in Trauerzügen.

Mauerstraße 36 ❸

Mit Rahel Levin-Varnhagen von Ense (1771–1833) beginnt in Deutschland die Geschichte der weiblichen Emanzipation, verknüpft mit der bürgerlichen Emanzipation der Berliner Juden. Rahel wurde durch ihren Salon berühmt, wo sie eine Stätte der Begegnung und des Gesprächs schuf, sie brachte Menschen unterschiedlicher Herkunft und unterschiedlichen Glaubens zusammen, die bedeutendsten Köpfe ihrer Zeit. Diese Begegnungen waren die Quelle neuer Gedanken und inspirierten Künstler, Gelehrte, Schriftsteller und Professoren. Heine, der 1821 in Rahels Salon eingeführt wurde, nannte sie „die geistreichste Frau des Universums". Rahel Levin stammte aus einem jüdischen Elternhaus (Spandauer Straße 26) und ließ sich kurz vor der Eheschließung taufen, um ihre doppelte Außenseiterrolle als Frau und Jüdin aufzuheben und im bürgerlichen Berlin gesellschaftsfähig zu werden. Nach der Taufe hieß sie Friederike Antonie Robert-Tornow. Der Diplomat und Publizist Karl August Varnhagen von Ense heiratete sie 1814. Er war 14 Jahre jünger. Die Salons der Rahel Varnhagen lagen in der elterlichen Wohnung in der Berliner Jägerstraße 54 im berühmt gewordenen Dachgeschoß, dann in der Charlottenstraße 32, später nach Rückkehr aus Karlsruhe im Herbst 1819 in der Französischen Straße 20 und dann – ab 1827 – in der Mauerstraße 36 im legendären Blauen Zimmer. Es trafen sich die Bekannten und Freunde aus der Zeit von 1806, darunter Henriette Herz, wieder und neue Köpfe aus Kunst und Wissenschaft kamen hinzu. Rahel lebte in der Mauerstraße bis zu ihrem Tode am 7. März 1833.

Behrenstraße 62–63 ❹

Gerson von Bleichröder (1822–1893) leitete das von seinem Vater Samuel gegründete Bankhaus in der Behrenstraße, führte es zur Blüte und war finanzpolitischer Berater Bismarcks und Hofbankier Wilhelms II. Als erster Jude in Preußen wurde er vom König in den erblichen Adelsstand erhoben – eine Ehre, die der Bankier Carl Fürstenberg (Direktor der Berliner Handelsgesellschaft) ablehnte.

Behrenstraße 71 ❺

Heinrich Heine, der eine Zeitlang auch Meyerbeers Privatsekretär war, zog im Frühjahr 1821 von Göttingen nach Berlin, um hier sein Studium fortzusetzen. Zunächst stieg er im Gasthof „Zum Schwarzen Adler" in der Postgasse 30 ab. Nach seiner Immatrikulation mietete er ein Zimmer „mit rotseidenen Gardinen" in der Behrenstraße 71. Später zog er in die Taubenstraße 32 und schließlich in das Haus Unter den Linden 24, von wo aus er das Stadtleben beobachtete und eindringlich beschrieb.

Die Behrenstraße entlang
Von Heinz Knobloch

Sie ist südlich von Unter den Linden die erste Querstraße der Wilhelmstraße, die wieder ihren alten Namen trägt. Die Behrenstraße ist fast dreihundert Jahre alt und heißt nach ihrem Anleger, dem kurfürstlichen Ingenieur Behr, dessen Kunst auch die Französische und die Leipziger Straße zu verdanken sind. Das wird den jungen Mann, der am 20. März 1821 in der Behrenstraße 71 Wohnung nahm, kaum interessiert haben. Er war damals noch Harry Heine. Heinrich hieß er erst als Student in Göttingen, nachdem er sich in Heiligenstadt – sozusagen heimlich im Ausland – hatte taufen lassen.

Salomon Heine, der Hamburger Bankier, hatte seinem Neffen die zur Fortsetzung des Studiums nötigen finanziellen Mittel überwiesen. Der ließ sich an der Berliner Universität einschreiben und besuchte Vorlesungen wie Griechische Literaturgeschichte, Logik und Metaphysik, Religionsphilosophie (bei Professor Hegel), Geschichte des 18. Jahrhunderts und der Französischen Revolution – Ideen für „Das Buch Le Grand" wohl schon im Kopfe. Ferner: Allgemeines Preußisches Landrecht (bei v. Savigny), Völkerrecht und anderes, wobei niemand sagen kann, ob Heine immer anwesend war. Denn er geht gern ins Opernhaus und hört Konzerte, arbeitet in der Königlichen Bibliothek, sitzt in Cafés und Restaurants und wird bald Gast in der Französischen Straße Nummer 20, wo die Varnhagens wohnen und einen Salon pflegen.

Hier lernt der junge Mann wichtige Leute kennen, unter anderem Chamisso, Fichte, Schleiermacher, Alexander v. Humboldt, de la Motte Fouqué und Rauch.

Im Salon von Amalia Beer in der Heilige-Geist-Straße 4 und in anderen erfährt er vielerlei Anregung, um die man ihn beneiden darf. Nicht alle Persönlichkeiten, denen Heine begegnete, standen bereits im Lexikon.

Ganz gewiß verkehrt der Student bei Lutter & Wegener, zecht und lacht, schreibt und schreibt und schickt seine soeben bei Maurer erschienenen Gedichte an Goethe: „Ich liebe Sie...". Kein Wunder, daß aus vielerlei Erlebnis „Briefe aus Berlin" entstehen, deren erster im Februar 1822 im „Rhein.-Westf. Anzeiger" erscheint.

Falls jemand heute die Gedenktafel sucht, die dort angebracht war, wo einst das Haus gestanden hatte, sie ist für die nächsten Jahre entfernt worden. Das Haus, vormals Akademie der Pädagogischen Wissenschaften, wird restauriert. Ihr Text lautet mitgeteilt: „Hier wohnte / in den Jahren 1821 und 1822 / Heinrich Heine / geb. 13. 12. 1797 / gest. 17. 2. 1856".

❻

Nach mancherlei Wohnungswechsel finden wir 1851 und früher in der Behrenstraße Nummer 58 Marianne Saling, Demoiselle und Rentiere. Das ist heute etwa nördlich vor der Kreuzung zur Glinkastraße, damals war dort nur eine Passage zu den Linden. Geboren als Mirjam, jüngste Tochter des Berliner Hofjuweliers Jacob Salomon. 1812 änderten die Geschwister ihren Namen in Saling. Aus Mirjam wurde Marianne. Damals traten Töchter aus reicheren jüdischen Familien zum Christentum über, „um dadurch eine gesellschaftliche Stellung einzunehmen, die ihrer Bildung und ihrem Reichtum entsprach" (Geiger).

Marianne lebte zunächst in Wien bei ihrer Tante Fanny Arnstein, geb. Itzig, und begegnete in deren berühmtem Wiener Salon Theodor Körner wieder, lernte Zar Alexander kennen und verlobte sich mit dem Pariser Gesandten Portugals. Wegen der bevorstehenden Heirat trat sie zum katholischen Glauben über, trennte sich aber überraschend von diesem Mann,

49

der bald darauf starb, worauf Marianne sich als seine Witwe betrachtete.

Nach Berlin zurückgekehrt, hätte Marianne Saling beinahe den Witwer Varnhagen geheiratet; sie begegneten sich bei rauhem Wetter Unter den Linden. 1834 die Verlobung, aber keine Heirat, denn Marianne mochte keine Zärtlichkeit, dachte an „vertraute Nähe wie an ein Greuel", so schrieb sie dem ein Jahr älteren Varnhagen.

Bis zu ihrem Tode mit 82 Jahren widmete sich Marianne Saling ganz der Wohltätigkeit, gründete den „Frauenverein von St. Hedwig zur Pflege und Erziehung katholischer Waisenkinder" und schrieb unter das Bild, das Wilhelm Hensel von ihr gezeichnet hatte: „Bei Armen bin ich reich, bei Kranken gesund geworden, bei Sterbenden habe ich leben gelernt." Folgte sie damit nicht dem traditionellen jüdischen Gebot der Wohltätigkeit?

Zurück zur Behrenstraße. Ecke Friedrich und Französische Straße: Einstmals das Wohnhaus der Varnhagens an dieser Stelle. Es fehlen Tafeln in Berlin, die von früher erzählen.

❼

Kleiner Abstecher zur Jägerstraße, in deren Nummer 49/50 das Bankhaus Mendelssohn & Co. um 1893 auf seinen Grundstücken einen Neubau errichtete. Sandsteinfassade. Vornehm und großzügig die Treppe zum Obergeschoß. Dort sind Stuckreliefs zu bewundern, gute Arbeiten aus der Schadowschen Schule. Sie stammen aus der 1805 im Lustgarten erbauten Börse und wurden später ihrem Stifter, dem Bankhaus Mendelssohn zurückgegeben. Ihr Thema war Handel und Verkehr: Gelassen wendet sich ein orientalischer Kaufmann, Jahrgang 1650, einem Schreiber zu. Ihm gegenüber mit erhobenem Bestellfinger der bewaffnete Käufer aus dem Abendland. Ein länglicher Karren, über und über beladen mit verschnürten Ballen, von keuchenden Menschen gezogen und geschoben. Ein Kahn mit Waren. Fünf Männer bemühen sich mit Hebebaum und Händen um ein schweres Paket, einer schaut müßig zu, stützt den Kopf auf die Ellenbogen. Daneben der Kaufmann, der mit blanker Münze zahlt.

Draußen über der Tür entwirren im Kunstschmiedegitter unsere Augen – wenn sie es wissen – das „M & C". Das Bankhaus Mendelssohn & Co liquidierte sich Ende 1938/Anfang 1939 selbst; es ließ sich nicht arisieren. Denn eine weitere Machtübernahme der Nazis, verkörpert durch bis heute nicht nennbare Namen, hätte die Verleugnung der eigenen Herkunft bedeutet. Die Melodien eines Felix Mendelssohn Bartholdy ließen sich ebensowenig arisieren wie die vorgelebte Toleranz, Weisheit und Menschenfreundlichkeit eines Moses Mendelssohn.

Zu DDR-Zeiten war das Haus Sitz der 1956 zur Devisenbeschaffung gegründeten Handelsbank.

❽

Die Behrenstraße ist neben der Französischen Straße die Adresse der Bankhäuser. Klangvolle Namen: S. Bleichröder, Robert Warschauer & Co. und andere. Carl Fürstenberg (1850 bis 1933) war seit 1883 bei der Berliner Handelsgesellschaft, die unter seiner Leitung ein führendes Emissionshaus wurde für preußische, deutsche und russische Staatspapiere. Er führte an der Berliner Börse amerikanische Eisenbahnaktien ein. Fürstenberg ließ die Grundstücke Französische Straße 42 und Behrenstraße 32 einheitlich bebauen (1907). Ein Teil des Gebäudes in der Behrenstraße wurde mit ausgedehnten Empfangsräumen zu seiner Wohnung.

Krieg und Nachkrieg haben in diesen Bankblöcken vieles, aber nicht alles zerstört. Die erhaltenen kunstvollen Tore an der Ecke Französische Straße zeugen von verschwundener Pracht; mehr nicht, denn auf den Schildern steht „Staatsbank", das heißt immer soviel wie Höchstsicherheitstrakt.

Carl Fürstenberg, der zeitlebens Titel und Orden ablehnte, war berühmt für seinen Witz. Der verdient, überliefert zu werden: Eines Morgens kam sein Sekretär: „Wissen Sie, wer gestorben ist?" Fürstenberg: „Mir ist jeder recht!"

❾

Zu sehen ist heute hier nur wenig Geschichte. Man sieht nicht einmal mehr, was man weiß. Dort, wo sich die Behrenstraße zum Bebelplatz öffnet, wo die Kommode steht, der Bibliotheksbau, begrenzt ein Neubau die Ecke. Einst, und das ist sehr lange her, wohnte hier der jüdische Seidenhändler Julius Wolf Meyer, dessen Geschäftshaus in der Behrenstraße neben dem Kronprinzenpalais lag. Das hatte Unter den Linden seine bis heute erhaltene Fassade.

Zuweilen ist es gut, eine Hintertür zum Nachbarn zu haben. An jenem revolutionären Abend, am 19. März 1848, gegen 20 Uhr, verließ der Prinz von Preußen mit seiner Frau das Schloß, in dem er wegen seiner Forderung, das Volk mit Kartätschen zusammenschießen zu lassen, untragbar geworden war. Originalton Major von Oelrichs, Stabsoffizier: „Es kam darauf an, sicher aus dem Berliner Schloß herauszukommen. Der Prinz ließ sich daher den Mantel und die Mütze eines Schloßdieners, die Prinzessin den Hut und den Mantel einer Kammerfrau geben, und nun gingen beide geführt" – denn sie waren kein Zu-Fuß-Gehen in der Öffentlichkeit gewöhnt; das soll auch heutzutage vorkommen – „mitten durch die wogenden Volksmassen unerkannt nach dem Palais, das sie von der Behrenstraße aus betraten." Die Hintertür. Vorbei am Nachbarhaus. Oelrichs: „Hier wurde schleunigst ein unscheinbarer Wagen angespannt, und es fuhren der Prinz mit der Prinzessin und der Gräfin A. Haake zum Brandenburger Tor..."

Aber der „unscheinbare", nicht näher definierte Wagen gehörte dem Nachbarn, dem jüdischen Seidenhändler Julius Wolf Meyer, der selber kutschierte. Ein riskanter Weg zur Potsdamer Straße, dann über die Brücke zum Karlsbad. Dort wohnten adlige Helfer.

Julius Wolf Meyer erhielt jedes Jahr vom späteren König Wilhelm, seit 1871 Kaiser Wilhelm I., eine signierte Kostbarkeit aus der Königlichen Porzellanmanufaktur. Einst, zu Zeiten von Moses Mendelssohn, mußten Juden bei dieser Manufaktur zwangsweise Porzellan kaufen. Beim Urgroßonkel dieses Prinzen von Preußen, der seinen Fluchthelfer nicht vergaß.

Gendarmenmarkt
Konzerthaus/Ehemaliges Schauspielhaus

An der Stelle des 1817 abgebrannten Königlichen Nationaltheaters errichtete Schinkel seinen ersten Großbau als Ausdruck fortschrittlicher Gesinnung nach den Freiheitskriegen, 1821 mit Goethes „Iphigenie" eröffnet.

Der Gendarmenmarkt war Schauplatz der Revolution 1848. Am 22. 3. 1848 wurden 183 Märzgefallene, unter ihnen zahlreiche Juden, aufgebahrt, und der König mußte ihnen Ehre bezeugen. Die Preußische Nationalversammlung tagte bis zur Auflösung im November 1848.

Leopold Jessner (1878–1945), der ganz andere große jüdische Theaterreformer neben Max Reinhardt, wurde 1919 Intendant des Staatlichen Schauspielhauses. Bei ihm arbeitete Fritz Kortner als Schauspieler. Denkwürdigen Theaterskandal machte seine radikal zugespitzte, politisch aktualisierte Inszenierung von Schillers „Wilhelm Tell" im Dezember 1919. Als Folge antisemitischer Diffamierungen und Angriffe trat er 1929 vom Amt zurück. Jessner starb am 13. Dezember 1945 einsam und fast vergessen im kalifornischen Exil.

Jägerstraße 54

1793 bezog die Witwe des Bankiers und Juwelenhändlers Markus Levin mit ihren fünf Kindern das Haus Jägerstraße 54 (zuvor wohnte die Familie Poststraße 6). In der obersten Etage, der „Dachstube", bildete sich der erste Salon der 22jährigen Rahel; zu den Gästen zählten u.a. Alexander und Wilhelm von Humboldt, die Schwestern Brendel (Dorothea) und Henriette Mendelssohn, die Brüder Schlegel, der Geistliche Friedrich Schleiermacher, die Dichter Tieck, Arnim, Brentano und Jean Paul, Prinz Louis Ferdinand von Preußen, Henriette Herz und Bettina von Arnim sowie zahlreiche Künstler, Gelehrte und Diplomaten. Nach dem Einzug der napoleonischen Truppen in Berlin 1806 löste sich die geistreiche Geselligkeit auf. Sie konnte erst nach der Rückkehr aus vorübergehendem Karlsruher Exil in der Französischen Straße 20 (1820–1827) und später in der Mauerstraße 36 (1827–1833) wieder belebt werden.

Unter den Linden 8
Staatsbibliothek, Akademieflügel

Unter den Linden 6
Humboldt-Universität

Am Eingang zum sogenannten Akademieflügel der Staatsbibliothek befindet sich eine Gedenktafel zu Ehren Albert Einsteins, geschaffen von Heinz Rodewald, mit dem Porträt des Nobelpreisträgers, tätig in der Preußischen Akademie der Wissenschaften von 1914 bis 1932. Er reichte am 25. November 1915 sein Manuskript über „Die Feldgleichungen der Gravitation" mit der Relativitätstheorie zur Veröffentlichung ein. Am 1. Dezember 1932 nahm er zum letzten Male an einer Sitzung der Akademie teil und kam von einer Auslandsreise nicht zurück. Er trat am 20. März 1933 unter Protest aus der Akademie aus.

Ebenso wie Max Born lehrte Einstein an der Naturwissenschaftlichen Fakultät der Berliner Universität. Über seine berühmten Vorlesungen in Hörsaal 122 schrieb Joseph Roth am 22. Juni 1922 in der Frankfurter Zeitung: „...man erfährt auf Umwegen bei Studenten, daß Einstein jeden Dienstag von 5.00 bis 7.00 Uhr nachmittags im Hörsaal 122 liest. (Dort) finde ich Kabarett-Publikum. Gleich in der 2. Reihe rechts quillt eine ältere Dame über die Bank, von ganz spezifischem Gewicht sozusagen. Rückwärts sitzen junge Mädchen der Filmstarindustrie, auf den berühmten Kollegen aus der Relativitätsbranche wartend; ein paar Herren, charakterisierte Zivilleutnants, wie aus dem Aufnahmeatelier gekommen, wo sie im ‚Fridericus Rex' militärische Chargenrollen gespielt hatten; Fremde, von der Besichtigung des Kaiser-Friedrich-Museums bei Einstein eingekehrt. Die Fremden bestehen zum größeren Teil aus Frauen, englischsprechenden und in echte Valuta-Kleidung gehüllten; zum geringen Teil sind es dem Kurfürstendamm Entströmte, dem Ghetto der Kriegsgewinner. Die Frauen, Lorgnon-bewehrt und mit ellenlangen Reiterhandschuhen, die oben in beabsichtige Fransen gehen. Dieses Publikum saß da, wohl an die 300 Köpfe groß, während Einstein in einer fremden Sprache redete. Das Publikum begann ungeduldig zu werden. Die jungen Mädchen tuschelten. Die quellende Dame in der zweiten Reihe komprimierte sich sichtbar. Von den Gesichtern der Frauen fielen die Lorgnons herab wie geknickte Stempel. Schließlich sagte Einstein: ‚Wir wollen jetzt fünf Minuten Pause machen, damit diejenigen, die es nicht interessiert, fortgehen können.' Als ich nach der Pause in den Saal trat, zählte ich – acht Hörer."

Am Festungsgraben 2 ⑭
Ehemalige Singakademie,
jetzt Maxim-Gorki-Theater

1792 wurde die Singakademie gegründet. Am 11. März 1829, 100 Jahre nach ihrer Entstehung, wurde die völlig in Vergessenheit geratene Matthäus-Passion Johann Sebastian Bachs durch Felix Mendelssohn Bartholdy erstmals wieder öffentlich aufgeführt. Dieses Ereignis ist ein Schlüsseldatum in der Berliner Musikgeschichte. Dies geschah in der Ära Carl Friedrich Zelters, der Mendelssohns Lehrer war und die Singakademie ab 1800 für 32 Jahre leitete, ab 1827 im eigenen Gebäude, einem klassizistischen Tempel im Stile Schinkels. Mendelssohn war Aushilfsdirigent in der Singakademie. Im Foyer des Maxim-Gorki-Theaters erinnert eine Gedenktafel an dieses Konzert, das zum Ausgangspunkt für die gesamte Bach-Renaissance und -pflege im 19. Jahrhundert wurde. Vorausgegangen war 1828 eine Aufführung von Händels „Judas Maccabäus" zusammen mit der Philharmonischen Gesellschaft. Aber Felix Mendelssohn Bartholdy wurde trotz dieses anerkannten und wegweisenden Erfolges dennoch im Jahre 1832 nicht Zelters Nachfolger. Enttäuscht verließ er seine Heimatstadt 1835 in Richtung Leipzig.

Am Kupfergraben 7 ⑮
Magnus-Haus

Möglicherweise von Knobelsdorff in edelschlichtem spätbarocken Stil erbaut, fällt den zahlreichen Touristen, die das Pergamon-Museum besuchen, dieses Haus auf, das den 2. Weltkrieg trotz der Flächenbombardements überstanden hat. Gustav Magnus war ein bedeutender Physiker, der in diesem Hause arbeitete und die Physikalische Gesellschaft begründete. Wäre nicht 1911 Max Reinhardt hier eingezogen, hätte das Haus anderen Bauplänen der Gründerzeit weichen müssen. Ihm gebührt eine Gedenktafel, aber sie fehlt noch immer. „Es gibt viele prunkvolle Treppen, aber diese ist die schönste, bequemste, behaglichste, lustigste Gelegenheit, irgendwo hinaufzusteigen, von allen, die mir in der Welt unter die Füße gekommen sind. Das Licht, das tagtäglich durch die alten breiten Fenster die Stufen hinaufsteigt, kann ich nie mehr in meinem Leben vergessen." So beschreibt Max Reinhardt in seinen Erinnerungen den Aufgang zu seiner Wohnung. Und alles ist noch da, wie beschrieben. Seine Wohnung blieb leer, als Max Reinhardt 1933 von einem London-Aufenthalt nicht zurückkehrte und zunächst nach Italien, später in die USA emigrierte.

Bebelplatz ⑯
Opernplatz

Ausgehend vom Studentenheim in der Oranienburger Straße 18 (in unmittelbarer Nachbarschaft der Neuen Synagoge), führte in der Nacht des 10. Mai 1933 ein vom nationalsozialistischen Propagandisten Joseph Goebbels persönlich geleiteter Fackelzug zum damaligen Opernplatz, wo die Werke jüdischer, pazifistischer und antifaschistischer Autoren spektakulär verbrannt wurden. Marschmusik begleitete den gespenstischen Zug über 5 km durch das Brandenburger Tor – am Hause und Atelier Max Liebermanns vorbei – über die Linden.

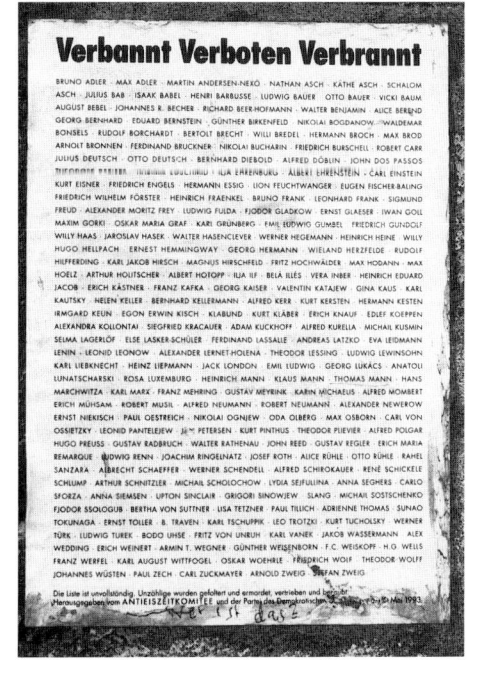

Unter „Feuersprüchen" mit Musikuntermalung wurden die „undeutschen Schriften" auf einen Scheiterhaufen geworfen. Etwa 20.000 Werke deutscher Schriftsteller, Publizisten, Wissenschaftler und Philosophen wurden vernichtet. Ähnliche Aktionen gab es an vielen Orten. Mancher ahnte schon, daß aus Bücherverbrennung Massenmord kommen kann. Der Ort der Geisttötung war absichtsvoll gewählt – gegenüber der Berliner Universität, wo jüdische Wissenschaftler zu Hause waren, und neben dem Opernhaus Unter den Linden, wo jüdische

Dirigenten, Regisseure und Sänger gewirkt hatten. Die Staatsführung der DDR ließ an der historischen Bibliothek, die die Berliner die Kommode nennen, eine Gedenktafel anbringen mit der „ewigen Mahnung, wachsam zu sein gegen Imperialismus und Krieg". Ursprünglich war geplant, auf dem Bebelplatz den Nachguß von Barlachs „Geistkämpfer" aus dem Jahre 1928 aufzustellen. Diese bereits fertiggestellte, aber noch nicht installierte Skulptur steht jetzt vor der Gethsemanekirche im Bezirk Prenzlauer Berg. Ein im Jahre 1993 ausgeschriebener Wettbewerb führte zum Denkmal des israelischen Künstlers Micha Ullmann, das im März 1995 eingeweiht wurde. Diese „Mahnstätte wider das Vergessen" ist ein fünf Meter tiefer unterirdischer Raum mit leeren Regalen, der nicht zugänglich ist, sondern nur durch eine begehbare Glasplatte eingesehen werden kann. Der Passant nimmt das Mahnmal nicht unmittelbar wahr; nur wer es gezielt aufsucht, kann den „Blick nach innen" erfahren. Der Himmel ist im Glas über den unterirdischen leeren Regalen zu sehen, und dies hat der Künstler beabsichtigt, „denn nach der Verbrennung ist nur der Geist der Bücher geblieben, die sich im Himmel treffen, der sich wiederum im Glas spiegelt".

Opernhaus Unter den Linden ⑰

An der Hofoper/Staatsoper wirkten Bruno Walter im Jahre 1900, Leo Blech von 1906 bis 1937, Erich Kleiber von 1923 bis 1935 und 1951 bis 1955, Otto Klemperer – nach der Schließung der Kroll-Oper – von 1931 bis 1933.

Bruno Walter Schlesinger, geboren 1876 in Berlin, war Schüler des Stern'schen Konservatoriums und ein Freund Gustav Mahlers seit 1894. Er setzte sich für das Opernschaffen Pfitzners ein, dirigierte ein Jahr lang (1900) an der Hofoper und wurde 1925 bis 1929 Musikalischer Leiter des Städtischen Opernhauses Charlottenburg. Seit 1918 gab es die weltberühmten Bruno-Walter-Konzerte des Berliner Philharmonischen Orchesters in der alten Philharmonie Bernburger Straße.

Leo Blech (1871–1958) studierte Dirigieren und Komposition in Berlin und wurde 1906 an die Hofoper berufen, seit 1913 Königlich Preußischer Generalmusikdirektor. Er gilt als ein Erneuerer der Opernbühne. Nach der Emigration 1937 kehrte er 1949 als Generalmusikdirektor der Städtischen Oper nach Berlin zurück, wo er bis 1953 in der Kantstraße wirkte und 1958 starb.

Erich Kleiber (1890–1956) wurde 1923 Generalmusikdirektor der Staatsoper und begründete Alban Bergs Weltruhm 1925 mit der sensationellen Uraufführung des „Wozzeck", eines der wichtigsten Ereignisse in der Berliner Kulturgeschichte. Kleiber mußte 1935 emigrieren, kam 1951 zurück, wurde Musikalischer Leiter an der Staatsoper Unter den Linden im Jahre 1954, legte dieses Amt jedoch aus politischen Gründen schon im darauf folgenden Jahre nieder.

Otto Klemperer (1885–1973) wurde 1927 zum Leiter der Kroll-Oper berufen, die zunächst Nebenbühne der Lindenoper war, dann durch Leo Kestenberg als experimentelle Reformbühne verselbständigt wurde. Das Haus wurde bereits 1931 wieder geschlossen und diente später dem bedeutungslos gewordenen Reichstag. Klemperer dirigierte noch bis zu seiner Emigration 1933 an der Staatsoper. Nach dem Kriege war er für kurze Zeit (1949) bei Walter Felsenstein an der Komischen Oper in der Behrenstraße. Die von ihm dirigierte Felsenstein-Inszenierung von Bizets „Carmen" gilt als Markstein in der Entwicklung eines realistischen Musiktheaters. Klemperer trat 1919 zum Katholizismus über und kehrte 1967 zum Judentum zurück.

Hausvogteiplatz ⑱

Bereits um die Mitte des 19. Jahrhunderts begann die Entwicklung des Hausvogteiplatzes und der umgebenden Straßen zum jüdisch geprägten Zentrum der Berliner Konfektion als kreativem Zweig der Textilindustrie. Die Mode wurde Wesenselement eines neuen, kulturell geprägten Lebensstils, der zum Modernitätsschub und zum Sprung ins 20. Jahrhundert erheblich beitrug – ähnlich wie die Konzeption der Warenhäuser, die innovative Industrieproduktion, Hygiene, Presse und Verlage. Modedesign und Kunstgewerbe gingen eine enge Verbindung mit der künstlerischen Avantgarde ein, mit Malerei, Theater, Film und Kabarett. Mischa Spoliansky z.B., Schöpfer von Chansons, verbrachte Lehrjahre bei Gerson. Das von den Konfektionsfirmen kreierte Schönheitsideal für einen neuen modernen Frauentyp demokratisierte die Mode und verband sich glücklich mit darstellender und bildender Kunst. Film und Theater nutzten die modernen Kreationen für ihre Ausstattungen und förderten damit ihre Verbreitung. Marcellus Schiffer, Margo Lion, Friedrich Holländer, Blandine Ebinger und Henny Porten besangen die neue Mode.

Der Aufstieg entsprach den gesellschaftlichen und ökonomischen Prozessen, die Berlin mit starker Rasanz und auch Hektik erfaßten. Hier hatten große wie kleine Firmen ihre Büros, Fertigungs- und Auslieferungsstätten, ihre Entwurfsateliers und Vorführräume. Eine Unzahl von Firmen entstand, aber nicht alle überstanden die Wirtschaftskrise am Ende der 20er Jahre. Schließlich wurde die von jüdischen Unternehmern geführte Modeindustrie zwischen 1933 und 1939 von den Nationalsozialisten liquidiert. Ihre Unternehmerpersönlichkeiten wurden vertrieben oder ermordet. Die sogenannte Arisierung schuf vielfaches Unrecht, das zum Teil bis heute nicht korrigiert wurde. Ehemals jüdische Firmen tragen noch heute die Namen der „Arisierer". Aus jüdischer Konfektion wurde „arische" Bekleidungsindustrie.

Auch auf dem Hausvogteiplatz gab es im Jahre 1938 eine der Bücherverbrennung von 1933 ähnliche Demonstration faschistischen Terrors. Auf dem Platz wurden die Kleiderständer für Entwurf und Anprobe aufgeschichtet und angezündet.

Rund um den Hausvogteiplatz verdienten etwa 100.000 Menschen in 2.400 jüdischen Unternehmen ihren Lebensunterhalt mit der weltweit renommierten Berliner Konfektion. Noch immer scheint der von starken Kriegsbeschädigungen gezeichnete Platz vergessen, und nichts erinnert an seine große Vergangenheit. Eine Informationstafel soll aufgestellt werden, und ein Wettbewerb zur Gestaltung eines Denkmals wurde ausgelobt. Realisiert wird ein „Denkzeichen" von Rainer Görß.

Die Bombenzerstörungen überstanden nur die Häuser Hausvogteiplatz 1 und 12 mit der charakteristischen Uhr am Giebel sowie das Haus am Bullenwinkel, Taubenstraße 3–4, und das prachtvolle Gebäude Oberwallstraße 6–7.

Hausvogteiplatz 1 (früher 5–6) ⑲

Die Damenmäntel-Konfektionsfirma der Gebrüder Berglas ließ 1929 das im 2. Weltkrieg unbeschädigt gebliebene Geschäftshaus im Stil der Neuen Sachlichkeit errichten. Das Geschäft wurde im Jahre 1935 „arisiert" und sein letzter Inhaber David Berglas in die Emigration getrieben.

Hausvogteiplatz 12 (früher 11) ⑳

Ursprünglich Sitz der Firmen RONA Rosenfeld & Nathan, Gebrüder Lewy, Ludwig Lesser, Lachotzki, Briese & Loepert.

Oberwallstraße 6–7 ㉑

1837 gründeten die Brüder David, Moritz und Valentin Manheimer (zunächst Kronenstraße 53) ein Unternehmen, das sich auf die Anfertigung von Mänteln spezialisierte. Drei Jahre später eröffnete Valentin Manheimer in der Oberwallstraße 6/7 einen eigenen Betrieb, der zu einem der führenden Unternehmen der Berliner Damenkonfektion werden sollte. Moritz Manheimer (1826–1916) stiftete zusammen mit seiner Ehefrau Bertha die Altersversorgungsanstalt in der Schönhauser Allee 22 und das Hospital Oranienburger Straße 31, beteiligte sich auch an der Gründung des Lehrlingsheimes Mühlenstraße in Berlin-Pankow.

Kronenstraße ㉒

Von den zahllosen Konfektionshäusern dieser Straße ist nach Zerstörung und Abriß keine Spur mehr erhalten. Zum Gedächtnis seien aber einige Namen jüdischer Unternehmen aufgezählt: Auerbach & Steinitz, Baum & Lewinsky, Behrend & Bernstein, Berliner & Jubelski, Bibo & Jackier, Brick & Balsam, Bleichröder, Reich & Behr, Meyerhof & Kaufmann, Ephraimson & Neumann, Julius Block & Simon, Cohn & Walder, Rubinstein, Cohnreich & Blumenthal, Feldheim & Goldstein, Fischbein & Mendel, Fisher & Unger, Gruenthal & Wolff, Isenburg & Lewin, Jacobowski & Cohen, Reich & Bähr, Goldenbaum & Lichtenstein.

In anderen Häusern des Hausvogteiplatzes gab es die Firmen: Gebrüder Wilhelmy, Weil & Orbach, M. Seligsohn, Salinger & Benda, Loewenthal, Adolf Ephraim, Poper & Fürth, Lewinsky & Mayer, Bernhard Leon, Kraft & Lewin, Hirschfeld & Co, Bachmann & Loewenstein, Hansen Bang sowie Leopold Seligmann (Mohrenstraße 4).

Gertraudenstraße 10/12 ㉓

Inmitten eines Trümmerfeldes blieb das reich dekorierte Geschäftshaus erhalten, wo David Leib Levin seit 1840 eine Manufaktur für Damenmäntel unterhielt. Die Firma entwickelte sich rasch zu einem der führenden Unternehmen der Branche.

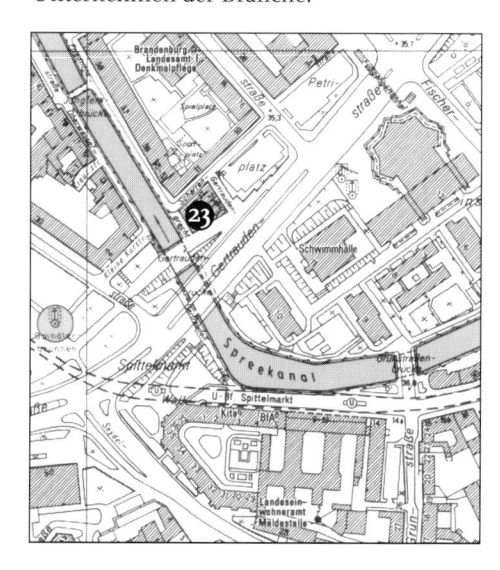

Kapitel 10
Südlich der Leipziger Straße

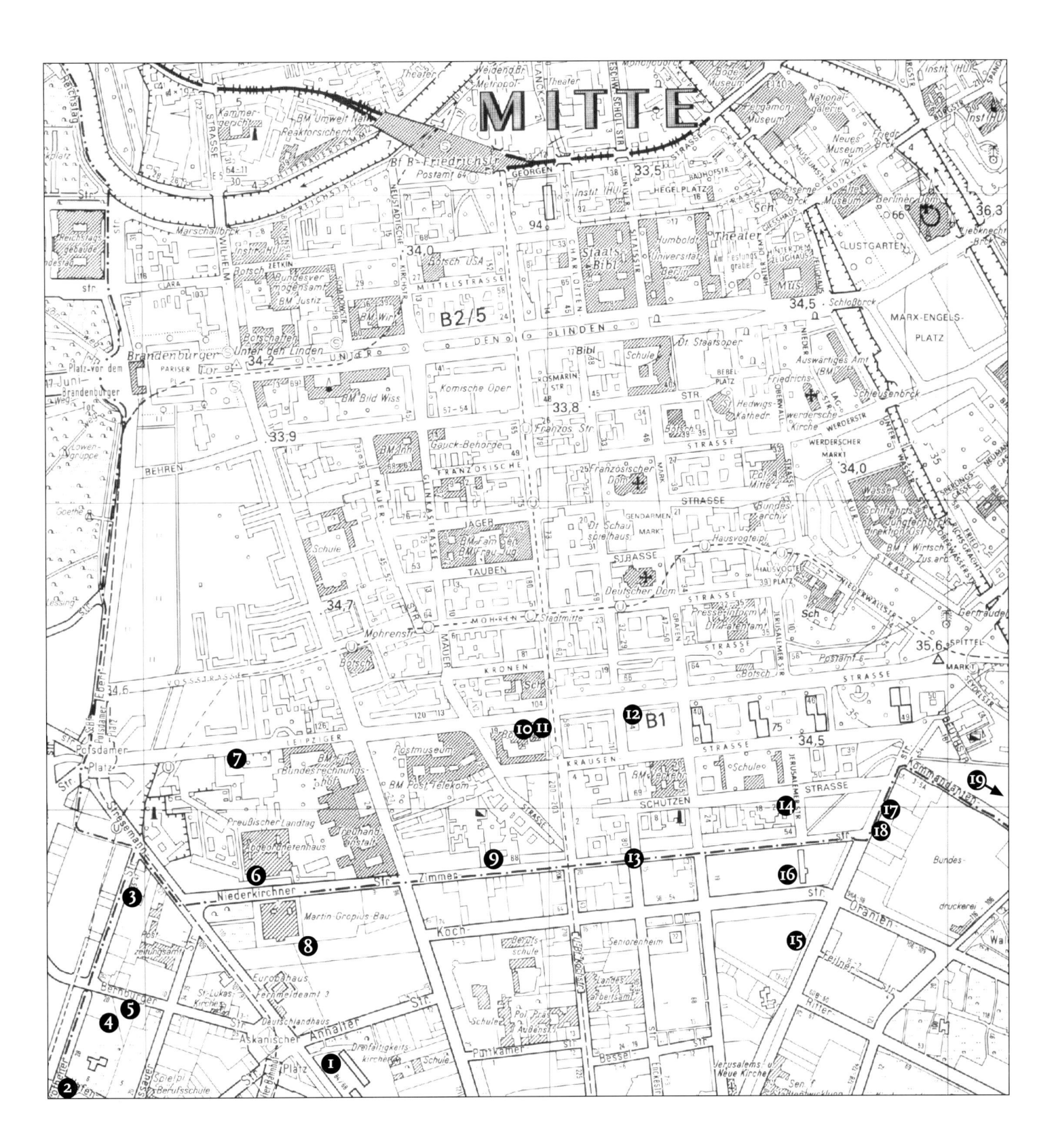

Stresemannstraße (etwa Nr. 80)
(ehemalige Anhaltische
Communication Nr. 12)
Von Heinz Knobloch

Um 1848, als diese inzwischen mehrmals umbenannte Straße noch Anhaltische Communication hieß [so wurden die innen gelegenen Straßen genannt, solange die Akzisemauer noch stand], wohnte der 29jährige Jakob Bernstein im Haus Nummer 12, nahe der Berlin-Anhaltischen Eisenbahn, an die mit seiner Ruine der Anhalter Bahnhof bis heute erinnert. Gegenüber, in der Straßenmitte, zeigt eine Ausgrabung Reste der Zollmauer, die Berlin damals begrenzte.

Jakob Bernstein stammte aus Danzig, hatte Klempner gelernt und war seinem älteren Bruder Aron nach Berlin gefolgt, dem späteren Journalisten und Naturwissenschaftler, der Mittelpunkt eines Kreises von jungen jüdischen Intellektuellen und Handwerkern geworden war. Jakob Bernstein fand Arbeit in seinem Beruf, wurde aber eines Tages zum Rathaus zitiert, wo man ihm mitteilte, er müsse die Stadt Berlin verlassen. Nicht, weil er Jude war, sondern weil ein Nichtansässiger sich nicht länger als ein Jahr in Berlin aufhalten dürfe. Da ging der junge Mann abgemeldet zum einen Stadttor hinaus und kam am nächstbesten angemeldet wieder herein. So war das.

1840 lernte er die 20jährige Johanna Rosenberg kennen; sie heirateten und Bernstein konnte sich als Klempnermeister niederlassen, ging aber schon nach drei Jahren pleite, weil ein Bauunternehmer bankrott machte, für den er Aufträge ausgeführt hatte. Da suchte Bernstein nach einer neuen Existenz und schulte um bei einem zukunftversprechenden Unternehmen: 1838 war die erste preußische Eisenbahn von Berlin nach Potsdam und zurück gefahren. (Von Menzel gemalt.) Im Mai 1843 lernte Jakob Bernstein Heizer und qualifizierte sich später zum Lokomotivführer.

Johanna und Jakob Bernstein hatten fünfzehn Kinder. Fünf starben als Säugling. Einer der Überlebenden steht im Lexikon. Eduard (1850–1932) wollte als Sozialdemokrat weniger durch Revolution als mit Reformen wirken. Als geflügeltes Wort ist von ihm überliefert: „Das Ziel ist nichts, die Bewegung alles". Das traf nicht zu für die Eisenbahnzüge, die sein Vater als erster jüdischer Lokomotivführer steuerte. Er hat, so Eduard in seinen Erinnerungen, in dreißig Berufsjahren sogar Kaiser Wilhelm I. sicher befördert.

Jakob Bernstein liegt neben seiner Johanna begraben auf dem Jüdischen Friedhof in der Schönhauser Allee. „Tief betrauert von den Seinigen" ist gerade noch auf dem zerbröckelnden Sandstein zu lesen, alle Daten leider nicht. Im Dezember 1884 war er gestorben.

Jedoch ein Stück Papier bewahrt ehrend seinen Namen. Das „Extra-Blatt Nr. 1" aus den ersten Maitagen 1849, zu haben bei S. Löwenherz in der Mauerstraße 39, gedruckt von Carl Schultze, Breite Straße 30. Aus Paris sind Nachrichten eingetroffen mit Worten wie „sociale Republik"... Fünf Wochen zuvor hatte Bernsteins Bruder Aron eine „Urwähler-Zeitung" gegründet, in der er – bald dafür bestraft – den kleinen Leuten riet, ihre schwindenden Rechte und Freiheiten zu behaupten... Am 3. Mai 1849 hatte sich in Dresden das Volk erhoben. Der König war auf die Festung Königstein geflohen. Preußen, um Hilfe gebeten, wie konnte es anders sein, schickte Truppen über die Grenze. Wir lesen: „Das erste Bataillon des Alexander-Regiments sollte Nachmittags nach Dresden befördert werden. Als sich der Lokomotivführer, Herr Bernstein, weigerte, bei der Unsicherheit der Schienen nach Röderau zu fahren, wurde ihm das Bajonett auf die Brust gesetzt und eine Wache von einigen Mann mit geladenem Gewehr auf die Lokomotive, ihm zur Seite, gestellt." Das mag die Geburtsstunde der späteren Eisenbahntruppen gewesen sein.

Mendelssohnpark/ Tempelhofer Ufer

Der zwischen Köthener Straße, Tempelhofer Ufer, Hafenplatz und Schöneberger Straße gelegene kleine Park auf dem Gelände des zugeschütteten Schöneberger Hafens trägt seit Ende der 70er Jahre den Namen des Komponisten Felix Mendelssohn Bartholdy. Nur dieser eine öffentliche Ort erinnert in Berlin an das einzige musikalische Genie, das Preußen-Berlin hervorgebracht hat. Eine Felix-Mendelssohn-Straße gibt es in Berlin nicht, nur eine Felixstraße und eine Mendelssohnstraße, die jenseits des Alexanderplatzes durch überdimensionierten Straßen- und Wohnungsbau kaum erkennbar und ohne Bedeutung ist. Ohnehin ist unklar, welcher Mendelssohn gemeint ist. Felix teilt das Schicksal mit seinem Großvater Moses, dem im Stadtbild ebenfalls kein Platz, keine Straße, kein Denkmal gewidmet ist, obwohl er zu den geistigen Pionieren des aufstrebenden Berlins gezählt werden muß.

Köthener Straße 44

Samuel Fischer (1859–1934) kam 1879 nach Berlin, war zunächst Buchhändler, gründete 1886 den S. Fischer-Verlag, der führend wurde für die literarischen Bewegungen zur Jahrhundertwende, den Aufbruch in die Moderne und die kulturelle Blüte der 20er Jahre. Nach einer Adresse in der Mohrenstraße 10 befand sich von Dezember 1891 bis Herbst 1893 der S. Fischer Verlag in diesem noch erhaltenen Hause, das das schwedisch-norwegische Reichswappen über der Eingangstür ziert.

Im Geheimratsviertel am Potsdamer Bahnhof hatten weitere jüdische Persönlichkeiten ihre Anschriften: Köthener Straße 27 Maximilian Harden (danach in der Wernerstraße 16 im Grunewald); Bernburger Straße 19 der Schriftsteller und Theaterkritiker Julius Bab 1901–1906; Hallesche Straße 19 Wohnung und Atelier des Malers Julius Jacob, der in verklärend wehmütigen Bildern das alte Berlin festgehalten hat (1905); Bernburger Straße 22a Gustav Hollaender, der das Stern'sche Konservatorium leitete.

Bernburger Straße 21–22

Der Bildhauer Michael Schoenholtz schuf 1987 den fragmentarischen Torbogen aus Marmor und Bronze als historische Assoziation an die im Krieg zerstörte alte Philharmonie, wo Berlin Musikgeschichte geschrieben hat. Der wegen seiner Akustik weltweit gerühmte Konzertsaal entstand 1888 aus einer Rollschuhbahn, die im Innern eines Wohnblocks lag. Er war die Heimstatt des Berliner Philharmonischen Orchesters, hervorgegangen aus der Bilseschen Kapelle im Jahre 1882. Im Verhältnis zu anderen Musikzentren trat Berlin zwar sehr spät in den Wettbewerb ein, entwickelte sich dann aber durch Hans von Bülows Orchestererziehung zu einem Mittelpunkt, der alle Größen der Musikwelt im 19. und 20. Jahrhundert magisch anzog. In der Bernburger Straße begannen große Karrieren, und auf diesem Podium betraten jüdische Musiker die Weltbühne, z.B. Artur Rubinstein, Vladimir Horowitz, Joseph Joachim, Fritz Kreisler, Artur Schnabel und Arnold Schönberg. Die Bruno-Walter-Konzerte des Philharmonischen Orchesters waren seit 1918 weltberühmt; in ihrem Rahmen debütierte das Wunderkind Yehudi Menuhin. Der Ort ist untergegangen, im Hinterhof der Neubauten jetzt ein Biotop.

Bernburger Straße 22a–23
Stern'sches Konservatorium

Julius Stern (1820–1883), seit 1832 in Berlin, gefördert durch Felix Mendelssohn Bartholdy und Meyerbeer, erhielt durch deren Vermittlung ein Staatsstipendium von König Friedrich Wilhelm IV. Er gründete 1847 den Stern'schen Gesangverein, der sich der Pflege Mendelssohns widmete und Beethovens „Missa solemnis" 1856 erstmals in Berlin aufführte. 1849 zum Königlichen Musikdirektor ernannt, gründete er 1850 eine Musikschule für Gesang, Klavier und Komposition, die ab 1852 Konservatorium und ab 1857 Stern'sches Konservatorium der Musik genannt wurde. Er leitete die mustergültige Einrichtung bis 1877. Julius Stern kommt das große Verdienst zu, bedeutende Musiker von Weltrang nach Berlin gezogen und sie hier bekannt gemacht zu haben. So war Hans von Bülow acht Jahre lang Lehrer am Konservatorium. Joseph Joachim und Franz Liszt kamen durch ihn in die Stadt. Erst 19 Jahre nach Sterns Gründung begann die Königliche Hochschule für Musik 1869 ihre Lehrtätigkeit mit Joseph Joachim als erstem Direktor. Das Stern'sche Konservatorium verzeichnete eine ständige Aufwärtsbewegung (1907/08: 1.177 Schüler und 108 Lehrer, 1920: 2.233 Studierende). Die Reputation wuchs, so daß sich die Anstalt ständig räumlich vergrößern mußte. Gründung in der Dorotheenstraße, dann Behrenstraße, Friedrichstraße 225, Friedrichstraße 236 mit Saal im Hinterhof, worüber es einen Bericht von Bruno Walter aus dem Jahre 1884 gibt. Bruno Walter war im Alter von acht Jahren der jüngste Schüler des Stern'schen Konservatoriums. Dann in der Wilhelmstraße und schließlich im Komplex der Philharmonie in der Bernburger Straße unter der Direktion von Gustav Hollaender (1855–1915), der auch eine von Erich Hollaender geleitete Zweigstelle in der Kantstraße 8–9 einrichtete. Arnold Schönberg war 1901/02 ebenfalls Lehrer am Konservatorium. Das Ende kam 1935 nach antisemitischen Diffamierungen und Denunziationen. Das Konservatorium wurde 1936 städtisch. Für jüdische Studierende, die an städtischen Einrichtungen nicht mehr zugelassen waren, gründeten Gustav Hollaenders Kinder in der Sybelstraße 9 die jüdische private Musikschule Hollaender, in der bis 1942 unterrichtet wurde. Hollaenders Nachkommen wurden nach Schließung ihrer privaten Musikschule deportiert und in Auschwitz ermordet.

Zwischen Leipziger Straße 3–4 und Niederkirchnerstraße (ehemals Prinz-Albrecht-Straße) ❻
Ehemals Preußischer Landtag mit Herrenhaus und Abgeordnetenhaus

An dieser Stelle verdichten sich historische und kulturgeschichtliche Ereignisse im Herzen der Stadt. Im ehemaligen Herrenhaus, wegen seiner verfassungsrechtlich größeren Bedeutung zur wichtigeren Leipziger Straße hin gelegen, sind noch Einrichtungen der Akademie der Wissenschaften, darunter die Arnold-Schönberg-Forschungsstelle, untergebracht; später werden hier die Leitungsstäbe der in Bonn zurückbleibenden Bundesministerien einziehen. Die trotz Kriegsschäden und Verwahrlosung noch erkennbare Pracht einer schloßähnlichen Dreiflügelanlage steht an der Stelle, wo einst die königliche Porzellanmanufaktur (östlich) und das Palais des zu Reichtum und Ansehen gelangten Abraham Mendelssohn (westlich) standen. Das 1894–1899 erbaute rückwärtige Abgeordnetenhaus, nach Modernisierung jetzt für das Berliner Abgeordnetenhaus hergerichtet, war Schauplatz und Brennpunkt einschneidender historischer Vorgänge: der sogenannte „Wahlrechts-Spaziergang" vom 6. März 1910, eine Demonstration gegen das undemokratische Drei-Klassen-Wahlrecht, 1918 Hauptquartier der aufständischen Matrosen, Sitz des Vollzugsrates und Ort des Reichsrätekongresses, Massendemonstration der Arbeiter und Soldaten mit Karl Liebknecht, der vom Balkon aus zu den auf der Prinz-Albrecht-Straße Versammelten sprach, Gründung des Spartakusbundes nach Trennung von der USPD, Gründung der KPD im Festsaal des Abgeordnetenhauses am 29. Dezember 1918 unter Anführung von Karl Liebknecht und Rosa Luxemburg, 1920 Kapp-Putsch, am 14. Juli 1934 Konstituierung des berüchtigten NS-Volksgerichtshofs, der in einem Saal des rechten Vorderflügels tagte, in der Endphase des Krieges 1945 Befehlsstand der Roten Armee zum Sturm auf die Wilhelmstraße, nach 1945 Sitz der deutschen Wirtschaftskommission, die vor der Gründung der DDR staatliche Funktionen in der sowjetischen Besatzungszone wahrnahm.

Leipziger Straße 3 ❼

Im Jahre 1825 kaufte Abraham Mendelssohn, der von sich sagte, er sei zuerst der Sohn seines Vaters und dann der Vater seines Sohnes gewesen, das ehemalige Rebeck'sche Palais mit seinem weitläufigen Garten, der an den Park des Prinzen Albrecht und an den Tiergarten grenzte. Es war, wie Sebastian Hensel, Sohn von Fanny Mendelssohn Bartholdy, schrieb, „nicht ein gewöhnlicher Besitz, ein toter Steinhaufen, sondern eine lebendige Individualität, ein Mitglied, teilnehmend am Glück der Familie". Das Haus gehörte zum klassischen Berlin. Im Gartensaal fanden die berühmten Sonntagsmusiken statt, bei denen die Kinder Abrahams, Fanny und Felix, ihre Kompositionen vortrugen. Im Sommerhaus soll unter zwei alten Eiben die Musik zu Shakespeares „Sommernachtstraum" entstanden sein. Ein am Rande des Anwesens gelegenes kleineres Gebäude war dem Freund der Familie, Alexander von Humboldt, für seine wissenschaftlichen Experimente zur Verfügung gestellt worden, der berühmte eisenfreie Beobachtungsturm zur Erforschung des Erdmagnetismus. Nach dem Tod von Fanny und Felix verkaufte die Familie das Palais an den preußischen Staat, der unter Einbeziehung des Nachbargrundstücks der Gotzkowskischen Porzellanmanufaktur an dieser Stelle das Preußische Herrenhaus erbaute. In dessen Hof lag der Sitzungssaal, wo der Reichstag des Norddeutschen Bundes ab 1867 tagte und die Verträge zur Gründung des Deutschen Reiches am 9. Dezember 1870 verabschiedet wurden. Der Präsident Eduard von Simson überbrachte sie zur Gründung des Reiches nach Versailles.

Felix Mendelssohn Bartholdy wuchs in der Leipziger Straße 3 auf und war wie Giacomo Meyerbeer anfangs Schüler von Carl Friedrich Zelter. 1841 wurde er von König Friedrich Wilhelm IV. zur Gründung der Musiksektion in der Akademie der Künste berufen, 1843/44 zum Leiter des Domchors und der Sinfoniekonzerte. Von den engen Verhältnissen enttäuscht, wandte sich der junge aufstrebende Komponist und Dirigent nach Leipzig und Düsseldorf. Offenbar war das bürgerliche Musikleben Berlins noch nicht so weit herangereift, daß es einem Genie wie Mendelssohn Bartholdy Befriedigung und Herausforderung sein konnte.

Auf der gegenüberliegenden Seite der Leipziger Straße am Leipziger Platz stand das völlig vernichtete, 1910 von Alfred Messel gebaute, architektonisch wegweisende Kaufhaus Wertheim. Nur ein Tresorraum überstand den 2. Weltkrieg. „Tresor" heißt die dort jetzt eingerichtete Diskothek.

58

Stresemannstraße 110 ❽
Martin-Gropius-Bau (ehemaliges
Preußisches Kunstgewerbemuseum)

Erster Direktor des Kunstgewerbemuseums war Julius Lessing (1843–1908). Wesentlichen Anteil an der Gründung, Verwaltung und Ausgestaltung des Museums hatte der Bildhauer Louis Sussmann-Hellborn (1828–1908), der die monumentalen Skulpturen des Nordeingangs schuf, Peter Vischer und Hans Holbein darstellend. Im scharfen Kontrast zur penibel wiederhergestellten Frontseite des Abgeordnetenhauses gegenüber weist die Nordseite des Martin-Gropius-Baus noch unbeschönigt die Kriegsnarben auf. Die beschädigten Skulpturen sind vom Feuersturm brandgeschwärzt und zerschossen. Ein besseres Mahnmal an den Vernichtungskrieg des nationalsozialistischen Terrorregimes ist kaum denkbar; der Zustand sollte erhalten bleiben zur ständigen Mahnung gegen den Krieg.

Im zweiten Obergeschoß des Martin-Gropius-Baus in relativ ungünstiger Lage ist derzeit noch das Jüdische Museum untergebracht. Es erhält einen von Daniel Libeskind entworfenen Neubau neben dem früheren Kammergericht, dem heutigen Berlin Museum an der Lindenstraße.

Hinter dem Martin-Gropius-Bau, sichtbar und zugänglich sowohl von der Stresemannstraße, der Niederkirchnerstraße und der Wilhelmstraße an der Einmündung der Kochstraße, liegt ein unscheinbares, niedriges Barackengebäude. „Topographie des Terrors" heißt die seit 1987 von über einer Million Menschen besuchte eindringliche und konzentrierte Ausstellung dokumentarischer Art, jetzt in eine Stiftung überführt, die demnächst einen Neubau an derselben Stelle erhält.

Die „Topographie des Terrors" ist eine Hinterlassenschaft des Stadtjubiläums, keine schlechte Bilanz und eine Ehrenrettung für die Stadt, deren Name unter zahllosen Mordbefehlen in ganz Europa als Adresse der Absender zu lesen war. Dieser Denkort vermag besser als jedes Denkmal oder Mahnmal das Bewußtsein und das Gedächtnis zu schärfen; er erklärt in faßlicher Weise, wie das Unvorstellbare entstehen konnte, wer die Täter waren und was die Opfer erlitten haben. Im Mittelpunkt der Stadt, im Herzen des künftigen Regierungsviertels, dort, wo auch in der Reichshauptstadt schon die Schreibtische der Täter standen und eine gigantische, ganz Europa überziehende Maschinerie der Überwachung und Vernichtung installiert war, wirkt der anstößig fragende, leere Stadtraum wie eine Wunde in der Stadtlandschaft oder wie ein Störfaktor in der schönen neuen Welt. Die „Topographie des Terrors" ist keine Gedenkstätte im herkömmlichen Sinne, sondern macht für die Nachgeborenen im Diskurs die prinzipiell wiederholbaren Strukturen deutlich, aus denen durch Ideologisierung Unrecht und Verbrechen entstehen kann. Gezeigt wird auch, wie nach dem Kriegsende mit diesem schweren Erbe umgegangen wurde, was und wie es verdrängt wurde. Der leere Raum mit den Ausgrabungen um die Ausstellung „Topographie des Terrors", erweitert um ein Besucher- und Begegnungszentrum, wird künftig ein Ort aktiver Erinnerungsarbeit sein, wo sich das Gedenken an das Martyrium der Opfer, das Erkennen der Täter und das Erforschen der Ursachen des Leidens und Sterbens verbinden.

Günter Kunert: „Prinz-Albrecht-Straße – 1986. Inmitten der Stadt / klaffende Erde / Reste gekachelter Keller / Folterwerkstätten / zur Erzeugung / von Heimatkunde."

Zimmerstraße 90–91/Mauerstraße 82 ❾

Ehemalige Markthalle III, später Tanz- und Konzerthaus Clou. Seine erste Rede in Berlin hielt Adolf Hitler am 1. Mai 1927 im Clou vor einer geschlossenen Mitgliederversammlung, denn zu dieser Zeit war die Partei des Demagogen in Preußen noch verboten. Die Wahl des Veranstaltungssaals war nicht zufällig. In dieser Gegend, in der südlichen Friedrichstadt, z.B. in der Hedemannstraße, hatten sich die ersten nationalsozialistischen Gruppierungen subversiv eingenistet und auch schon früh mit Terroraktionen begonnen. Außerdem war mit der Wahl des Veranstaltungsorts eine Provokation gewollt. In unmittelbarer Nähe des Regierungsviertels demonstrierte der NSDAP-Führer Stärke und Anspruch trotz des gegen ihn verhängten Verbots, öffentliche Reden zu halten.

59

Am 28. Februar 1943 war der Ort Schauplatz des letzten Aktes in der Tragödie des Berliner Judentums.

Während der sogenannten Fabrikaktion wurde der Saal des Ballhauses Clou zu einem Sammellager für Deportationen in die Konzentrations- und Vernichtungslager.

Einer der Überlebenden, Peter Edel, schreibt in seinem Lebensbericht „Wenn es ans Leben geht":

„Einfahrt in die Mauerstraße. Einfahrt durch ein Portal. Eingang zum Ballhaus Clou. Hineingeknüppelte Menschenmasse zu Menschenmassen, die im Tanzsaal bereits lagern, hocken, sich hin- und herschieben unter Papiergirlanden, Ulkplakaten, zerfetzten Lampions, auf dreckigem, mit Strohballen, Koffern, Kleiderhaufen besätem Parkett; Frauen, Kinder, Männer, Greise, etliche noch in Pyjamas, etliche in Morgenröcken, die meisten in Arbeitskleidung, einige schrubben den Tanzboden blitzblank, blank wie die Langschäfter der SS Männer... Die Nachrichten von draußen: Parolen, Angstlügen. Die kaum glaubliche Kunde, daß arische Frauen jüdischer Männer, Söhne, Töchter sich vor einer der Sammelstellen in der Rosenstraße vereinigt hätten zu einem Protestmarsch, daß sie Stunde um Stunde dort auf- und abgingen, nach ihren Männern, Töchtern, Söhnen riefen, nicht zu vertreiben seien von der Gestapo noch von der Polizei; tapfere Frauen, zum Äußersten entschlossene Mütter. Auch meine Mutter? Es könnte sein. Es ist so. Aber ich weiß es noch nicht."

Später wird Peter Edel als Folge des Frauenprotestes in der Rosenstraße als „Abkömmling eines arischen Elternteils vorläufig entlassen". Jedoch überleben am Ende nur wenige.

Leipziger Straße 25   ⑩

Stammhaus des Kempinski-Konzerns war ein 1873 gegründetes Weinrestaurant von Berthold Kempinski (1845–1910), Weinhändler aus Posen und Breslau, später kamen Versand und Delikatessengeschäft hinzu.

Am 5. März 1889 wurde im Weinhaus Kempinski der zunächst nicht-öffentliche Theaterverein „Die Freie Bühne" gegründet. Zu den Initiatoren gehörten die Publizisten Theodor Wolff und Maximilian Harden, die Schriftsteller und Kritiker Otto Brahm, Paul Schlenther, Julius Stettenheim, Heinrich und Julius Hart, Ludwig Fulda und der junge Verlagsbuchhändler Samuel Fischer. Ziel der Vereinigung war, für ein avantgardistisch orientiertes Publikum die vom offiziellen Kunstbetrieb ignorierten und von der preußischen Zensur verbotenen modernen Dramen des Naturalismus zur Aufführung zu bringen. „Die Freie Bühne" wurde von Otto Brahm geleitet, der ab 1894 Direktor des Deutschen Theaters war. Durch diese kulturpolitische Tat wurde der Naturalismus als kritische Gegenwartsdramatik auf der Bühne kreiert und damit die eigentliche bedeutende Berliner Kunstleistung auf dem Gebiete der Darstellenden Kunst eingeleitet: Theater als psychologische Durchdringung der Gegenwart, als moralische Anstalt – parallel zu Stanislawski in Rußland. Gerhart Hauptmann (1889 Uraufführung „Vor Sonnenaufgang") und Ibsen waren die herausgestellten Autoren. So wurde um die Jahrhundertwende Berlin zur unbestrittenen Theatermetropole Deutschlands, weltstädtischer, vitaler, offener und toleranter als andere Theaterstädte.

Leipziger Straße 27–28   ⑪

Die von Saul Adam 1863 gegründete Konfektionsfirma entwickelte sich rasch zu einem bedeutenden Unternehmen, das seit 1870 auch als Hoflieferant genannt wurde. Saul Adam war in Berlin berühmt für seine avantgardistische Sportmode. Nach einem Überfall während des Boykotts jüdischer Geschäfte am 1. April 1933 entschloß sich der letzte Firmeninhaber Fritz Adam zum Verkauf des Unternehmens und zur Emigration mit seiner Familie.

Leipziger Straße 36   ⑫

In den ehemaligen Geschäftsräumen des seinerzeit führenden und exklusiven Modehauses Kersten & Tuteur befindet sich heute die Botschaft der Slowakischen Republik. Hier hatte seit 1913 das von Jacob Tuteur und Willi Kersten 1905 zunächst Werderstraße 6 gegründete Unternehmen seine Verkaufs- und Büroräume sowie Werkstätten. Weit über Berlin hinaus bekannt waren die avantgardistisch inszenierten Modenschauen im Theater am Nollendorfplatz.

Während Kersten 1934 eines natürlichen Todes starb, nahm sich Tuteur nach der sogenannten Arisierung seines Betriebes durch die Gebrüder Horn im Jahre 1939 das Leben.

Charlottenstraße/Ecke Zimmerstraße   ⑬

Bernhard (Benda) Wolff (1811–1879), Arzt und Journalist, gründete in seiner Heimatstadt Berlin eine Verlagsbuchhandlung, erwarb die Vossische Buchhandlung, die National-Zeitung, die Berliner Bank-, Börsen- und Handelszeitung und gründete 1848 das Telegraphische Korrespondenzbüro Bernhard Wolff. Er nutzte erstmals die neue Technik der Informationsübermittlung. Als AG „Wolffs Telegraphen-Bureau WTB" 1871 mit Zweigstellen in allen wichtigen europäischen Städten entwickelte sich die erste deutsche Nachrichtenagentur und eine der größten internationalen Presseagenturen, deren Direktion er bis 1875 innehatte.

Schützenstraße 18–25/ Ecke Jerusalemer Straße
Mosse-Haus

Der ehemalige Firmensitz des 1872 gegründeten Verlages von Rudolf Mosse (1843–1920), ein Brennpunkt der rasant aufgestiegenen Zeitungsstadt Berlin mit den Tageszeitungen „Berliner Tageblatt" (1872), „Berliner Morgenzeitung" (1889), „Berliner Volkszeitung" und „8-Uhr-Abendblatt" (1904) sowie den illustrierten Zeitschriften „Ulk", „Zeitgeist", „Technische Rundschau". Im Zentrum des glanzvollsten Kapitels Berliner Zeitungsgeschichte stand Theodor Wolff (1868–1943), der Chefredakteur des „Berliner Tageblatts" von 1906–1933, für das er seit 1887 arbeitete. Theodor Wolff verfaßte auch politische Schriften, Bühnenstücke und Romane. Er wurde als Emigrant 1943 in Nizza verhaftet und an die Gestapo ausgeliefert. Er verstarb im Jüdischen Krankenhaus noch im selben Jahr an den Folgen der Haft.

Das legendäre „Berliner Tageblatt" war wohl Berlins einziges Weltblatt, es erschien 12mal in der Woche, in Morgen- und Abendausgaben. Der „Ulk" brachte Kurt Tucholsky und Heinrich Zille; neben dem „Autoblatt" verkörperten der „Modespiegel", der „Fotospiegel" und der „Weltspiegel" den ganzen Glanz und die Hektik der Epoche. Mosses Zeitungen versahen ein politisches Wächteramt und beobachteten von Anfang an die tückische Karriere des Adolf Hitler mit ihren tätlichen Angriffen auf die Demokratie in der Republik. Theodor Wolff äußerte, daß Zeitung eine Waffe für den deutschen Liberalismus gewesen sei. Der Anspruch der Weimarer Republik und ihre geistige Prägung fanden ihren Ausdruck in den Texten aus den besten Federn, und mit der Republik endete auch die Zeitung. Der Mosse-Konzern wurde von den Nationalsozialisten übernommen. Am 31. Januar 1939 schließlich stellte das „Berliner Tageblatt" sein Erscheinen ein. Nie wieder bis heute hat die Presse die geistige Autorität eines „Berliner Tageblatts" erreichen können.

Das Mosse-Haus von 1901/03 wurde 1921/23 durch Erich Mendelsohn und Richard Neutra, Protagonisten modernen Bauens, kühn erweitert und gilt heute als eine Ikone der Architekturgeschichte. Der gewaltige Bau von 160 Meter Länge, zwei Straßen flankierend, wurde nach Bombenschäden und Verfall originalgetreu rekonstruiert.

Jerusalemer Straße 65–66
(an der Lindenstraße, jetzt Parkplatz)

Am 1. Juli 1931 wurde der Schocken-Verlag als Abteilung der Schocken KG auf Aktien gegründet. Der bibliophile Kaufhauskönig Salman Schocken war persönlich haftender Gesellschafter, Lambert Schneider der Geschäftsführer. Bis zur zwangsweisen Schließung des Verlages Ende 1938 erschienen 225 Titel in 276 Bänden. Die kaum zu überschätzende Bedeutung der schmalen Bände der Bücherei des Schocken-Verlages für die deutschen Juden nach 1933 mag eine Anekdote erhellen, die Jehoschua Amir berichtet: „Es mag 1937 gewesen sein. In einem deutschen Dorf leben noch ein paar jüdische Familien, gedrückt und verängstigt, besonders die Kinder. Eines Tages ist draußen Gewitter. Die Kinder stehen geduckt in einer Ecke. Da sagt das Schwesterchen zu dem kleinen Brüderchen: ‚Du brauchst keine Angst zu haben. Uns kann nichts passieren. Wir haben doch den lieben Gott und die Tora und die Bücher des Schocken-Verlages.'"

Kochstraße 50

Zwischen 1870 und 1933 befand sich zwischen Kochstraße, Jerusalemer Straße und Zimmerstraße der Kern des Berliner Zeitungsviertels, wo die Großverlage und Medienkonzerne Mosse, Ullstein und Scherl ihre Firmensitze hatten. Das ehemalige Ullstein-Haus ist nach Zerstörung, der auch Teile der Jerusalemer Straße zum Opfer fielen, in den erweiterten Neubau des Verlagshauses Axel Springer einbezogen worden.

Leopold Ullstein, geboren 1826 in Fürth, war Papiergroßhändler, gründete 1877 einen Verlag und übernahm 1894 die „Berliner Illustrirte Zeitung". Seine fünf Söhne, die sich sämtlich taufen ließen, Hans, Louis (Ferdinand), Franz, Rudolf und Hermann, gründeten 1898 die „Berliner Morgenpost". 1914 erwarben sie die „Vossische Zeitung". Hinzu kamen die „BZ am Mittag", die Illustrierten „Uhu" und „Koralle" sowie die „Bauwelt" und Modezeitschriften. Ullstein wurde zum größten Buch- und Zeitungsverlag der Welt, ab 1921 als AG. Die „Berliner Morgenpost" hatte die höchste Auflage in Deutschland. Erich Salomon war bei Ullstein als erster Bildjournalist tätig. 1928 entstand in einer markanten expressionistischen Architektur mit berühmt gewordenem Turm das Ullstein-Druckhaus in Tempelhof, Mariendorfer Damm 1.

Lindenstraße 48–50

Nach dem Entwurf von Cremer und Wolfenstein wurde die am 27. September 1891 eingeweihte Synagoge mit nahezu 2.000 Sitzplätzen eingeweiht. Das Gebäude wurde zum Vorbild für viele spätere jüdische Gotteshäuser. Seinerzeit gehörte sie zu den größten Synagogen der Stadt. Sie lag im hinteren Teil des Grundstücks, im Vordergebäude befanden sich Wohnungen, eine Religionsschule, eine Zweigstelle des Wohlfahrts- und Jugendfürsorgeamtes der Jüdischen Gemeinde und weitere soziale Einrichtungen. In der Nacht vom 9. zum 10. November 1938 wurde der Komplex beschädigt, im Februar 1945 durch Bomben zerstört. Die Überreste der Gebäude wurden nach Übernahme durch das Land Berlin im Jahre 1956 abgerissen und abgeräumt. Heute – nach dem Verschwinden einer provisorischen Gedenktafel – sind der Ort und

61

seine Geschichte kaum noch erkennbar. Im Baufieber der Hauptstadt werden erneut Spuren jüdischen Lebens ausgelöscht. Im Hof eines Neubaus soll demnächst eine Gedenkstätte geschaffen werden.

Im Vorderhaus wohnten 1942 Lotte und Siegbert Rotholz. Sie gehörten der jüdisch-kommunistischen Widerstandsgruppe Baum an und stellten ihre Wohnung für illegale Zusammenkünfte der Gruppe zur Verfügung. Siegbert Rotholz wurde nach dem Anschlag auf die antirussische Propaganda-Ausstellung im Lustgarten hingerichtet, Lotte Rotholz im Konzentrations- und Vernichtungslager Auschwitz ermordet.

Lindenstraße 44 ⑱

Paul Singer war mit August Bebel einer der Vorsitzenden der Sozialdemokraten. Er gründete 1884 das „Berliner Volksblatt" (später „Vorwärts"). Sein Verlagshaus, in dem außer Zeitungen auch Broschüren und Werke fortschrittlicher, pazifistischer und sozialistischer Autoren gedruckt wurden, befand sich 1905 in der Lindenstraße. Welch hohes Ansehen Paul Singer bei der Sozialdemokratie genoß, zeigt die Tatsache, daß an seiner Beerdigung am 5. Februar 1911 etwa eine Million Menschen teilnahmen.

Kommandantenstraße 55–57 / 58–59 ⑲

Der „Kulturbund der deutschen Juden", der sich ab 1935 zwangsweise „Jüdischer Kulturbund" nennen mußte, unterhielt von 1935 bis 1941 an dieser Stelle einen Theater- und Konzertsaal. Nach dem Berufsverbot für jüdische Künstler der Musik und der Darstellenden Kunst waren die Veranstaltungen des Kulturbundes die einzigen Arbeits- und Auftrittsmöglichkeiten. Juden durften nur für Juden auftreten und spielen. Die geistige Ghettoisierung und Eliminierung aus Berlins Kulturleben bedeutete das Ende der vielbeschworenen deutsch-jüdischen Symbiose, das Scheitern aller Assimilationsversuche, die Zerschlagung fortschrittlichen Denkens und künstlerischen Schaffens, die Vorstufe der Entwürdigung, Exilierung und Vernichtung. Die traurige Geschichte des Kulturbundes ist mit bedeutenden Namen der Musik und des Theaters verbunden.

Julius Bab 1933: „Es bleibt doch eine bittere Sache – ein Ghettounternehmen – das wir freilich so gut machen wollen, daß sich die Deutschen schämen müssen."

Gleichermaßen tragisch und realitätsfern war der Versuch Kurt Singers und seiner Mitstreiter, darunter als dominierender Schauspieler Fritz Wisten, den Anteil der Juden an der deutschen Kultur zu beweisen und hochzuhalten. Der Kulturbund wurde zunächst im Berliner Theater in der Charlottenstraße untergebracht und begann programmatisch am 1. Oktober 1933 mit Lessings „Nathan". Diese Aufführung war die einzige des Stücks zwischen 1933 und 1945. Die Arbeit des Kulturbundes wurde geduldet, überwacht und zensiert. Man glaubte, vom NS-Propagandaministerium geschützt zu sein. In Wahrheit war es eine perfekte kulturelle Ghettoisierung nach Art der sogenannten Freizeitgestaltung im Konzentrationslager Theresienstadt. Im Herbst 1935 zog der Kulturbund um in das Theater an der Kommandantenstraße. Das Haus war früher einmal das jüdische Theater der Gebrüder Herrnfeld, stand leer und wurde vom Kulturbund für seine Zwecke renoviert. Eröffnet wurde im Oktober 1935 mit Hebbels „Judith". Bis zur Schließung am 1. Oktober 1939 fanden etwa 50 Premieren und viele Konzerte des Kulturbund-Sinfonieorchesters statt. In der Pogromnacht 1938 wurden Theater und die daneben liegenden Armin-Hallen, in denen für jüdische Besucher Filme gezeigt wurden, im Auftrage des Propagandaministeriums von SS-Einheiten gegen die SA geschützt und deshalb nicht demoliert. Die Kulturbundeinrichtungen durften und sollten als einzige jüdische Institution sofort nach dem Pogrom weiterarbeiten. Von 1938 an jedoch führte der Kulturbund nur noch eine stark eingeschränkte Schattenexistenz. Juden war der Besuch von Theatern, Konzerten und Kinos verboten. So war der Kulturbund mit seinem Theater und dem Kino die einzige Versammlungsstätte für jüdische Menschen. Am 1. Oktober 1939 mußte der Kulturbund das Theatergebäude verlassen. Von da an standen nur noch die Armin-Hallen zur Verfügung. Sie wurden für Aufführungen umgebaut und Kulturbund-Saal genannt. Sie waren viel kleiner, das Repertoire mußte schrumpfen, Opern wurden konzertant, Schauspiele ohne Dekorationen und mehr Filme aufgeführt. Die letzte Aufführung war im Sommer 1941. Im September mit Einführung des Judensterns und Beginn der Deportationen wurde der Kulturbund auf Anordnung der Gestapo aufgelöst. Die Künstler wurden Zwangsarbeiter in der Rüstungsindustrie, oder sie mußten bei der Reichsvereinigung der Juden ihren eigenen Untergang verwalten. Das Vermögen wurde veräußert. Einige Künstler des Kabaretts fanden sich noch im holländischen KZ Westerbork zusammen. Aber auch sie – wie die anderen – wurden fast sämtlich deportiert und in Vernichtungslagern ermordet.

Die Gedenkskulptur vor den nach Abriß und Zerstörung entstandenen Wohnbauten schuf Susanne Ahner.

62

Kapitel II
Kreuzberg – Neukölln – Tempelhof

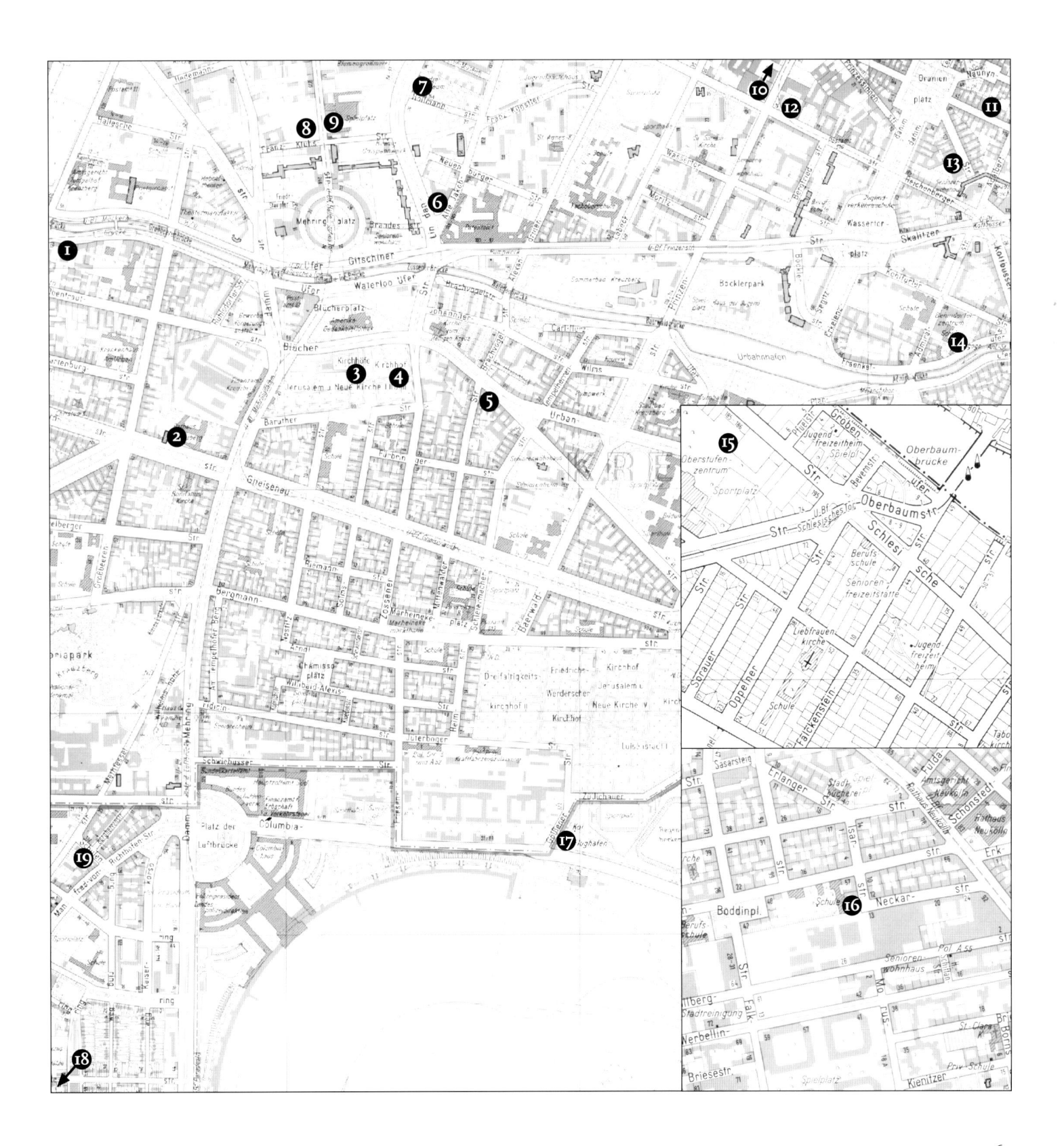

Tempelhofer Ufer 23–24 ❶

Den Aufbruch in die Moderne und den Aufstieg als Metropole verdankt Berlin weitgehend den jüdischen Pionieren der Industrialisierung, u. a. Ludwig Loewe (1837–1886), Emil Rathenau (1838–1915), Carl Leopold Netter (1864–1922) sowie Benno Orenstein (1851–1926) und Arthur Koppel (1851–1908). Die 1876 gegründete Firma Orenstein & Koppel baute schmalspurige Feld- und Industriebahnen, später transportable Stahlbahnen und dann Lokomotiven, Bahnen und Waggons in vielen Werken, Zweigniederlassungen und Tochtergesellschaften in ganz Deutschland und Europa. Das Zentralbüro lag in dem vornehmen Gebäude am Tempelhofer Ufer, das den Krieg fast unversehrt überstand.

Yorckstraße 4–11 ❷
Rathaus Kreuzberg

Die 1985 errichtete Gedenkstele für den Kreuzberger Bürgermeister (Fritz Naphtali) Carl Herz (1877–1951) von Joachim Dunkel erinnert an eine Begebenheit, die in besonders krasser Weise zeigt, wie vor aller Augen im Alltag der nationalsozialistische Terror sich schon früh entfalten konnte, ohne den Widerstand aus der Bevölkerung. Der am 1. 9. 1926 berufene sozialdemokratische Kreuzberger Bezirksbürgermeister wurde am 10. März 1933 von einem SA-Trupp überfallen. Sie schleiften ihn gewaltsam aus seinem Dienstzimmer. Mit Fußtritten wurde er im Innenhof gezwungen, vor einer Menschenmenge die Hand zum Hitlergruß zu heben. Sie trieben ihn über die Yorck-, Möckern- und Bergmannstraße zur Markthalle am Marheinekeplatz. Ihn rettete schließlich nur ein beherzter Polizeirevier-vorsteher, der ihn in „Schutzhaft" nahm, um ihn gleich wieder zu entlassen. So entging er weiteren Schikanen und wohl auch den zu erwartenden grausamen Folterungen im berüchtigten Gutschowkeller, einem SA-Folterkeller in der Friedrichstraße 234. Trotz dieser gewaltsamen Amtsenthebung wollte Herz als überzeugter deutscher Patriot die Stadt nicht verlassen. Erst im April 1939 ließen sich Carl und Else Herz zur Emigration überreden. Sie flüchteten nach London und übersiedelten 1947 nach Palästina. Herz starb am 14. 9. 1951 in Haifa. Sein Sohn Günter wurde in Holland im Exil gefangen, über Westerbork nach Auschwitz deportiert. Eine Rückkehr nach Deutschland lehnte Herz ab; wer Juden zur Rückkehr animiere, handle töricht und unverantwortlich (1947). Die Inschrift auf der Gedenkskulptur lautet: „...dem geachteten Juristen und hervorragenden Sozialdemokraten". „Die überaus große organisatorische, wirtschaftliche und wissenschaftliche Kraft des deutschen Volkes muß nicht der Vernichtung der Welt, sondern ihrer Verschönerung dienstbar gemacht werden", schrieb Herz 1951 in Haifa.

Baruther Straße ❸
Kirchhof I der Dreifaltigkeitsgemeinde

Mehringdamm/Zossener Straße ❹
Kirchhof I, II und III der Jerusalemsgemeinde und der Neuen Kirchengemeinde

Im Komplex der ältesten protestantischen Kirchhöfe vor dem Halleschen Tor, auf den Kirchhöfen der Jerusalemer- und Neuen Kirchen- sowie der Dreifaltigkeitsgemeinde befinden sich die Ruhestätten vieler bedeutender Persönlichkeiten des geistigen und kulturellen Lebens, die Berlin geprägt haben und der Stadt ihren kulturellen Rang verschafften. Zwischen Mehringdamm und Zossener Straße, Blücherstraße und Baruther Straße gehen die einzelnen Friedhöfe ineinander über. Sie sind einzigartige Zeugnisse der Kulturgeschichte und eindrucksvolle Orte der Erinnerung.

Protestantisch getaufte jüdische Persönlichkeiten, die hier begraben sind: Jacob Ludwig Felix Mendelssohn Bartholdy, geboren zu Hamburg am 3. Februar 1809, gestorben in Leipzig am 4. November 1847; Fanny Caecilie Hensel, geborene Mendelssohn Bartholdy, geboren am 14. November 1805, gestorben am 14. Mai 1847. Die Gräber liegen etwa in der Mitte zwischen Zossener Straße und Mehringdamm auf dem südlichen Teil des Dreifaltigkeitskirchhofs.

Henriette Herz (1764–1847) ruht auf dem an der Zossener Straße gelegenen südlichen Teil des Kirchhofs der Jerusalemgemeinde und Neuen Kirchengemeinde.

Rahel Varnhagen von Ense (1771–1833) ruht unweit der Grabstelle Mendelssohn Bartholdy auf dem zur Baruther Straße hin gelegenen Teil des Dreifaltigkeitskirchhofs.

Blücherstraße 18 ❺

Alfred Döblin (1878–1957) kam 1888 nach Berlin und erlebte, wie die Metropole in stürmischem Tempo wächst. Binnen 20 Jahren verdoppelte sich die Bevölkerung auf 3 Millionen. Nach Assistententätigkeit am Städtischen Krankenhaus Am Urban eröffnet er 1911 eine Privatpraxis, zunächst als praktischer Arzt, dann als Neurologe und Internist. Er heiratet Erna Reiß, Trauzeuge war Herwarth Walden. Die Großstadtatmosphäre fasziniert ihn und er beginnt zu schreiben. „Ich konnte mich auf die Sprache verlassen: die gesprochene Berliner Sprache; aus ihr konnte ich schöpfen...". Mit „Berlin-Alexanderplatz", dank Bermann Fischer im S. Fischer-Verlag herausgebracht, gelingt ihm der erste deutsche Großstadtroman. Sein Held, der entlassene Sträfling Franz Bieberkopf, ist ein Verlierer, wird verführt, getäuscht, zerrieben.

Döblin, Sohn jüdischer Eltern, flieht 1933 aus Deutschland. Als Beauftragter der französischen Militärregierung kehrt er 1945 zurück, fühlt sich nach kurzer Zeit überflüssig und emigriert 1953 erneut nach Paris. Sein Abschiedsbrief an den Bundespräsidenten Theodor Heuss ist ein Schlüsseldokument für die Enttäuschung nicht wieder aufgenommener Emigranten. Die Verstoßenen stießen wieder auf Ablehnung und konnten nicht an ihre nach 1933 abgebrochene Arbeit und Wirksamkeit anknüpfen. Das Exil dauerte an.

Alte Jakobstraße 148–155/ Ecke Lindenstraße ❻

Das 1929/30 nach Entwürfen von Erich Mendelsohn und Rudolf W. Reichel errichtete Haus des deutschen Metallarbeiterverbandes ist ein wichtiges Zeugnis Berlinischer Großstadtarchitektur auf dem Höhepunkt der 20er Jahre.

Lindenstraße 14 ❼
Berlin Museum und Jüdisches Museum

1971 konnte die Jüdische Gemeinde auf den 300. Jahrestag ihrer Gründung zurückblicken. Dieses Datum bildete den Anlaß zu einer Ausstellung über „Leistung und Schicksale" im Berlin Museum, dem ehemaligen Preußischen Kammergericht. Gleichzeitig wurde der Anstoß zu einer Sammlung jüdischer Kultgegenstände und anderer Zeugnisse jüdischen Lebens gegeben. Denn das in der Oranienburger Straße neben der Neuen Synagoge gelegene Jüdische Museum war nahezu vollständig verloren gegangen. Im Januar 1984 konnte die allmählich aufgebaute Sammlung der Jüdischen Abteilung des Berlin Museums eröffnet werden; sie zog wegen Raumnot in das oberste Stockwerk des wiederhergestellten Martin-Gropius-Baus an der Stresemannstraße um. Nach einem Entwurf von Daniel Libeskind wird das Jüdische Museum unmittelbar neben dem alten Kammergerichtsgebäude als Teil der neugegründeten Stiftung der Stadtmuseen errichtet.

Theodor-Wolff-Park
Friedrichstraße/Ecke Franz-Klühs-Straße
Von Heinz Knobloch

Am Mehringplatz, wo Friedrich- und Wilhelmstraße ihren Weg nach Norden nehmen, war im Zuge der Neubebauung der südlichen Friedrichstadt eine Parkanlage entstanden, die am 23. September 1993 nach dem Publizisten und Schriftsteller Theodor Wolff benannt wurde. Es war sein 50. Todestag. Wolff, der nach dem Reichstagsbrand fliehen konnte, war als Emigrant in Frankreich festgenommen und der Gestapo ausgeliefert worden, die den 75jährigen monatelang durch Gefängnisse und Konzentrationslager bis ins KZ Sachsenhausen schleppte, von wo er 1943 sterbend nach Berlin geschafft wurde, ins Jüdische Krankenhaus.

Sein Grab befindet sich am Wegrand neben der Abteilung A 1 auf dem Jüdischen Friedhof in Berlin-Weißensee; eine bessere Stelle war unter den damaligen Bedingungen nicht möglich für den Chefredakteur, dessen T.W. gezeichnete Leitartikel im „Berliner Tageblatt" einst europäischen Ruf genossen hatten.

Zwölf Jahre war Theodor Wolff der Pariser Korrespondent dieser von Mosse gegründeten Zeitung gewesen und hatte sich gemeinsam mit Zola und Anatole France für die Rehabilitierung des schuldlosen Dreyfus eingesetzt. Seit 1906 leitete er das einflußreiche „Berliner Tageblatt", schrieb rund 2.000 Artikel, verfaßte Romane und Theaterstücke, die Max Reinhardt in Berlin erfolgreich aufführte. Nach 1918 war Wolff Mitbegründer der Deutschen Demokratischen Partei, blieb später aber unabhängiger Liberaler und trat gegen Ende der Weimarer Republik für ein Zusammengehen mit der SPD ein. Im Exil erschien „Der Krieg des Pontius Pilatus", eine schonungslose Darstellung des Kriegsausbruchs von 1914; zugleich ein Sprachkunstwerk, wie von ihm gewohnt.

Wolff hatte am Tage der Reichstagswahl vom 31. Juli 1932 seinen Lesern geschrieben, es gehe „Um alles!" und ahnungsvoll gewarnt: „Ihr habt heute vielleicht zum letzten Male die Möglichkeit, selbst über euer Schicksal, über das Schicksal Deutschlands und über euer eigenes zu bestimmen." Falls der Nationalsozialismus triumphiere – sechs Monate später war es soweit – „dann wird man die letzten Reste eurer Freiheit und eurer Bürgerrechte zerschlagen und, mit brutalen Mitteln, die ihr kennt, euch zu dumpfem Gehorsam, zu schweigender Unterwerfung zwingen".

Kein Jahr später brannten die Schriften von Theodor Wolff auf dem Scheiterhaufen des 10. Mai mit der Begründung: „Gegen volksfremden Journalismus demokratisch-jüdischer Prägung...".

Friedrichstraße 10

Gegenüber dem Theodor-Wolff-Park steht ein neues Haus an der Stelle, wo die einflußreiche Zeitschrift „Die Zukunft" gemacht wurde, deren Beiträge ihr Herausgeber Maximilian Harden – ähnlich wie Karl Kraus in Wien für seine „Fackel" – ausschließlich selbst verfaßte. Ein Stadtführer von 1905 bemerkte lakonisch: „Ein Tagebuch der Eitelkeiten – ausgezeichnete Beiträge".

Moritzplatz

Rund um den Moritzplatz mit den Anschriften Oranienstraße 145–146, 52–55 und 149–154 war der Ausgangsort des später so mächtigen Warenhauskonzerns Wertheim. Firmengründer war Abraham Wertheim 1875 in Stralsund. Die erste Filiale des Unternehmens entstand 1885 in der Rosenthaler Straße 27. Die zum Christentum konvertierten Brüder Georg, Franz, Wilhelm und Wolf Wertheim begannen 1890 mit Kurzwarenhandel im Haus Oranienstraße 145–146, wo heute die Klavierfabrik Bechstein ihre Werkstätten und Verkaufsräume hat. Es folgte 1894 das von Alfred Messel entworfene Warenhaus Oranienstraße 53–54 nach Pariser Vorbild und 1897 das aufsehenerregende Kaufhaus am Leipziger Platz gegenüber dem Preußischen Herrenhaus. Auch die Tatsache, daß die Wertheim-Brüder protestantisch getauft waren, schützte das Unternehmen nicht vor antisemitischen Angriffen. Der die Geschäfte leitende Georg Wertheim übertrug seine Geschäftsanteile auf seine nicht-jüdische Ehefrau. Um seine Familie vor der Enteignung durch die Nazis zu schützen, trat Georg Wertheim 1937 aus der Firma aus und schrieb in sein Tagebuch: „Firma als deutsch erklärt." Unter dem Eindruck der Pogromnacht ließ er sich im Alter von 82 Jahren von seiner Frau scheiden. Er starb am 31. Dezember 1939 und wurde auf dem Kreuzberger Dreifaltigkeits-Kirchhof II an der Bergmannstraße begraben.

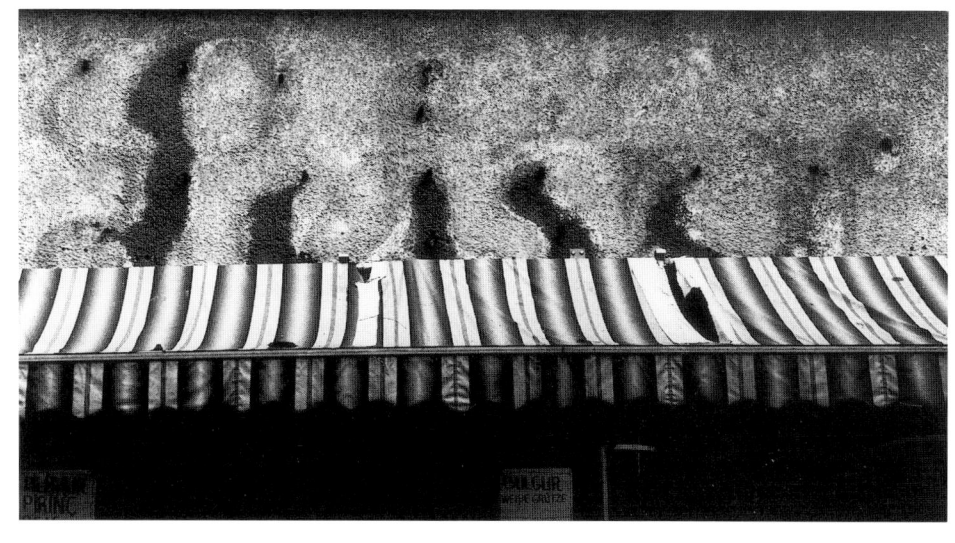

Oranienstraße 34

In der Oranienstraße begann der Aufstieg des Schuhhauses Leiser. Noch heute ist am Haus der typische Schriftzug zu erkennen. Gegründet wurde die Firma von Julius Klausner, der als 15jähriger 1889 nach Berlin kam. Sein Onkel Hermann Leiser half die Firma zu gründen. So entstand der Name „Hermann Leiser Schuhwaren". Das Geschäftsprinzip, mit geringer Gewinnspanne und niedrigen Preisen großen Umsatz zu machen, war nach amerikanischer Methode wegweisend für die weitere ökonomische Entwicklung im Handel, ebenso die Entwicklung einer Filialstrategie, um überall präsent zu sein und sich im Konkurrenzkampf zu behaupten. Das größte Leiser-Haus, 1870 eröffnet, lag an der Tauentzienstraße, gegenüber dem KaDeWe. Jeden Tag vor Geschäftsöffnung mußten die Angestellten unter der Anleitung von Fachkräften gymnastische Übungen verrichten, um gesund und freundlich zu sein. Am 1. April 1933, dem Boykott-Tag, standen SA-Männer vor den Geschäften und warnten Kunden vor dem Betreten. Der auch als Mäzen und Wohltäter aktive Julius Klausner versuchte, trotz antisemitischer Übergriffe die Firma durch Verkauf von Geschäftsanteilen zu retten. Gleichwohl mußte die Familie 1937 vor der drohenden Verhaftung fliehen.

Ritterstraße 16

Gedenktafel von 1988 für Hanni Meyer, 1921 als Hanni Lindenberger geboren. Sie arbeitete hier in der Lampenschirmfabrik Paulus. Unbekannt ist, wo die Widerstandskämpferin aus der Gruppe Baum gewohnt hatte. Sie wurde zusammen mit den anderen Mitgliedern der jüdisch-kommunistischen Widerstandsgruppe nach dem mißlungenen Anschlag (18. Mai 1942) auf die nazistische und rassistische Propaganda-Ausstellung, die den Einmarsch in die Sowjetunion rechtfertigen sollte, am 27. Mai 1942 verhaftet, am 10. Dezember 1942 vor dem NS-Volksgerichtshof zum Tode verurteilt und am 4. März 1943 in Plötzensee im Alter von 22 Jahren hingerichtet.

Dresdener Straße 127 ⓭

Am 10. April 1910 weihte der Luisenstädtische Brüderverein Ahawas Reim in einer ehemaligen Molkerei eine für 500 Besucher eingerichtete Synagoge nach liberalem Ritus ein. Sie wurde wohl 1929 zugunsten der Synagoge am Kottbusser Ufer aufgegeben, im Krieg beschädigt und 1951 nach jahrzehntelangem Leerstand endgültig abgerissen. Ursprünglicher Standort der Synagoge war Prinzenstraße 86 (am Moritzplatz), 1891 gegründet, 1910 aufgegeben.

Fraenkelufer 10–16 ⓮
(ehemals Kottbusser Ufer 48–50)

Die von Alexander Beer, dem Baumeister der jüdischen Gemeinde, in den Jahren 1913 bis 1916 im klassizistischen Stil errichtete Synagoge nach orthodoxem Ritus hatte Platz für 2.000 Personen. In dem mittelalterliche und barocke Stilelemente mischenden, prächtigen Gebäude waren ein Saal für Jugendgottesdienste, die Wochentagssynagoge und Dienstwohnungen untergebracht. Das Hauptgebäude wurde in der Pogromnacht 1938 schwer beschädigt, seine Ruine 1958/59 endgültig abgerissen. Die frühere Jugendsynagoge dient jetzt als konservative Synagoge. Die Gedenktafel von Cornelia Lengfeld wurde 1989 angebracht und 1995 ergänzt.

Köpenicker Straße 185–186 ⓯

1761 kaufte der Münzpächter Daniel Itzig den Garten des Leibarztes und Charitédirektors Theodor Eller, ließ das Landhaus 1773 aufstocken, umbauen und erweitern. Er schuf Berlins prächtigsten Barockgarten mit Skulpturen und Heckentheater. Aus wirtschaftlichen Gründen erwarb er 1777 den Pachtbetrieb mit Meierei, Brennerei und Brauerei vom Cöllner Bürgermeister Bartholdy. Daniel Itzigs Sohn Isaac Daniel wohnte hier bis zu seinem Tode, seine Schwester Bella Salomon lebte überwiegend hier und nannte sich Bartholdy. Ihre Tochter Lea heiratete Abraham Mendelssohn und nahm nach der Taufe den Namen Bartholdy an. Fortan nannte sich der protestantische Zweig der jüdischen Familie Mendelssohn Bartholdy.

Isarstraße 8 ⓰
(Neukölln)

Von 1907 bis zu ihrer Schließung nach dem Pogrom unterhielt die Jüdische Brüdergemeinde Neukölln e.V. eine Synagoge sowie Zweigstellen der Hauptbibliothek und des Wohlfahrts- und Fürsorgeamtes der jüdischen Gemeinde. Rabbiner war Georg Kantorowski. An ihn und die ehemalige Privatsynagoge erinnert eine Gedenktafel, auf der zu lesen ist: „Auf dem Hinterhof befand sich die Synagoge, erbaut 1907, des 1896 gegründeten Israelitischen Brüdervereins zu Rixdorf e.V., die während des Pogroms gegen die jüdische Bevölkerung am 9. November 1938 zerstört wurde. Georg Kantorowski, 24. 8. 1883 bis 30. 8. 1972, von 1917 bis 1938 Rabbiner in Neukölln. Emigrierte 1940 nach Shanghai und verstarb in San Francisco. Er gründete 1949 in San Francisco die deutschsprachige Jüdische Gemeinde der Stadt, wo er 1972 im Alter von 89 Jahren starb."

Jetzt wird der erhaltene Synagogenraum von den Zeugen Jehovas genutzt.

Columbiadamm/ ⑰
Ecke Golßener Straße

Inschrift an einer 1995 nach langen Verzögerungen und Querelen aufgestellten Skulptur des Bildhauers Georg Seibert: „Erinnern, Gedenken, Mahnen – Das Columbia-Haus war ab 1933 Gefängnis und vom 8. 1. 1935 bis 5. 11. 1936 ein Konzentrationslager der nationalsozialistischen Machthaber. Hier wurden Menschen gefangen gehalten, entwürdigt, gefoltert, gemordet." Das Gebäude wurde im Jahre 1936 abgerissen; es befand sich schräg gegenüber der Einmündung der Golßener Straße in den Columbiadamm. Dieses erste, sogenannte wilde KZ war Ort der Folter und Mißhandlung für etwa 8.000 Häftlinge. Das Columbia-Haus am Rande des Tempelhofer Flughafens war eine Art Nebenstelle des Gestapo-Gefängnisses in der Prinz-Albrecht-Straße, wo SS-Männer für die spätere Verwendung in Konzentrations- und Vernichtungslagern ausgebildet wurden. Die 1936 nach Sachsenhausen gebrachten Insassen mußten dort das Konzentrationslager bauen.

Werner-Voss-Damm 54a ⑱
(Tempelhof)

1933 hatte die SS in der Kaserne an der General-Pape-Straße eines der sogenannten wilden Konzentrationslager für mutmaßliche Regimegegner eingerichtet. Hier ist Dr. Arno Philippsthal, ein sehr beliebter jüdischer Arzt aus Biesdorf, umgebracht worden. Eine 1980 enthüllte Tafel informiert: „Den Opfern des frühen Naziterrors 1933 in Kellern der General-Pape-Straße". Im Jahre 1933 hielt die Feldpolizei der SA-Gruppe Berlin-Brandenburg, das spätere Feldjägerkorps, mindestens 200 namentlich bekannte Opfer – vermutlich waren es aber über 1.000 Menschen – in den Kellern gefangen. Vom NS-Regime hierher verschleppte Gegner wurden gefoltert, mißhandelt, getötet. Die Räume blieben jahrzehntelang verborgen. Die Kenntnisse von den Vorgängen im Jahre 1933 waren ungenau und lückenhaft. Es ist das Verdienst der Künstler Gabriele Heidecker, Marosch Schröder und Rolf Scholz, die hier ihre Ateliers haben, daß durch Nachforschungen und Befragung von Zeitzeugen die Orte des Terrors allmählich lokalisiert werden können. An der Wand eines Kellergangs ist noch das Schattenbild eines Kopfes zu erkennen, in den „Jude David Moses 15. Januar 1933" eingeritzt ist.

Schulenburgring 2
(in Tempelhof)
Von Heinz Knobloch

Der Straßenname ehrt Rudolf von der Schulenburg (1860 bis 1930). Er war Regierungspräsident von Potsdam und Oberpräsident der Provinz Brandenburg.

Die Nummer 2 ist ein altes Haus mit gepflegter Fassade. Über dem Eingang Früchte und Vögel, beliebte Ornamente für Wohlbefinden und Frieden.

Um 1938 wohnten hier bessere Leute: Oberpostrat, Regierungsrat, Druckereibesitzer, Ministerialreferent, Oberinspektor der Handelskammer und andere. Es gab fünfzehn Telephonanschlüsse; das war damals nicht wenig für ein Wohnhaus.

Das Gebäude überstand die Kämpfe um Berlin. Ungeachtet des nahegelegenen Flughafens Tempelhof; und es bot sich günstig an, so daß hier ein Gefechtsstand der Sowjetarmee eingerichtet werden konnte. Damit wurde dieses Berliner Miethaus zum historischen Ort.

Am 2. Mai 1945 bat der deutsche Befehlshaber Berlins, General Weidling, um Einstellung der Kampfhandlungen und um Kapitulationsbedingungen. Es war höchste Zeit.

Vom Bendlerblock in der heutigen Stauffenbergstraße aus ging der Funkspruch: „Hier LVI. Panzerkorps. Wir bitten, das Feuer einzustellen. Um 12 Uhr 50 Berliner Zeit entsenden wir Parlamentäre auf die Potsdamer Brücke." Das vorgeschlagene Erkennungszeichen am hellen Mittag war nicht ohne Pikanterie: „Weiße Flagge vor rotem Licht. Bitten um Antwort."

„Verstanden, verstanden." funkten die Russen zurück. Die zur Unterzeichnung der Kapitulation Berlins Bevollmächtigten vollzogen sie im Haus Schulenburgring Nummer 2.

Davon erzählt eine blanke Tafel neben der Haustür: „...wurde am 2. Mai 1945 der Waffenstillstand unterzeichnet." Wer das im Vorübergehen liest, muß Geschichtskenntnis mitbringen. Ein wenig mehr, als ihm die Schule mitgeteilt hat. Zwar ist ein Waffenstillstand etwas anderes als die Kapitulation, die bedingungslose, doch immerhin, die Tatsache wird nicht verleugnet. Die absolute, groß- und gesamtdeutsche Kapitulation wurde am 8. Mai unterzeichnet. In Berlin-Karlshorst.

Für Berlin aber, für Berlin gilt der 2. Mai 1945, im Haus Schulenburgring 2.

Unter dieser Anschrift wohnte schon 1931 Arthur Grunwald. Wie aus dem Jüdischen Adreßbuch zu ersehen. Einer der vielen, von denen wir nichts weiter wissen. Eben nur ein Mensch wie andere Berliner. Um 1938 ist er aus dem Amtlichen Adreßbuch verschwunden. Wie kommt es, daß er in Schulenburgring 2 lebte bis zu jenem Tage...

„Am 8. März 43 wurde der Jude Arthur Grunwald aus der im obigen Hause innegehabten Wohnung abgeholt und die Wohnung versiegelt", schreibt der Hausbesitzer, ein Architekt, am 10. April 1943 an die Geheime Staatspolizei, Abteilung IV D.1. in der Burgstraße 28.

„Die monatliche Miete für März in Höhe von 78,40 M war von p.p. Grunwald bezahlt."

Der Hauseigentümer nennt seinen Mieter nicht mit dem zweiten, allen Juden seit dem 17. August 1938 verordneten Zwangsvornamen für Männer „Israel". „Ich bitte höflichst mir die Miete von 78,40 M pro Monat ab 1. April 43 von Ihnen anweisen zu lassen." Folgen Kontonummer und Bank.

Nachgeschaut: Arthur Grunwald, damals 53jährig, wurde offenbar ein Opfer der sogenannten Fabrikaktion Ende Februar/Anfang März 1943. Sein Schicksal: „Verschollen in Auschwitz". Arthur Grunwald wohnte zufällig in diesem Haus, das eine Geschichtstafel erhielt. Nicht seinetwegen. Er war bloß einer der jüdischen Berliner. Ein Mitbürger, der spurlos verschwand.

Kapitel 12
Tiergartenstraße – Nollendorfplatz – Potsdamer Straße

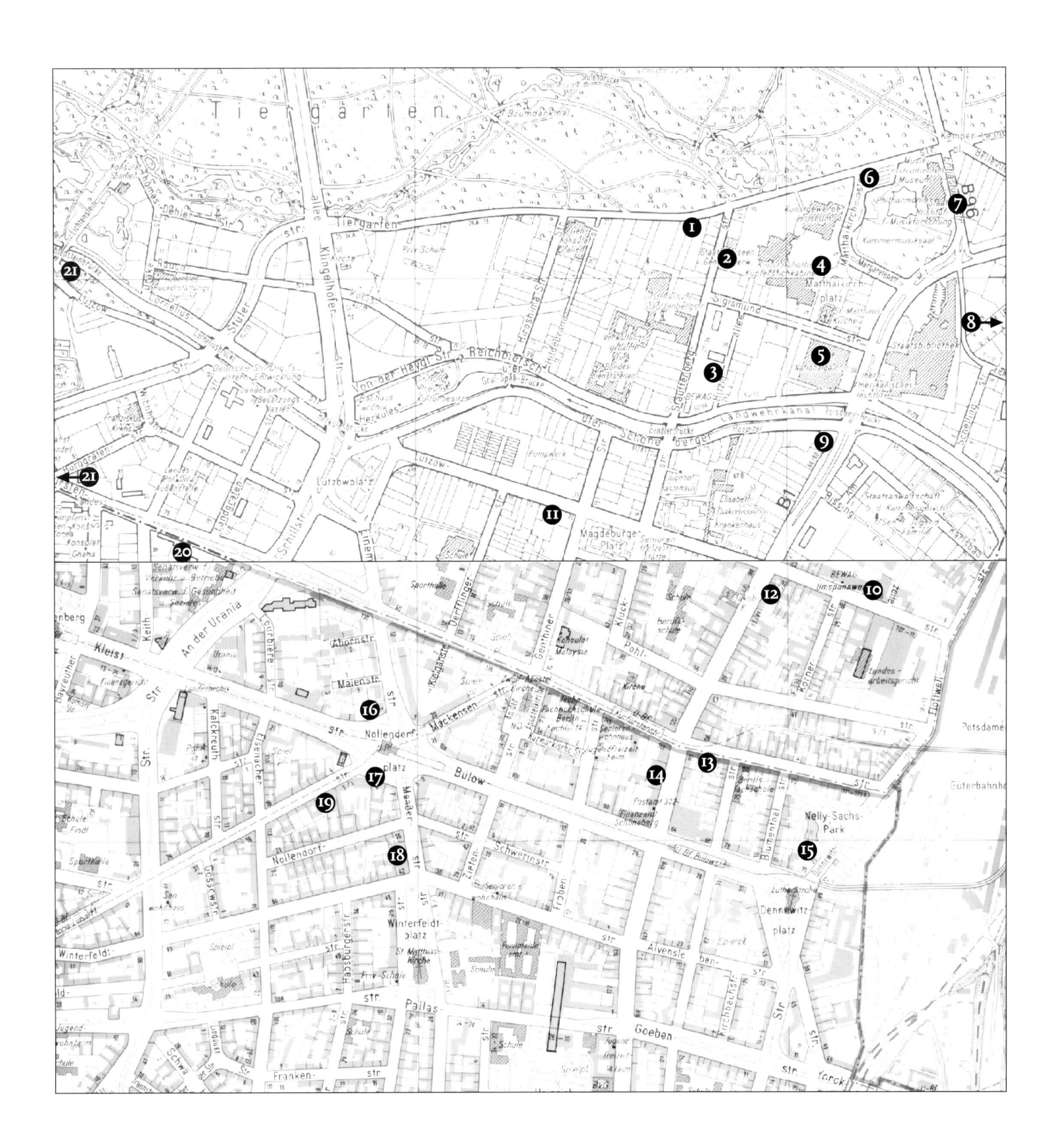

Tiergartenstraße 15a ❶

In unmittelbarer Nachbarschaft zu den Neubauten der Staatlichen Museen (Kunstgewerbemuseum, Kunstbibliothek, Kupferstichkabinett und Gemäldegalerie) am Kulturforum wohnte James Simon, Berlins größter Mäzen und Wohltäter, in einer prachtvollen, seiner großen Kunstsammlung entsprechenden Villa im noblen Tiergartenviertel, bevor er verarmte und in eine Etagenwohnung in der Kaiserallee 23 umziehen mußte.

Der Kaufmann, Bankier, Kunstsammler, Mäzen und Wohltäter James Simon wurde am 17. September 1851 in der Oranienburger Straße geboren. Er starb am 26. Mai 1932 – man möchte sagen, rechtzeitig – ehe er das Opfer eines aggressiven Antisemitismus gewesen wäre. Umgeben von pompösen Grabmälern gibt sein schlichter Grabstein auf dem Friedhof Schönhauser Allee ein zutreffendes Bild seiner unaufwendigen, bescheidenen Persönlichkeit. Noch immer nicht genug wird an die karitativen und mäzenatischen Leistungen, die Großzügigkeit und Freigiebigkeit des Mannes erinnert, der in den besten Jahren seiner Unternehmungen zu den reichsten Leuten Preußens zählte. Die von seinem Vater ererbte, 1890 übernommene Firma war ein weltweit führendes Textilhandelshaus an der Klosterstraße 80–81. Man nannte James Simon den „Kaiserjuden", weil er mit Wilhelm II. befreundet war und ihn in jüdischen Angelegenheiten beriet. Nobilitierung oder Orden lehnte er jedoch ab. In seiner 1886 bezogenen Tiergarten-Villa konnte man bedeutende Kunstschätze bestaunen, die durch die Freundschaft mit Wilhelm von Bode später in die öffentlichen Staatlichen Museen kamen. Die erste Stiftung mit 445 Stücken machte Simon 1904 zur Eröffnung des Kaiser-Friedrich-Museums, des jetzigen Bode-Museums, auf der Museumsinsel. Dort wurden die wertvollen Exponate in einem eigenen Kabinett zusammengefaßt, um den Charakter einer Privatsammlung zu bewahren. Beim Aufbau der Sammlung ließ sich Simon von Bode beraten. Erneut trug der Mäzen zur Weltgeltung der Preußischen Museen bei, als er sich 1918 wiederum von 351 Werken trennte, um sie in eine zweite Stiftung einzubringen. Auch die Neugründung der Deutschen Orientgesellschaft 1898 ging auf Simon zurück. Er finanzierte und organisierte 16 große Orientgrabungen in den Jahren 1901 bis 1914. 1920 schenkte er dem Ägyptischen Museum die Tel-El-Amarna-Funde, einschließlich der berühmten Nofretete. Gemeinsam mit Rudolf Virchow gründete er 1903 den Verein für Deutsche Volkskunde und schuf damit die Grundlage eines neuen Museums mit ausschließlich nationaler Sammlungsaufgabe.

Anders als viele seiner Unternehmerkollegen blieb Simon auch als assimilierter Jude seiner Religion treu. Er konvertierte nicht und wehrte sich öffentlich gegen antisemitische Hetze. Sein sozialpolitisches Engagement hielt er selbst für wichtiger als sein Mäzenatentum. 1889 gründete er zwei Volksbäder und den Kinderschutzverein im Jahre 1899. Es folgte 1903 die Gründung der Kaiserin-Friedrich-Stiftung für ärztliche Fortbildung am Robert-Koch-Platz. Bis 1932 hatte er den Vorsitz des 1901 gegründeten Hilfsvereins der deutschen Juden, der es sich zur Aufgabe machte, angesichts fortdauernder Pogrome in Osteuropa Hilfestellung zur Emigration zu leisten und die Folgen der Vertreibung zu lindern. In der Weltwirtschaftskrise zerbrach Simons Firma und fand ihr Ende 1927. Trotz drastischer Veränderung seiner wirtschaftlichen Lage setzte James Simon seine uneigennützige Tätigkeit für das Gemeinwohl fort. Ende 1932 wurde sein Nachlaß mit nur noch geringem Ertrag versteigert, denn er hatte alles Wertvolle verschenkt. In der nationalsozialistischen Zeit wurden alle Hinweise auf ihn und seine Leistungen getilgt, obwohl die Stadt ihrem größten Mäzen so viel verdankte. Trotz Fürsprache aus den Staatlichen Museen wurden seine Nachkommen deportiert.

Stauffenbergstraße 39 ❷
(ehemals Bendlerstraße)

Hier wohnte Gerson von Bleichröder (1822–1893). Er war Bankier des Kaiserhauses und finanzpolitischer Berater des Reichskanzlers Bismarck, auf dessen Vorschlag er als erster nicht getaufter Jude im Jahre 1872 geadelt wurde.

Regentenstraße 19 ❸
(jetzt Hitzigallee)

In Nachbarschaft zu James Simon bewohnte Eduard Arnhold (1849–1925) eine der von Georg Heinrich Friedrich Hitzig entworfenen vornehmen Tiergarten-Villen. Auch er war Unternehmer, Industrieller und Mäzen. Dem preußischen Staat schenkte er 1911 die Villa Massimo in Rom, die noch heute eine wichtige Institution der Künstlerförderung ist. Ebenfalls 1911 finanzierte er weitgehend die Kaiser-Wilhelm-Gesellschaft mit ihrem wissenschaftlichen Campus in Dahlem, wo im Gegensatz zu den Universitäten jüdische Wissenschaftler arbeiten konnten. Nach dem Urteil von Wilhelm von Bode gehörte Arnholds Kunstsammlung in der Regentenstraße zu den wertvollsten Privatsammlungen moderner Kunst im damaligen Deutschland. Anders als Simon richtete sich Arnholds Interesse auf die zeitgenössische, revolutionäre Kunstströmung des französischen und deutschen Impressionismus. Er sammelte Bilder von Monet, Manet, Degas, Cézanne, Böcklin und Max Liebermann. Arnhold war Mitglied des Preußischen Herrenhauses und Ehrenmitglied der Akademie der Künste.

Matthäikirchstraße 4
Von Heinz Knobloch

Hier wohnte bis zu seinem Tode am 2. Juli 1927 der „Erzvater des Berliner Kulturlebens" Julius Elias, der eine der bedeutendsten Gemäldesammlungen seiner Zeit besaß. Und zeigte. Er war, wie es in den Nachrufen hieß, wohl der erste gewesen, der Max Liebermanns Bedeutung frühzeitig erkannte und für den „kommenden Meister zu einer Zeit eintrat, als andere ihn noch schmähten".

Julius Elias, 1861 in Hoya geboren, übersetzte zusammen mit Brandes und Schlenther sämtliche Werke Ibsens in die deutsche Sprache, gab eine Ibsen-Volksausgabe heraus, übertrug Björnsons Gesammelte Werke ins Deutsche, war Mitbegründer der „Freien Bühne" und förderte zahlreiche Talente, darunter den jungen, nahebei in einer Kellerwohnung hausenden Carl Zuckmayer, der ihm das in seiner Autobiographie (1966) nicht vergaß: „Diesen Mann zu beschreiben, ist fast unmöglich, weil es niemand glauben würde." Zuckmayer hat nie wieder jemand getroffen, „in dessen Person sich diese Fülle von Temperament, Geist, Wissen, Kultur mit dieser bedingungslosen Hilfsbereitschaft, dieser feurigen Leidenschaft zum Entdecken, Stützen, Vorwärtsbringen junger Talente, dieser vollkommenen Selbstlosigkeit, Gläubigkeit, Begeisterungsfähigkeit verband. ... Und wem er nur die Hand gab, der mußte an sich selber glauben, ob er wollte oder nicht."

Elias gehörte zu den literarischen Vorkämpfern der französischen impressionistischen Malerei in Deutschland. Er stellte sie aus, übersetzte französische Lustspiele, betätigte sich als Theater- und Kunstkritiker und bis zu seinem Tode als Mäzen.

Wir lesen im Nachruf von Max Osborn in der „Vossischen Zeitung" über Julius Elias: „Das geistige Berlin hat mit ihm eine Persönlichkeit verloren, die in ihrer Art unvergleichlich war und unersetzbar bleiben wird, einen Mann von durchaus originalem Gepräge, der durch eine seltene Verbindung verschiedenartigster Interessen und Betätigungen jahrzehntelang eine ganz besondere Stellung einnahm, der zugleich Literaturhistoriker, Kritiker und Essayist, wissenschaftlicher und künstlerischer Organisator von höchst anregender Kraft war."

Wo finden wir seinesgleichen heute?

Matthäikirchstraße 21

Fanny Lewald aus Königsberg richtete um 1845 einen Berliner Salon ein, in dem der junge Fontane, der alte Varnhagen, Henriette Herz, Franz Liszt, Heinrich Heine, Gustav Freytag, Ferdinand Lassalle und viele andere Köpfe des preußischen Geisteslebens zu Gast waren. Fanny Lewald (1811–1889) war eine politisch engagierte Schriftstellerin und Vorkämpferin für bürgerliche Gleichberechtigung und die Rechte der Frauen. Entgegen elterlichem Wunsch ließ sie sich 1845 als freie Schriftstellerin in Berlin nieder.

Tiergartenstraße 4

Schon bald nach Hitlers Machtübernahme wurde deutlich, was die Nationalsozialisten unter „Volksgesundheit" und „Rassenhygiene" verstanden: die Schaffung eines homogenen „Herrenvolkes", das allen anderen Völkern geistig und körperlich überlegen sein sollte. Die Tötung von behinderten Kindern ab 1938 war nicht der erste Schritt der nationalsozialistischen „Euthanasie"-Politik, sondern hatte mit der Zwangssterilisation von „Erbkranken" und farbigen Kindern deutscher Staatsbürgerinnen begonnen. Unmittelbar nach dem deutschen Angriff auf Polen wurden in den eroberten Gebieten die Insassen von Heil- und Pflegeanstalten durch Erschießungskommandos in großer Zahl ermordet. Im Oktober 1939 ermächtigte Hitler in einem geheimen Führererlaß die „Euthanasieaktion" auf die Insassen von Heil- und Pflegeanstalten im gesamten Reichsgebiet auszudehnen. T4, Anschriftskürzel der Zentrale des Mordprogramms, Tiergartenstraße 4, war die verharmlosende Tarnbezeichnung für die Ermordung von 70.273 Menschen.

Die Massentötung von Anstaltsinsassen wurde im Lauf des Jahres 1940 bekannt und stieß in der Bevölkerung auf Ablehnung. Der Münsteraner Bischof Clemens von Galen ächtete den planmäßigen Mord am 3. August 1941 in einer Predigt und trug zur offiziellen Beendigung des T4-Programms bei. Trotzdem kam es weiter zu Tötungen, da ständig neue Gruppen von „lebensunwerten" Menschen hinzukamen. Im Nürnberger Kriegsverbrecherprozeß wurde die Zahl der „Euthanasieopfer" auf 275.000 geschätzt.

Eine Gedenkplatte neben einer Skulptur von Serra erinnert vor dem Haupteingang zur Philharmonie an die Opfer des T4-Mordprogramms.

Viktoriastraße 35

Paul Cassirer (1871–1926), Kunsthändler und Verleger, war Mitbegründer, Mitglied und Sekretär der Berliner Secession, die im Mai 1898 in Opposition zur herrschenden wilhelminischen Kunstrichtung von 65 Künstlern und Sammlern gegründet wurde. In einem ebenfalls 1898 in der Viktoriastraße 35 eingerichteten Kunstsalon und Auktionshaus, ab 1910 mit angeschlossenem Verlag, setzte er sich für den französischen Impressionismus und andere aktuelle Strömungen der bildenden Kunst ein. So stellte er u. a. die Werke des genialen expressionistischen Malers Ludwig Meidner (1884–1966) aus, der 1912 zusammen mit Jacob Steinhardt die Gruppe der Pathetiker gegründet hatte.

Potsdamer Straße 134a ❽
(jetzt Nr. 19 – im Debis-Areal)

Der Schriftsteller, Komponist, Kunstkritiker und -händler Herwarth Walden wurde 1878 in Berlin als Georg Levin geboren. Else Lasker-Schüler, die ihm seinen Künstlernamen gab, war von 1901 bis 1911 mit ihm verheiratet. In seiner ab März 1910 erscheinenden Zeitschrift „Der Sturm" förderte er die avantgardistischen Kunstströmungen seiner Zeit, gründete die Sturm-Galerie, wo wegweisende Ausstellungen der Pathetiker, Futuristen und Expressionisten gezeigt wurden (z.B. 1912 „Der Blaue Reiter"). Ein Markstein der Kunstgeschichte war die erste Chagall-Ausstellung. Die größte, umfassende Präsentation zur zeitgenössischen Kunst war der „Erste Deutsche Herbstsalon" 1913 in der Potsdamer Straße 75/Ecke Pallasstraße (heute Nr. 180).

Marc Chagall reist mit einen Stipendium im August 1910 nach Paris, lebt und arbeitet in der Künstlersiedlung „La Ruche", wo er neben vielen anderen russischen und französischen Literaten und Künstlern auch Guillaume Apollinaire kennenlernt. Chagall beteiligt sich am „Salon des Independants" im Frühjahr 1912 und 1913. Aber es gelingt ihm nicht, seine Werke zu verkaufen. Über Apollinaire lernt er den Berliner Sammler und Galeristen Herwarth Walden kennen, der ihn zur Teilnahme am „Ersten Deutschen Herbstsalon" 1913 einlädt. Mitte Mai 1914 reist Chagall zur Eröffnung seiner ersten Einzelausstellung in Waldens Galerie „Sturm" nach Berlin. Gezeigt werden 40 Gemälde, fast alle größeren Werke der Pariser Zeit, und 160 Gouachen, Aquarelle und Zeichnungen. Er hat einen Paß für drei Monate. Die Berliner Ausstellung wird zu einem großen Erfolg und begründet den Weltruhm Chagalls. Chagall schrieb dazu: „Meine Bilder blähten sich in der Potsdamer Straße, während man ganz in der Nähe Kanonen lud." Am 15. Juni fährt Chagall von Berlin nach Rußland. Der Kriegsausbruch sechs Wochen später verhindert die Rückreise nach Paris.

Herwarth Walden wurde wegen seines Einsatzes für die künstlerische Avantgarde, die den Nazis als „entartet" galt, sehr rasch zur Zielscheibe geistigen Terrors. Er mußte bereits 1932 fliehen und wählte aus Überzeugung Moskau als Exilort. Aber der undogmatische, sozialistisch orientierte Künstler und Kunstvermittler geriet in die Verfolgung durch stalinistische Kunstideologie und fiel 1941 dem sowjetischen Staatsterrorismus zum Opfer. Er starb als Gulag-Gefangener im Lager Saratow am 31. Oktober 1941.

Schöneberger Ufer 4 (vormals 26)/ ❾
Ecke Potsdamer Straße

Der Synagogenverein „Tiergarten-Synagoge e.V." kaufte noch im Jahr seiner Gründung 1875 das Eckhaus Schöneberger Ufer 26 und baute eine Synagoge für ca. 100 Mitglieder, zu denen auch Louis Liebermann, der Vater Max Liebermanns, gehörte. 1928 verkaufte der Verein das Gebäude an die Firma Loeser und Wolff, die es für den Neubau eines Geschäftshauses abriß.

Der Neubau in markanter Architektur der Neuen Sachlichkeit wurde Geschäftszentrale der bekannten Tabakfirma. Bernhard Loeser (1835–1901) eröffnete im Jahre 1865 zusammen mit Karl Wolff ein Tabakgeschäft, dem bis 1901, dem Todesjahr Loesers, allein in Berlin 65 Läden folgten. 1937 wurde der Betrieb „arisiert".

Lützowstraße 16 ❿

Eine Gedenktafel am Haus erinnert an die im September 1898 eingeweihte große liberale Synagoge mit 2.000 Sitzplätzen im Hof des Anwesens. Sie hatte eine große Orgel. Gottesdienste fanden noch bis 1940 statt, da während der Pogromnacht wegen der umstehenden Häuser kein Feuer gelegt wurde, sondern der randalierende Mob sich mit dem Demolieren des Inneren begnügen mußte.

Im Vorderhaus lagen Räume einer Religionsschule, eines Lehrerseminars (1934–1938), einer Zweigstelle des Wohlfahrts- und Jugendfürsorgeamtes der Jüdischen Gemeinde und des Vereins zur Gründung und Erhaltung einer Akademie für die Wissenschaft des Judentums. Der Gebäudekomplex wurde im Bombenkrieg schwer beschädigt; die Überreste wurden 1954 abgetragen. Eine kleinere sephardische Synagoge befand sich schräg gegenüber Lützowstraße 111.

Lützowstraße 76 ⓫

Der Blüthner- und der Feurichsaal, repräsentativ ausgestaltete Konzert- und Vorführräume der Klavierfabriken, wurden in den 20er Jahren von der Jüdischen Gemeinde für zusätzliche Gottesdienste an den Hohen Feiertagen angemietet, da die Sitzplatzkapazität in den Synagogen die Nachfrage nicht decken konnte.

Potsdamer Straße 73 (vormals 115a)

Selbstverfaßte Anzeige von Joseph Roth: „Jüngerer Schriftsteller ist, der Gegenwart entsprechend, nicht in der Lage, die abnorm hohen Preise zu bezahlen, die für ein Zimmer mit Niveau verlangt werden. Der Suchende zahlt das Erforderliche pünktlich und bietet Gewähr für tadellose Umgangsformen, Ordnung und Geist."

„Kein Ostjude geht freiwillig nach Berlin", notierte er in „Juden auf Wanderschaft".

Joseph Roth, mehr in Hotels beherbergt als in einer eigenen Wohnung, mietete 1922 nach seiner Heirat hier mit Friederike (Friedl) Reichler eine möblierte Wohnung – es sollte die einzige feste Unterkunft sein, die Roth je besaß, der einzige Versuch, seinem Wanderleben einen bürgerlichen Anschein zu geben. Sein Verleger Gustav Kiepenheuer: „Für kurze Zeit hatte er einmal eine Wohnung gemietet, und ich sah ihn in einem düsteren, riesigen Berliner Zimmer, die Hände in den Manteltaschen, wie in einem Wartesaal auf und abgehen, als laure er auf das Abfahrtszeichen seines Zuges." Roth schrieb seinen ersten Roman „Das Spinnennetz". Später lebte er wieder in Hotels, deren Atmosphäre der Anonymität, Unverbindlichkeit und zufälligen Begegnungen seinem Lebensstil weit mehr entsprach, in Berlin bevorzugt im Hotel am Zoo. Am liebsten schrieb er in Kaffeehäusern, z.B. in Mampes Guter Stube am Kurfürstendamm den „Radetzkymarsch". Hier vermerkte er 1932: „Es ist Zeit für uns, wegzugehen. Sie werden unsere Bücher verbrennen und uns damit meinen." Er verließ die Stadt am 30.1.1933 vor Ernennung Hitlers zum Reichskanzler und emigrierte nach Paris.

Kurfürstenstraße 154

Am 15. Juli 1892 wurde der älteste Sohn des Bankkaufmanns und späteren Antiquitätenhändlers Emil Benjamin und seiner Frau Pauline Schönflies geboren und zunächst unter dem Namen Walter Bendix Schönflies ins Geburtsregister eingetragen. Später zog die Familie in die Nettelbeckstraße 24, die heute „An der Urania" heißt, und in die Carmerstraße.

Walter Benjamins dieses Jahrhundert beschreibende These IX über den Begriff der Geschichte, die er eine „Konstruktion aus der Jetztzeit" nennt:

„Es gibt ein Bild von Klee, das Angelus Novus heißt. Ein Engel ist darauf dargestellt, der aussieht, als wäre er im Begriff, sich von etwas zu entfernen, worauf er starrt. Seine Augen sind aufgerissen, sein Mund steht offen und seine Flügel sind ausgespannt. Der Engel der Geschichte muß so aussehen. Er hat das Antlitz der Vergangenheit zugewendet. Wo eine Kette von Begebenheiten vor uns erscheint, da sieht er eine einzige Katastrophe, die unablässig Trümmer häuft und sie ihm vor die Füße schleudert. Er möchte wohl verweilen, die Toten wecken und das Zerschlagene zusammenfügen. Aber ein Sturm weht vom Paradiese her, der sich in seinen Flügeln verfangen hat und so stark ist, daß der Engel sie nicht mehr schließen kann. Dieser Sturm treibt ihn unaufhaltsam in die Zukunft, der er den Rücken kehrt, während der Trümmerhaufen vor ihm zum Himmel wächst. Das, was wir Fortschritt nennen, ist dieser Sturm."

Walter Benjamin wählte nach seiner gescheiterten Flucht aus Frankreich den Freitod in Port Bou am 27.9.1940.

Potsdamer Straße 52 (jetzt Nr. 130)
Von Heinz Knobloch

Es ist die alte Potsdamer Straße, in der Max Ring bis zu seinem Tode am 28. März 1901 wohnte. Geboren wurde er in Zauditz, Kreis Ratibor, Schlesien, am 4. August 1817 als Sohn eines Landwirts und kam nach guter Vorbildung zur Universität Breslau und 1838 nach Berlin, wo er 1840 sein Doktorexamen der Medizin machte. Sein poetisches Talent brachte ihn hier mit vormärzlichen Kreisen in Berührung; Bettina von Arnim beeinflußte seine geistige Entwicklung.

Ring wollte sich in Berlin als Privatdozent habilitieren, aber der Tod seines Vaters nötigte ihn, sich als praktischer Arzt in Pleß niederzulassen, wo er sich um die Stelle eines Hof- und Leibarztes bewarb. Der Fürst von Pleß aber hatte mehr Zutrauen „zu einem alten Schäfer als zu einem so jungen Arzt". Rings Antwort: „Hoheit haben ganz Recht, wenn es sich nicht um kranke Menschen, sondern um Schafe handelt." Folglich behandelte Ring künftig einfache Menschen; er war 1841 Arzt in Gleiwitz, wo er sich während der Typhusepidemie (1847) bewährte, praktizierte dann in Breslau und wohnte seit 1850 in Berlin, wo er 1856 heiratete und 1862 seine medizinische Praxis aufgab, um „ungestört seinen Beruf als Schriftsteller zu leben", wie er später schrieb.

Max Ring wurde Theaterkritiker, verfaßte Lustspiele und Romane, Dramen, Gedichte und Humoresken. An die hundert heute vergessene Werke, lauter Kulturstudien, Stadtgeschichten, Zeitungsaufsätze, manch „scharfe Beobachtung des menschlichen Lebens". Er war ein Kenner der Geschichte, ihrer Personen und Bauten. 1890 wurde er wegen seiner literarischen Verdienste zum Professor ernannt.

Er liegt begraben auf dem Jüdischen Friedhof in der Schönhauser Allee. Am Wegrand links in der Abteilung A, wenn man geradeaus will zu Max Liebermann. Die schwarzen Grabplatten von Max Ring und seiner Frau Elvira liegen schräg, sind nicht umzukippen, sind fast unschändbar, was uns an Voraussicht denken läßt, was jüdische Friedhöfe angeht in Deutschland.

Wer weiß, warum gerade Max Ring 1861 auf das Grab des Heinrich von Kleist eine Marmorplatte setzen ließ? Oben die Lebensdaten und darunter die Zeilen:

> *Er lebte, sang und litt*
> *in trüber schwerer Zeit*
> *er suchte hier den Tod*
> *und fand Unsterblichkeit.*

Darunter steht „Matth. 6 v. 12". Das ist der Bibelspruch: „Und vergib uns unsere Schuld, wie wir vergeben unseren Schuldigern."

Wenn es damit getan wäre.

Zur 125. Wiederkehr des Todestages wurde das Kleistgrab – von seiner Todesgefährtin Henriette Vogel ist bis heute dort nicht die Rede – umgestaltet. 1936 brauchten die neuen Machthaber einen neuen Kleist.

In der Moskauer Emigration schrieb Johannes R. Becher damals im Sonett „Kleist im dritten Reich": „Er hätt nicht sich, ihr hättet ihn erschossen." Daran ist etwas Wahres. Denn zumindest mußte die Platte aus weißem Marmor daran glauben. Es hatte sich nämlich herausgestellt: Die Verse stimmten nicht mehr. Sie stammten nämlich von dem jüdischen Arzt und Schriftsteller Max Ring.

Der neue, bis heute gültige Grabstein mit neuer Inschrift verzichtete auch auf das Bibelwort. Es hätte wohl zu anzüglich geklungen.

Wohlbehalten und gut verwahrt liegt die von Max Ring für Kleist gestiftete Marmorplatte im Magazin des Märkischen Museums. Man könnte sie an Kleists letztem Wohnhaus anbringen, in der Mauerstraße, am Nachfolgegebäude. Oder am Strausberger Platz, wo Kohlhaas sein Ende fand – allein deswegen, weil ein jüdischer Kohlhaas wie Max Ring für einen deutschen Dichter eine Grabtafel beschriften zu dürfen sich berechtigt wagte – an geeigneter Stelle, wo viele Menschen sie beim Vorübergehen lesen müssen, müßte eine Tafel zu sehen sein. Aber nicht ohne genaue Erläuterung der Umstände. Der Ring muß geschlossen werden.

Nelly-Sachs-Park

Der zwischen Kurfürsten- und Bülowstraße gelegene Park nahe dem Gleisdreieck trägt nachweislich einer an einem Findling befestigten Tafel den Namen der am 10. Dezember 1891 in Berlin geborenen Lyrikerin. Nelly Sachs, die 1940 zusammen mit ihrer Mutter nach Stockholm emigrieren konnte, erhielt 1966 den Literaturnobelpreis. „In den Wohnungen des Todes", 1943/44 im Stockholmer Exil geschrieben, war der Beginn der literarischen Auseinandersetzung mit der Shoa, die ihr Werk wesentlich prägte. Sie erhielt 1965 den Friedenspreis des Deutschen Buchhandels und wurde am 14. Juli 1967 Ehrenbürgerin der Stadt Berlin. Sie starb am 12. Mai 1970 in Stockholm.

Nollendorfplatz 1

Lesser Ury, 1861 in Birnbaum (Miedzychod) bei Posen geboren, kam 1873 nach Berlin, wohnte ab 1888 bis zu seinem Tode am 18. Oktober 1931 am Nollendorfplatz wie ein Einsiedler. Er zählt zu den führenden deutschen Impressionisten und ist der Maler und Chronist des untergegangenen Berlins, der alten Hauptstadt vor den beiden Weltkriegen. Seine Motive sind die Hektik der Großstadt ebenso wie die Ruhe der Landschaft, die sie umgibt. Man nannte ihn „den stolzen Juden", denn er lebte ein bewußtes Judentum, was sich auch in vielen großformatigen Bildern mit biblischen Themen niederschlug. Er war Sonderling, Außenseiter, unangepaßt und dem Leben entfremdet, ein Einzelgänger, verkannt und mißachtet. Er fiel in Verbitterung und Resignation, wurde grüblerisch und exzentrisch, weil seine Laufbahn durch eine unglückliche Kontroverse mit Max Liebermann blockiert war und er an der Gründung der Berliner Secession 1898 nicht beteiligt wurde, obwohl er eigentlich dazugehörte. Erst 1915 wurde er Ehrenmitglied der Secession und damit rehabilitiert. Wie Max Liebermann war er ein von der Pariser Moderne inspirierter Erneuerer der deutschen Malerei. Die geistige Zerstörung dieses Aufbruchs und den Rückfall in die Barbarei mußte er wie Liebermann nicht mehr selbst erleben. Kurz nach seinem Tode zeigte die Nationalgalerie erstmals seine Bilder. Seine Bedeutung wird zunehmend deutlicher erkannt.

Nollendorfplatz 5

Im Theater am Nollendorfplatz, untrennbar mit den Namen Erwin Piscators und Alexander Granachs verbunden, kamen 1927 Ernst Tollers Revue „Hoppla, wir leben!" und 1929 Walter Mehrings „Der Kaufmann von Berlin" zur Uraufführung.

Mehring schuf eine Theaterparabel vom Ostjuden Chaim Kaftan aus dem Scheunenviertel-Milieu. Ihn schwemmt der Strudel der Wirtschaftskrise nach oben und bald wieder in die Tiefe des Elends. Kerr schrieb: „Grandios-vielfältiges, wirr-dunkles Bild aus der Zeit des Gelduntergangs."

Walter Mehring, 1896 in Berlin, Derfflingerstraße 3, geboren, 1981 in Zürich im Hotel gestorben, war Mitbegründer des Berliner Dada und wirkte im Umkreis der Sturm-Galerie. Er schrieb Gedichte und arbeitete für das Kabarett. Nach dem Kriege machte Walter Mehring mehrere Versuche, in seine Heimatstadt zurückzukehren und das Exil zu beenden. Es gelang im nicht, wieder Fuß zu fassen. Und es wurde auch wenig dafür getan, ihn in Berlin zu halten. Enttäuscht kehrte er am Ende in sein Züricher Hotelzimmer zurück.

Maaßenstraße 12

Am 21. April 1975 wurde an ihrem Geburtshaus eine Gedenktafel für die am 10. Dezember 1891 geborene, 1970 im Exil verstorbene Nelly Sachs, Ehrenbürgerin Berlins und Literaturnobelpreisträgerin, angebracht.

Motzstraße 7

Anläßlich des 300jährigen Bestehens der Berliner Jüdischen Gemeinde ließ das Bezirksamt Schöneberg im September 1971 eine Gedenktafel für Else Lasker-Schüler anbringen, die im vormaligen Hotel „Koschel", das die Hausnummer 78 trug, von 1924 bis zu ihrer Emigration im April 1933 in einem bescheidenen Hofzimmer lebte. Else war 1894 nach Berlin gekommen und lebte zunächst mit Herwarth Walden, mit dem sie von 1901 bis 1911 verheiratet war. Sie floh 1933, nachdem sie von einem SA-Trupp überfallen worden war.

Eine weitere Gedenktafel befindet sich Katharinenstraße 5 in Wilmersdorf am oberen Kurfürstendamm.

Kurfürstenstraße 116

Bis zu ihrem Abriß in den 60er Jahren standen an der Stelle des Hotels „Sylter Hof" die Ruinen des Gebäudes, in dem das von Adolf Eichmann geleitete „Judenreferat" IV B 4, eine Außenstelle des Reichssicherheitshauptamtes, untergebracht war. Hier wurde der millionenfache Mord an den Menschen jüdischer Herkunft in ganz Europa organisiert. Das Reichssicherheitshauptamt war ab 1939 die gefürchtetste Terrorbehörde Europas. Ihren Hauptsitz hatte sie in der ehemaligen Prinz-Albrecht-Straße 8 auf dem Gelände der „Topographie des Terrors".

Kurfürstenstraße 99a (21)
(aufgegangen im Eden-Apartmenthaus)
Von Heinz Knobloch

Hier wohnte noch vor 1939 „bei E. Ch. Jacobsohn" Dr. Arthur Nicolaier, außerordentlicher Professor für Innere Medizin an der Berliner Universität – mit Datum vom 14. September 1933 hatte sie ihm die Lehrbefugnis entzogen. 1901 war er hier „ohne Referat und ohne Colloquium" als Privatdozent angenommen worden. Nicolaier ist der Entdecker des Tetanuserregers.

Am 4. Februar 1862 in Cosel (Oberschlesien) geboren, veröffentlichte Nicolaier bereits als 22jähriger Student in Göttingen seine entscheidenden Experimente. Ungewöhnlich umfangreiche Versuche, die er 1885 in seiner Dissertation vorstellte: „...ist es als erwiesen anzusehen, daß Bacillen existieren, welche bei Mäusen, Kaninchen und Meerschweinchen in tiefere Wunden gelangend tödlichen Tetanus hervorrufen", den Wundstarrkrampf. Schon im Altertum erwähnt, ohne daß seine Ursache bekannt gewesen wäre.

Der als Arzt praktizierende Gelehrte führte zur Behandlung erkrankter Harnwege das Urotropin ein, das auch bei Gicht und Rheumatismus günstige Wirkung zeigte. Mochmann/ Köhler nennen Arthur Nicolaier in ihrem „Meilensteine der Bakteriologie" einen bedeutenden Kliniker.

Auf der für ihn angelegten Karteikarte zur Deportation ist der Altentransport nach Theresienstadt vermerkt: XXIX/15860. Als Todesdatum: 28. August 1942. Davor steht „Sm", die Abkürzung der Gestapo für Selbstmord. Der Achtzigjährige hat seine letzte Reise selbst bestimmt und angetreten. Sein Grab, falls es eines gibt, blieb unbekannt.

Katharina-Heinroth-Ufer (22)
Lichtensteinbrücke über den
Landwehrkanal am Zoologischen Garten
nahe dem Neuen See

Am Abend des 15. Januar 1919 entführte eine Wilmersdorfer „Bürgerwehr" Dr. Rosa Luxemburg aus ihrer Wohnung in der Mannheimer Straße und brachte sie ins Hotel Eden, Budapester-/Kurfürstenstraße. Rosa Luxemburg wurde bei ihrer Ankunft im Hotel verhöhnt und mißhandelt. Mit Gewehrkolbenhieben wurde sie fast bewußtlos geschlagen, in ein Auto geworfen, um angeblich in ein Untersuchungsgefängnis gebracht zu werden. Auf der Fahrt wurde sie erschossen. An der Lichtensteinbrücke, wo in der Nacht des 15. Januar 1919 ihr Leichnam in den Landwehrkanal geworfen wurde, erinnert ein 1987 von Ralf Schüler und Ursulina Schüler-Witte entworfenes Mahnmal an den Mord. Erst am 13. November 1986 hatte das Abgeordnetenhaus von Berlin/West nach kontroverser Debatte beschlossen, ein Memorial für die Sozialistin zu errichten. Eine zuvor an der Corneliusbrücke angebrachte Gedenktafel war immer wieder zerstört oder beseitigt worden.

Kapitel 13
Fasanenstraße – Wittenbergplatz

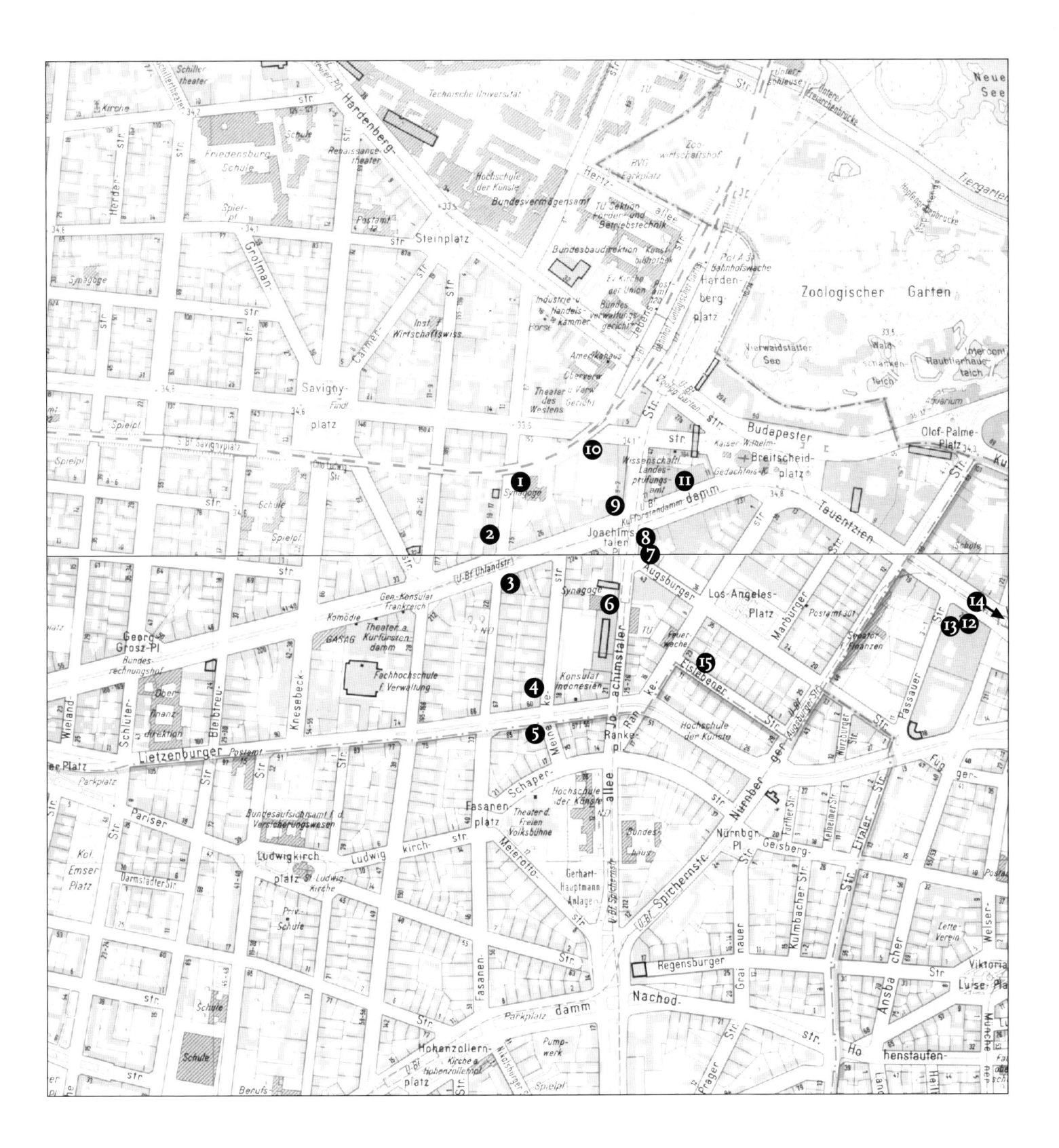

Fasanenstraße 79–80
Jüdisches Gemeindehaus

Am 26. August 1912 wurde die monumentale, nach Entwürfen des Architekten Ehrenfried Hessel erbaute und aufwendig ausgestattete Synagoge eingeweiht. In der Pogromnacht vom 9.11.1938 wurde das Gotteshaus schwer beschädigt, während des Weltkrieges durch Bomben weiter zerstört und schließlich die riesige Ruine 1957/58 gesprengt. Nach Entwürfen der Architekten Knoblauch und Heise ließ die Jüdische Gemeinde an dieser Stelle ihr neues Gemeindezentrum bauen, das am 27. September 1959 eingeweiht werden konnte. Prägend für den Neubau sind Fassadenteile der ehemaligen Synagoge, im Hof ein Tempelrest aus Muschelkalk mit der Inschrift „Du sollst deinen Nächsten lieben wie dich selbst" (3. Moses 19,18).

Auf dem Vorplatz steht ein Mahnmal von Richard Heß von 1987, eine stilisierte beschädigte Tora-Rolle mit hebräischer und deutscher Inschrift: „Ein Gesetz sei für den Bürger und den Fremden, der mit euch ist."

Das Haus beherbergt neben einem auch als Synagoge nutzbaren Mehrzwecksaal mit 600 Sitzplätzen noch die Gemeindebibliothek mit 60.000 Bänden, die Jüdische Volkshochschule, das koschere Restaurant „Arche Noah", eine kleine Ausstellung von Judaica und eine Büste Moses Mendelssohns im Eingangsfoyer.

Im Inneren befindet sich eine künstlerisch gestaltete Gedenkwand. Sie erinnert an die während der Nazizeit Ermordeten und die 60.000 jüdischen Berliner Opfer der Shoa. Alljährlich wird hier des Aufstandes im Warschauer Ghetto und des Pogroms vom November 1938 gedacht.

Heinz Galinski, Ehrenbürger Berlins, hatte seit der Eröffnung des Hauses 1959 hier sein Büro: Von hier aus leitete er die Gemeinde; und er warnte unermüdlich vor jeder Form des Neonazismus und Antisemitismus.

Gedenktafeln erinnern an Walter Rathenau, den am 24.6.1922 ermordeten Außenminister der Weimarer Republik, an Recha Freier, die 1932 eine Organisation zur Förderung der Jugendeinwanderung nach Palästina gründete, an Heinrich Stahl, den Vorsitzenden der jüdischen Gemeinde 1933 bis zu seiner Deportation 1942, an Otto Hirsch, einen liberalen Politiker, der als Vorsitzender des „Centralvereins deutscher Staatsbürger jüdischen Glaubens" den „Abwehrkampf" gegen den Antisemitismus in der Weimarer Republik leitete und dann auch in schwerer Zeit führende Persönlichkeit der „Reichsvertretung der deutschen Juden" war. Er wurde mehrfach von den Nationalsozialisten verhaftet und schließlich am 19. Juni 1941 im Konzentrationslager Mauthausen ermordet.

Weitere Gedenktafeln erinnern an den weltberühmten Tenor Richard Tauber (1891–1948), der seit 1919 u.a. an der Berliner Staatsoper wirkte, an Josef Schmidt, den am 4. März 1904 in Rumänien geborenen lyrischen Tenor, der in Berlin Gesang studiert hatte und aufgrund seiner geringen Körpergröße niemals auf einer Opernbühne auftrat. Weltweit populär wurde er durch Rundfunk- und Schallplattenaufnahmen sowie durch Filme: „Ein Lied geht um die Welt". Er starb 1942 in einem Schweizer Internierungslager.

Kurfürstendamm 27/ ❷
Fasanenstraße 27
Bristol Hotel Kempinski

Es begann mit einer Weinhandlung in der Friedrichstraße 178. Das 1889 erworbene Stammhaus Leipziger Straße 25 wurde 1906/07 zu einem gewaltigen Komplex erweitert und luxuriös ausgestattet. Hinzu kam 1912 ein Delikatessengeschäft Krausen-/ Ecke Friedrichstraße und 1913 das Weinlager Friedrichstraße 225. Im Jahre 1926 eröffnete der 1843 geborene Berthold Kempinski ein Restaurant an der Kreuzung Fasanenstraße/Kurfürstendamm. Auch das riesige „Haus Vaterland" am Potsdamer Platz mit seinen ganz unterschiedlich gestalteten Lokalen war seit 1930 gewissermaßen eine „Erfindung" Kempinskis, dessen Erfolg darauf beruhte, „kleinen" Leuten gediegenen, bezahlbaren Luxus zu bieten. Schon 1931 war Kempinski Ziel terroristischer Angriffe der Nazihorden. Es wurden Warntafeln aufgestellt, dies sei ein jüdisches Geschäft.

In der Nazizeit wurde das Unternehmen „arisiert". Einer der Arisierer war Festredner bei der Wiedereröffnung des nach Kriegszerstörung wiederaufgebauten Hotels. Zahlreiche Angehörige der Familie Kempinski wurden verschleppt und ermordet oder mußten emigrieren. Ihrem Gedächtnis ist eine Tafel gewidmet, die im Juni 1994 an der Fassade des Hotels angebracht wurde, jedoch nicht die Zustimmung der noch lebenden Familienangehörigen findet und in drei Meter Höhe kaum lesbar ist, eine Art Alibi. Noch immer führt der arisierte Kempinski-Konzern – statt des ursprünglichen, dem Davidstern ähnlichen Sterns – die sogenannte Nazi-Traube von 1936 am K-förmigen Turm im Firmenlogo. Erst jetzt, nach Beschwerden der Nachfahren, soll das alte Symbol ab 1996 wieder verwendet werden.

Kurfürstendamm 217 ❸

Joseph Joachim (28. 6. 1831 – 15. 8. 1907) gilt als der bedeutendste Geiger und Violinpädagoge seiner Zeit. Im Alter von 12 Jahren wurde er Schüler am Leipziger Konservatorium, das im April 1843 von Felix Mendelssohn Bartholdy zusammen mit Robert Schumann gegründet worden war. Ihn verband Freundschaft mit Schumann, Brahms und Hans von Bülow. Aus politischen Gründen wechselte er 1866 von Hannover nach Berlin, wo ihm die Leitung der neugegründeten Königlichen „Lehranstalt für Ausübende Tonkunst" übertragen wurde. Weltberühmt wurden die Quartettabende in der Singakademie von 1869 bis 1907. Durch Joachims Tätigkeit gewann die seit 1869 der Akademie der Künste angegliederte Königliche Hochschule für Musik in den 70er und 80er Jahren rasch internationale Geltung. Joachim komponierte selbst und regte seinen Freund und Kollegen Max Bruch (1838–1920) zur Komposition des „Kol Nidrei", Adagio nach hebräischen Melodien für Cello, Harfe und Orchester (1881), an.

Im selben Hause, im heutigen Astor-Kino, bestand ab 1920 Rudolf Nelsons erste Bühne, ehe er zum „Palmenhaus" Kurfürstendamm 193–194 zog.

Meinekestraße 10 ❹

Eine Gedenktafel erinnert an die Geschichte des Hauses, in dem sich zwischen 1924 und 1938 das Hauptbüro der zionistischen Bewegung in Deutschland befand. Hier hatten die 1897 gegründete „Zionistische Vereinigung für Deutschland", die Berliner Zionistische Vereinigung, der Jüdische Nationalfonds und das „Palästina-Amt", das bis zu seiner Schließung 1941 50.000 Menschen zur Emigration verhalf, ferner die „Jüdische Rundschau", die Sportvereine „Makkabi" und „Bar-Kochba-Hakoah" ihre Büros.

Meinekestraße 12 ❺

Wohnung des Theaterkritikers und Bühnenautors (u. a. „Das Weiße Rößl") Dr. Oskar Blumenthal, Besitzer und Leiter des untergegangenen Lessingtheaters am Friedrich-Karl-Ufer 1, gegenüber dem Reichstag am Spreebogen.

Joachimstaler Straße 13 ❻

Ehemaliges Haus der jüdischen Loge Bne Briss. Seit 1933 wurde hier die Joseph-Lehmann-Schule der Jüdischen Reformgemeinde untergebracht, deren letzte Zöglinge 1942 deportiert wurden. Ab 1939 zugleich VIII. Volksschule der Jüdischen Gemeinde.

Der als Turnhalle benutzte große Logensaal im Hof ist heute die orthodoxe Synagoge der Jüdischen Gemeinde. Der orthodoxe Rabbiner David Weisz wirkte hier von 1961 bis zu seiner Pensionierung 1995. Neben den obligatorischen Sabbat- und Feiertagsgottesdiensten werden auch tägliche Morgen- und Abendgottesdienste abgehalten. Die Mikwe (Ritualbad) im Souterrain holt das Grundwasser mit einer Pumpe aus 40 m Tiefe.

In der Zeit der Teilung der Stadt waren hier alle Funktionen der Hauptverwaltung der Jüdischen Gemeinde – mit Ausnahme des Vorstandsbüros im Gemeindehaus Fasanenstraße – untergebracht. Die Jüdische Allgemeine Wochenzeitung unterhielt hier ihr Berliner Büro, bis sie in das Haus des Zentralrats in der Oranienburger Straße 31 umzog. Weitere jüdische Organisationen: der Jüdische Nationalfonds (Keren Kajemet Lejisrael e.V.), die Zionistische Organisation Deutschlands (ZOD), die Women's International Zionist Organisation (WIZO) und die Jüdische Jugendgruppe.

Augsburger Straße 48 ❼
(Hintereingang zum Ku'damm-Eck)

In Nachbarschaft zu Busoni (Nr. 55) wohnte von 1901 bis 1903 Arnold Schönberg, als er als Musiker zum ersten Male nach Berlin kam und in Ernst von Wolzogens Kabarett „Überbrettl" (im „Bunten Theater" Köpenikker Straße) arbeitete.

Kurfürstendamm 227 ❽

Bis Ende der 60er Jahre stand an der Kreuzung Kurfürstendamm/Joachimstaler Straße die Ruine des berühmten Wäsche- und Leinenhauses F. V. Grünfeld, das von der Familie Heinrich Grünfeld in drei Generationen zur führenden Firma der Branche aufgebaut worden war (Stammhaus Leipziger Straße 19–22). 1938 wurde der letzte Firmeninhaber zur Aufgabe des Unternehmens gezwungen, das die „arische" Firma Max Kühl (jetzt Ku'damm Nr. 26a) übernahm.

Kurfürstendamm 18–19 ❾
Kranzler-Eck

An der Stelle des heutigen Café Kranzler befand sich das legendäre „Café des Westens", im Volksmund als „Café Größenwahn" bezeichnet, Treffpunkt der künstlerischen Avantgarde vor dem Ersten Weltkrieg.

Kantstraße 158 ❿
(Autoreparaturwerkstatt und Parkhaus hinter Bilka)

Für das Haus Kantstraße 158 gab es einen gedruckten Wegweiser unter der Überschrift „Ein jüdisches Haus". Tatsächlich hatten hier wichtige jüdische Organisationen ihre Büros: bis 1933 der Preußische Landesverband Jüdischer Gemeinden, nach 1933 die Reichsvertretung deutscher Juden, die 1935 ihren Namen ändern mußte in „Reichsvertretung der Juden in Deutschland", da den Nationalsozialisten der Begriff „deutsche Juden" gegen ihr arisches Sprachgefühl verstieß. Im Februar 1939 mußte der Name erneut geändert werden: 3.250 jüdische Gemeinden und Organisationen wurden nun zwangsweise in die „RV" eingegliedert. Leo Baeck, seit 1912 Rabbiner in Berlin, gehörte neben Ministerialrat a. D. Otto Hirsch zu den führenden Persönlichkeiten in der als RV abgekürzten jüdischen Interessenvertretung im „Dritten Reich". Ferner hatten u. a. ihren Sitz in der Kantstraße: die Zentralwohlfahrtsstelle der deutschen Juden, der Jüdische Frauenbund (JFB), die Kinder- und Jugendalija. Im Juni 1943 wurden die Räume von der Gestapo geschlossen, die letzten Mitglieder nach Theresienstadt deportiert; Dr. Leo Baeck überlebte als einziger im englischen Exil. In Theresienstadt befreit, emigrierte er nach London.

Am 6. Mai 1945 fand der Schilderung von Bruno Blau zufolge in Anwesenheit des die sowjetischen Truppen begleitenden polnischen Oberrabbiners Kahane der erste jüdische Gottesdienst nach der Befreiung Berlins statt.

Kurfürstendamm 14–15 ⑪

Gedenktafel für Joseph Roth: Mampes Gute Stube war das Lieblingslokal des österreichischen Romanciers Joseph Roth (1894–1939), der an „seinem" Tisch den 1932 erschienenen Roman „Radetzkymarsch" schrieb, eine Hommage an die untergegangene K. u. K.-Monarchie. Hier war der Treffpunkt für einen Kreis Intellektueller, zu denen der Essayist Ludwig Marcuse (Berlin 1884 – München 1971), Roths Verleger Gustav Kiepenheuer (1880–1949), der Arzt und Schriftsteller Ernst Weiß (1884–1940) und der Schriftsteller Hermann Kesten (geb. 1900) gehörten. Joseph Roth ahnte schon 1932: „Es ist Zeit für uns, wegzugehen. Sie werden unsere Bücher verbrennen und uns damit meinen", geschrieben in Mampes Guter Stube. Er emigrierte am 30. 1. 1933 nach Paris.

Tauentzienstraße 21–24 ⑫

KaDeWe, Hertie, Wertheim – drei Firmennamen, die bis heute existieren und Kunde geben von der großen wirtschaftlichen, sozialen und kulturellen Bedeutung jüdischer Kaufhausgründungen. „Es gibt vier Herrscher Berlins, ungekrönte Kaiser, deren gestrenges Regiment nichtsdestoweniger aber allenthalben anerkannt wird und deren Regierungserlasse und Aufrufe an das Volk nur im besten Sinne zu Diskussionen Anlaß geben. Diese ungekrönten Herren sind die Warenhäuser, sind Wertheim, Tietz, Jandorf und das KaDeWe" (Leo Colze 1908).

Adolf Jandorf (1870–1932) war der Pionier. Er reiste 20jährig nach Amerika, um moderne Verkaufsmethoden zu studieren. Er griff Ende der 90er Jahre die aus den USA stammenden Ideen auf, die das Berliner Markthallenkonzept durch neue Formen des Warenangebots und des Versandhandels ersetzten. Binnen weniger Jahre entstanden Konsumpaläste größten Ausmaßes, von großer Prachtentfaltung und in wegweisender moderner Architektur. Neue Werbestrategien wurden entwickelt.

Das 1907 von Adolf Jandorf gegründete Kaufhaus des Westens, nach amerikanischer Manier abgekürzt KaDeWe, hatte zunächst 24.000 Quadratmeter Verkaufsfläche. Der Konsumtempel bot buchstäblich alles: von der Stecknadel bis zum Modellkleid, vom Kochtopf bis zum Kaviar. 1926 zog sich Jandorf aus dem Geschäftsleben zurück und verkaufte das KaDeWe an den Konzern von Hermann Tietz, ebenso seine früheren Gründungen, das „Hamburger Engros-Lager" am Spittelmarkt, die Warenhäuser an der Brunnenstraße und am Kottbusser Damm 1–3. Am 21. Januar 1932 starb Jandorf an einer Blinddarmentzündung. Ob seine zweite Frau und sein Sohn die Nazizeit überlebten, ist unbekannt.

Hermann Tietz (1837–1907) lernte wie Jandorf in den USA die neuen Verkaufs- und Angebotsmethoden kennen, übertrug sie nach Deutschland. Sein erstes Geschäft gründete er gemeinsam mit dem Neffen Oskar Tietz 1896 in Gera. Vor dem ersten Weltkrieg schufen sie große Kaufhauspaläste in Berlin, den größten in der Leipziger Straße 46–49, einen Prachtbau mit gläserner Fassade, gekrönt von allegorischen Figuren und einem mächtigen Globus hoch über den schloßartigen Portalen, mit tempelartiger Innenarchitektur, Lichthöfen und Brunnen. Der Konzern von Hermann Tietz hieß seit der „Arisierung" Hertie.

Der Kaufhauskonzern Wertheim entstand am Kreuzberger Moritzplatz und entwickelte als dritte Dynastie von Kaufhauskönigen die Einkaufspaläste an der Sophienstraße, Königstraße und am Leipziger Platz.

Passauer Straße 2 ⑬

An die Stelle einer 1905 eingerichteten Privatsynagoge mit Religionsschule des Synagogenvereins Westen, zerstört 1938, ist das Parkhaus des KaDeWe getreten. Eine erinnernde Gedenktafel ist im Bauboom verschwunden.

Wittenbergplatz ⑭

Die Namen der Vernichtungslager auf einer nüchternen, hochaufragenden Hinweistafel (gleichlautend auch auf dem Kaiser-Friedrich-Platz): Auschwitz, Stutthof, Maidanek, Treblinka, Theresienstadt, Buchenwald, Dachau, Sachsenhausen, Ravensbrück, Bergen-Belsen, Trostenez, Flossenbürg – „Orte des Schreckens, die wir niemals vergessen dürfen". Es gab weit mehr, als hier wie auf einem Verkehrsschild verzeichnet sind.

Eislebener Straße 9
Von Heinz Knobloch

Hier wohnte, Parterre links, in der Dreizimmerwohnung ihrer Schwester Katharina Finder, Helene Herrmann mit ihrem Mann, dem Universitätsprofessor Max Herrmann. Ihre Möbel waren bei einem Spediteur eingestellt. Es war die letzte Station vor ihrer Deportation.

Herrmanns Vater Louis war als Junge um 1848 eingewandert nach Berlin, das er sich so einverleibte, das ihn so formte, daß er Berliner Theaterstücke schreiben konnte, Possen und Lustspiele, Couplets und Witze. Louis hatte das angesehene Joachimsthalsche Gymnasium besucht, war Buchhändler geworden, dann Dramaturg am beliebten Wallner-Theater. Das Gebäude steht nicht mehr. Nur im Archiv verkünden Theaterzettel die Titel der Stücke von Louis Herrmann: „Der Damenschneider", „Unser Doktor" oder „König Krause", der war eine Übertragung der shakespearschen Töchtertragödie auf kleinbürgerliche Berliner Familienverhältnisse. Übriggeblieben sind nur Sätze aus Rezensionen: „Er hat einem ganzen Geschlecht von Komikern und Soubretten die zündkräftigsten Couplets geliefert"; er trug sie auch selber vor. Zehntausend Versrätsel hat Louis Herrmann als Redakteur verfaßt; einmal kam er wegen eines politischen Witzes vor Gericht. Als er 1915 starb, betrauerten die Zeitungen mit ihm das Aussterben „des guten Altberliner Geistes".

Sein Sohn Max Herrmann ist der Begründer der Berliner Theaterwissenschaft. Zwanzig Jahre war er Vorsitzender der „Gesellschaft für deutsche Literatur" und begründete die Sammlung „Bibliothek deutscher Privat- und Manuskriptdrucke". 1930 war Herrmann, spät genug, Ordinarius seines 1923 von ihm begründeten Instituts geworden. Dann kam 1933. Am 1. Mai – wenige Tage vor der Bücherverbrennung – schrieb Max Herrmann an das Preußische Kultusministerium und bat, „mich freundlichst noch auf kurze Zeit zu beurlauben, so lange nämlich wie in der Universität die von der deutschen Studentenschaft erlassene Erklärung ‚Wider den undeutschen Geist' öffentlich aushängt". Man beachte sein „für kurze Zeit". Er glaubte an die gewohnte Ordnung und an den Rechtsstaat, in dem er sich als Sohn jüdischer Eltern seinen Stand als anerkannter Wissenschaftler erarbeitet hatte: „Meinem Ehrgefühl ... widerstrebt es auf das entschiedenste, meine akademische Tätigkeit in einem Hause auszuüben, in welchem über die Angehörigen einer Gemeinschaft, zu der ich durch meine Geburt gehöre, öffentlich gesagt wird: ‚Der Jude kann nur jüdisch denken; schreibt er deutsch, dann lügt er' widerstrebt mir um so entschiedener, als ich gerade das Wesen deutschen Geistes den Studenten zu verkünden habe. Ich schreibe deutsch, ich fühle deutsch, und ich lüge nicht."

Nach 42jähriger Tätigkeit als Hochschullehrer mußte der Professor die Berliner Universität verlassen. Fortan begann er unbeirrt an einem Buch zu arbeiten: „Die Entstehung der berufsmäßigen Schauspielkunst im Altertum und in der Neuzeit". Unter schwer vorstellbaren Behinderungen. Eine Zeitlang konnte Herrmann noch die Universitätsbibliothek benutzen, dann nur die Staatsbibliothek; dann durfte er den Lesesaal nicht mehr betreten, aber – eine Sondervergünstigung – noch Bücher ausleihen. Schließlich wurde ihm auch das verboten. Er durfte in der Ausleihe einige Bücher kurz einsehen. Am Stehpult. Nach zweistündigem Fußweg von der Eislebener Straße, auf Umwegen, denn Juden durften weder den Tiergarten betreten, noch mit dem gelben Stern über die Straße Unter den Linden gehen. Als er sich in der Bibliothek setzen wollte, kam ein Beamter der Ausleihe auf ihn zu und erklärte dem 75jährigen, als Jude habe er nicht das Recht, irgendwo im Haus der Staatsbibliothek zu sitzen.

Dieses bedrückende Erbe im eigenen Hause veranlaßte 1979 die Generaldirektorin, einen Preis zu stiften. Den bekam jährlich im Mai, wenn sich Max Herrmanns Geburtstag jährte, wer die Leser besonders hilfreich und freundlich betreut hatte. Der Max-Herrmann-Preis (Urkunde und 500 DDR-Mark) durfte zum letzten Male im Mai 1990 verliehen werden.

Herrmanns Frau Helene, geborene Schlesinger, Tochter jüdischer Eltern in Berlin, gehört zur ersten Generation von Frauen, die an einer deutschen Universität studierten und ein akademisches Abschlußexamen ablegten. Das erforderte seinerzeit hartnäckigen Mut und Zielstrebigkeit. 1904 promovierte Helene, seit 1898 verheiratet, und unterrichtete an Höheren Schulen, zuletzt bis 1938 in einer kleinen Privatschule in Berlin-Grunewald. Ihre wissenschaftlichen Arbeiten, Essays und Rezensionen über Kleist, Shakespeare, Goethe und Fontane sagen ahnungsvoll beizeiten die deutsche Katastrophe voraus.

Am 10. September 1942 wurden die Herrmanns und Käte Finder nach Theresienstadt deportiert, wo Max Herrmann, der sich einen Band Goethe-Gedichte eingesteckt hatte, am 16. November starb. Am 16. Mai 1944 fuhr ein Transport mit Helene Herrmann und ihrer Schwester Katharina nach Auschwitz.

Kapitel 14
Kurfürstendamm

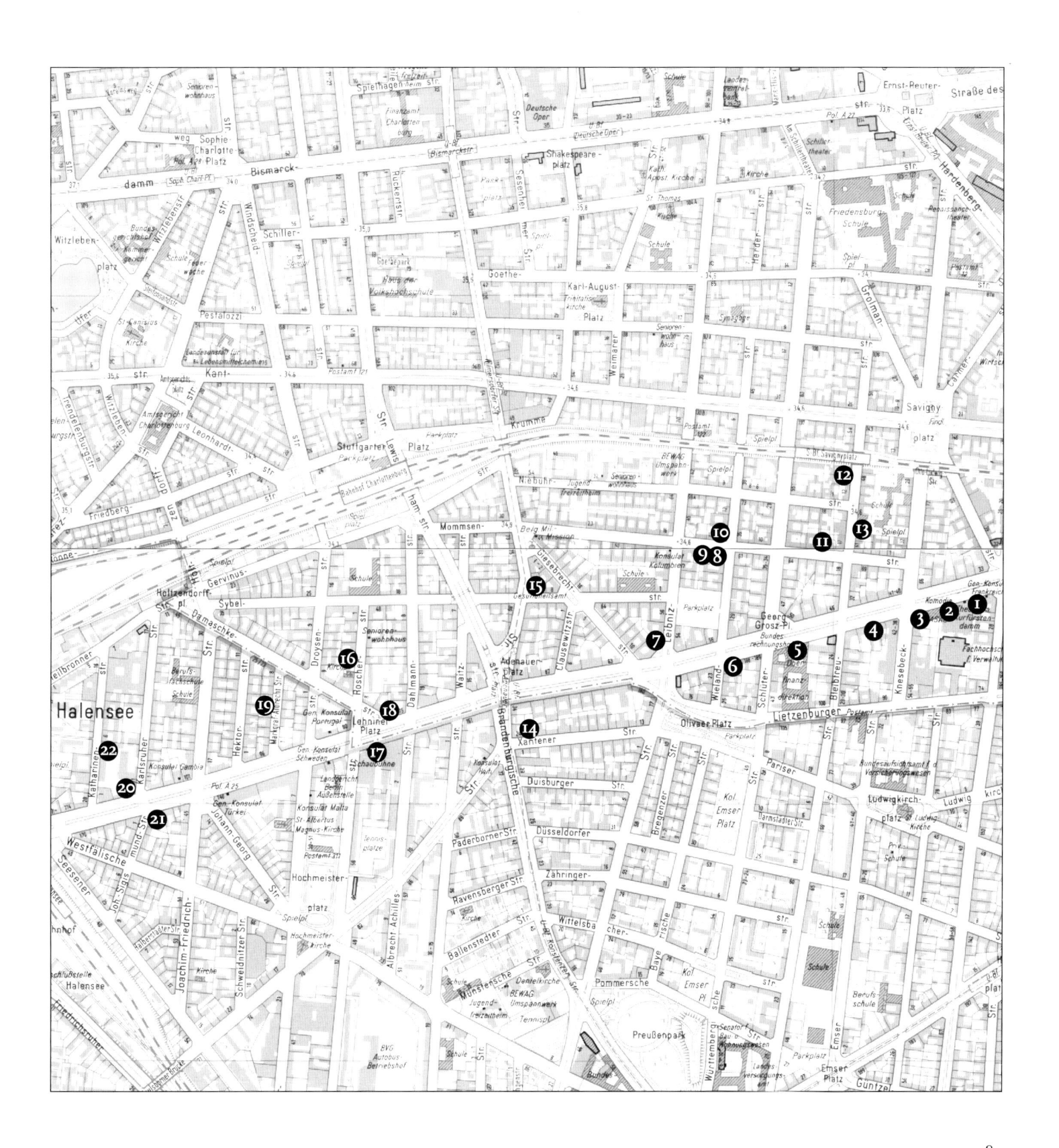

Kurfürstendamm 208–209 ❶

1905 das Haus der am 2. 5. 1898 u. a. von Max Liebermann gegründeten Berliner Secession, die vorher neben dem Theater des Westens in der Kantstraße einen Ausstellungspavillon hatte.

Kurfürstendamm 206 ❷
Komödie

Am 1. November 1924 wurde die „Komödie" mit Goldonis „Ein Diener zweier Herren" in der Inszenierung von Max Reinhardt eröffnet. Diese Bühne wie auch das benachbarte „Theater am Kurfürstendamm" gehörten zu Reinhardts Theaterunternehmen. Beide Spielstätten waren von Oskar Kaufmann, dem führenden Theaterarchitekten der Zeit, umgebaut und ausgestattet worden. Nach seinen Entwürfen entstanden u. a. auch das Hebbel-Theater, das Renaissance-Theater und die Volksbühne am Rosa-Luxemburg-Platz sowie nach seiner Emigration in Tel-Aviv das Israelische Nationaltheater Habimah.

Kurfürstendamm 203 ❸

Möblierte Wohnung Arnold Schönbergs, als er in den 20er Jahren zum zweiten Male in die Stadt kam, berufen von Leo Kestenberg als Leiter einer Kompositionsklasse in der Akademie der Künste.

Kurfürstendamm 200 ❹

Sitz des „Reichsbundes Jüdischer Frontsoldaten" (RJF). Im August 1914 stimmten die meisten deutschen Juden in die Kriegsbegeisterung ein und zogen willig in den Krieg. Der Ruf Kaiser Wilhelms II., er kenne nur noch Deutsche, gab deutschen Juden die Hoffnung, daß die Benachteiligungen, die sie trotz formaler Gleichberechtigung in Staat und Gesellschaft erfuhren, damit ein Ende hätten. 100.000 jüdische Deutsche dienten in der kaiserlichen Armee. Mehr als 12.000 fielen im 1. Weltkrieg für Deutschland. 35.000 jüdische Soldaten wurden ausgezeichnet, 25.000 zu Offizieren befördert. Als Antisemiten in der Weimarer Republik begannen, den Anteil der jüdischen Deutschen an den Opfern des 1. Weltkrieges zu leugnen, wurde 1919 der RJF gegründet, um den gefallenen Kameraden ein würdiges Andenken zu sichern und gleichzeitig den Verleumdungen entgegenzutreten, Juden hätten sich unpatriotisch verhalten und vor der Militärpflicht feige gedrückt. Jüdischer Patriotismus wurde wenig später bitter enttäuscht und im Völkermord zerstört. Der Reichsbund war auch sozial tätig und half den Pogromgeschädigten (z. B. 1923 nach der berüchtigten Razzia im Scheunenviertel).

Kurfürstendamm 193–194 ❺

Im „Palmenhaus" zeigte Rudolf Nelson (1878–1960) in den 20er Jahren seine Revuen mit literarischen Texten (u. a. von Walter Mehring und Kurt Tucholsky) und geistvoller Musik. Er begann 1920 in den Räumen des heutigen Astor-Kinos an der Kreuzung Kurfürstendamm 217 / Fasanenstraße mit seinem ersten „Nelson-Theater". Im Januar 1926 trat Josephine Baker erstmals in Berlin bei Nelson auf. Sie riß das Publikum zu Begeisterungsstürmen hin und setzte völlig neue Maßstäbe der Unterhaltungskunst, die Rudolf Nelson aufgriff und anspruchsvoll weiterentwickelte.

Kurfürstendamm 186 ❻

Eine Gedenktafel am Haus erinnert an den seinerzeit überaus populären Chanson- und Operettenkomponisten Rudolf Nelson, im Scheunenviertel als Rudolf Lewysohn geboren. Er lebte und komponierte hier von 1922 bis 1934, kehrte nach dem Krieg zurück, starb im Februar 1960. Sein Werk umfaßt rund 4.000 Titel. Zu seinen größten Erfolgen gehört der Song „Tulpen aus Amsterdam".

Kurfürstendamm 61/ Ecke Leibnizstraße ❼

Sitz jüdischer Organisationen: „Beth-Am Iwri e.V." (Hebräischer Volksklub) und „Brith-Iwrit-Olamit e.V." (Hebräischer Weltbund). Zur Vitalität des jüdischen Lebens in Berlin gehörte eine nahezu unüberschaubare Zahl von jüdischen Kulturvereinen, die sich der Pflege unterschiedlicher Aspekte der jüdischen Tradition widmeten, hier der hebräischen Sprache und Literatur.

Wielandstraße 15 ❽

Die Gedenktafel erinnert an die 1943 aus dem französischen Exil nach Auschwitz deportierte und dort ermordete Charlotte Salomon, die in diesem Haus von 1917 bis 1939 ihre Kindheit verlebte. Charlotte Salomon hat in einem eindrucksvollen Bildzyklus, der im Joods Historisch Museum in Amsterdam aufbewahrt wird, ihr Leben dokumentiert.

Mommsenstaße 56 ❾

Eine provisorische Gedenktafel erinnert an Kurt Singer (1885–1943), Arzt, Musikwissenschaftler, Regisseur, Dirigent, Gründer und Leiter des Jüdischen Kulturbundes. Der Jüdische Kulturbund war eine Selbsthilfeorganisation jüdischer Künstler, um der Boykottpolitik der NS-Regierung, den Berufsverboten und der kulturellen Isolation zu entgehen: das tragische letzte Kapitel der jüdischen Kulturgeschichte in Deutschland vor dem Holocaust. Am 1. 10. 1933 Eröffnung mit Lessings „Nathan" im Berliner Theater Charlottenstraße. Kurt Singer, als Stellvertretender Intendant der Städtischen Oper entlassen, war zur Zeit der Pogrome 1938 auf Amerika-Reise, blieb in Holland, kam nach Theresienstadt, wo er 1944 starb. Der Kulturbund wurde am 11. 9. 1941, kurz vor Beginn der Deportationen, aufgelöst.

Wielandstraße 14 ❿

Eine Gedenktafel erinnert an den bedeutenden Pianisten Artur Schnabel (1882–1951), der hier 1906–1933 lebte und ab 1925 eine Meisterklasse der Staatlichen Hochschule für Musik in Berlin leitete. Schnabel mußte 1933 nach Rußland emigrieren.

Mommsenstraße 6 ⓫

Eine Gedenktafel erinnert an den Dirigenten und Komponisten Leo Blech (1871–1958), der von 1913 bis zu seiner Emigration 1937 hier wohnte. Er kehrte nach dem Krieg nach Berlin zurück, wirkte bis 1953 als Generalmusikdirektor an der Städtischen Oper.

Bleibtreustraße 10–11 ⓬

Eine Gedenktafel erinnert an die Lyrikerin Mascha Kaléko (1907–1975). Noch 1933 rangierte ihr „Lyrisches Stenogrammheft" hinter der Reclam-Ausgabe von Goethes Gedichten auf dem zweiten Platz der Bestsellerliste der deutschsprachigen Lyrik. In Jerusalem hatte sie eher Unterschlupf als ein Zuhause gefunden. Sie starb auf der Rückreise von Berlin nach Jerusalem in Zürich.

Bleibtreustraße 43　⑬

Von ihrer Eröffnung im September 1986 bis zur Eröffnung des ersten Neubaus einer jüdischen Schule nach der Shoa im September 1995 hatte die jüdische Grundschule hier ihr Domizil. Im jetzt als Wohnhaus genutzten Nachbargebäude hatte einst die Vereinigung für das liberale Judentum ihren Sitz.

Xantener Straße 23　⑭

Gedenktafel für den Maler Felix Nußbaum, geboren 1904 in Osnabrück, ermordet 1944 in Auschwitz, der hier in den Jahren 1928 bis 1933 lebte und malte.

Sybelstraße 9　⑮

Eine Gedenktafel erinnert an die private Musikschule Hollaender, die nach der Entlassung jüdischer Musiker und Pädagogen 1936 eingerichtet wurde und bis zur Deportation von Schülern und Lehrern 1942 bestand. Nach dem Ende des Stern'schen Konservatoriums im Jahre 1935, dessen Direktor Gustav Hollaender ab 1895 bis 1915 war, wurde für jüdische Studierende die Private Musikschule von Hollaenders Kindern gegründet. Sie wurden deportiert und in Auschwitz ermordet.

Roscherstraße 5　⑯

Jaffa'sches Fürsorge- und Waisenhaus der Großloge Bne Briss. Im 3. Stock des Vorderhauses lebte bis zur Auswanderung nach Israel der Komponist Josef Tal (Grünthal). Sein Vater war Rabbiner und führte das Waisenhaus. Die Waisenkinder lebten und lernten zusammen mit der Familie, die vorzugsweise eine kleine Privatsynagoge in der Clausewitzstraße besuchte.

Kurfürstendamm 153　⑰
Schaubühne am Lehniner Platz

Das für die Schaubühne hergerichtete, im Innern neugestaltete Gebäude hat Erich Mendelsohn (1887–1953) als „Universum-Filmtheater" entworfen. Er wohnte Am Rupenhorn 6 in einem von ihm 1928 erbauten Haus bis zur Emigration 1933 nach England und Palästina. Er stand in München der Künstlergruppe „Der blaue Reiter" nahe, kam 1918 nach Berlin, wurde Mitglied der „Novembergruppe", schuf den Einstein-Turm in Potsdam 1920/21 und den Universum-Komplex für Mosse 1927/28.

Schon am 3. Februar 1933 schrieb er: „Man schließt uns aus vom Gnadentisch, von der Menschenwürde, von der Menschlichkeit. Also muß man sich frei machen und diesem Kreis den Rücken kehren. Es gibt keine Berührungspunkte, und die Gemeinschaft der Sprache, der Kultur und des Erlebens reicht nicht bis zum Blut, das anders fließt, in der Richtung, in der Zusammensetzung, in der Schwere."

Kurfürstendamm 76　⑱

Malik-Verlag des Schriftstellers und Pazifisten Wieland Herzfelde (1896–1988), Bruder von John Heartfield. Als Sohn eines jüdischen Schriftstellers in der Schweiz geboren, kam er 1914 nach Berlin, gehörte zur Dada-Bewegung, gründete Zeitschriften, u.a. „Neue Jugend", 1917 verboten, veröffentlichte Kurt Tucholsky, floh in die USA, kehrte 1949 in die DDR zurück, konnte dort kaum wirksam werden, denn er wurde als Westemigrant beargwöhnt. Else Lasker-Schülers „Malik", veröffentlicht 1919 bei Paul Cassirer, gab Herzfeldes Verlag den Namen.

Markgraf-Albrecht-Straße 11–12 (19)

Gedenktafel für die als „Friedenstempel" bezeichnete, nach liberalem Ritus geführte Synagoge. Der von Salomon Goldberg, dem Besitzer des Luna-Vergnügungsparkes am Halensee, initiierte Synagogen-Verein ließ das Gotteshaus 1922 errichten. In der Pogromnacht schwer beschädigt, wurde die Ruine 1959 abgerissen.

Kurfürstendamm 105 (20)

„Ein Haus als Ghetto: Die nationalsozialistischen Verfolger schnürten schon 1933 das Leben der Juden immer mehr ab. Der Plan, die Bewegungsfreiheit der Juden in einem Stadtteil-Ghetto einzuengen, wurde verworfen. Statt dessen wurde die Zusammenfassung der Juden in möglichst wenigen Häusern beschlossen, mit dem Ziel, die Juden ‚effektiv' zu (er)fassen. Aus dem Haus Kurfürstendamm 105 waren für die ‚Vernichtung' vorgesehen: William Brock, Kurt Burchardt, Fritz Cohn, Günther Rechnitz, Valeska Rechnitz, Erna Scherbel, Gertrud Scherbel, Margarete Schmoll, Bety Schüftan, Max Schüftan, Dorothea Tessmann."

(Günther-Kaminski/Weiß: „...als wäre es nie gewesen")

Kurfürstendamm 136 (21)

Sitz des Jüdischen Friedensbundes und verschiedener zionistischer Vereinigungen.

Katharinenstraße 5 (22)

Eine Gedenktafel erinnert an Else Lasker-Schüler (1869–1945), die nach ihrer Trennung von Herwarth Walden im Parterre des Hinterhauses ein möbliertes Zimmer von 1909 bis 1912 bewohnte. Im Jahre 1905 wohnte das Paar Ludwigkirchstraße 1.

Kapitel 15
Kantstraße – Hardenbergstraße

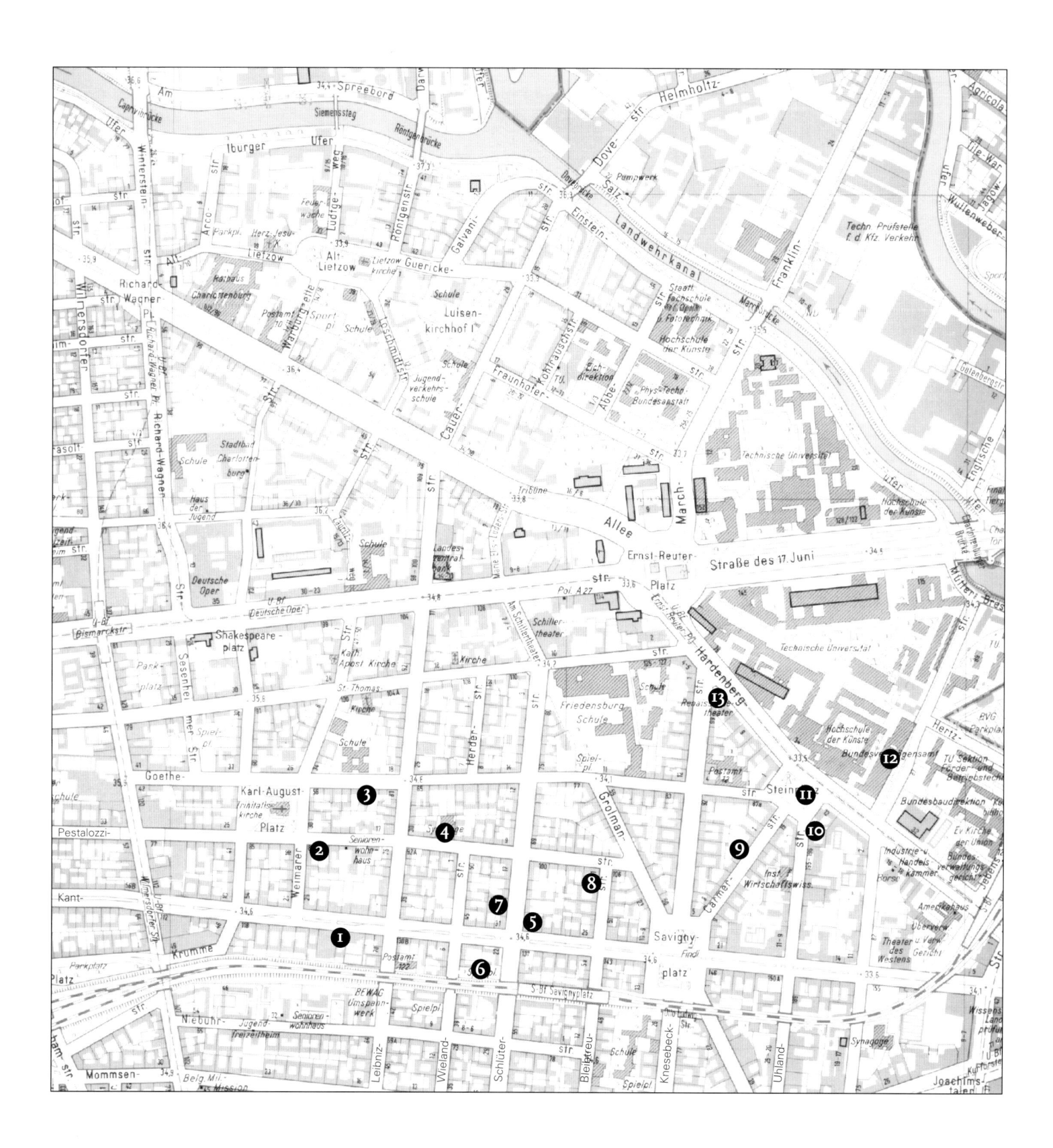

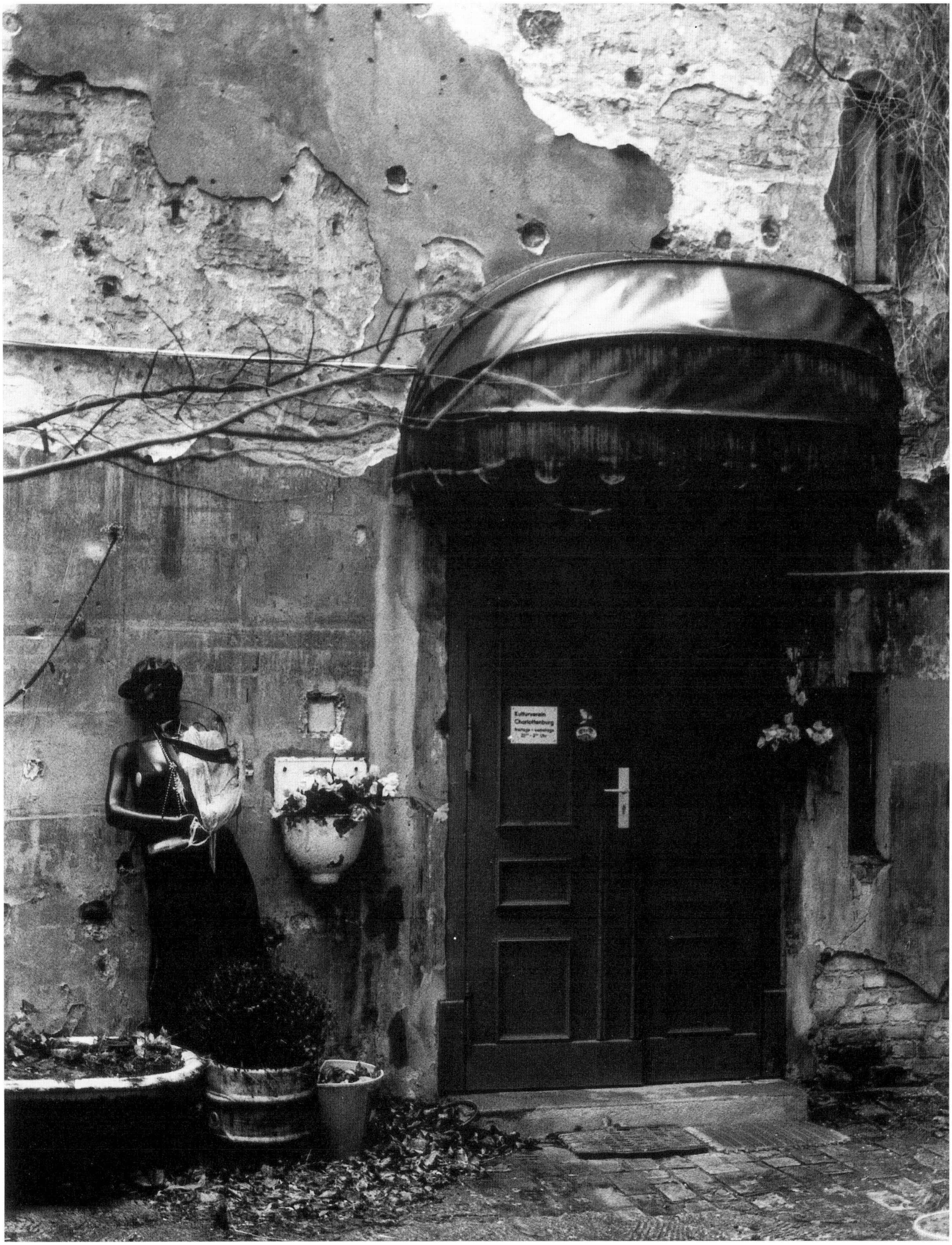

Kantstraße 125 ❶

Im zweiten Hof des Gebäudes: Der 1908 von osteuropäischen Immigranten gegründete Synagogenverein „Thorat-Chessed e.V." mietete für die Einrichtung einer Synagoge Räume, die als Glaserwerkstatt genutzt worden waren. Sie wurde in der Tradition eines polnischen Schtibl gestaltet.

Nach dem Umbau 1908, bei dem eine Zwischendecke entfernt worden war, um eine Empore für Frauen herzustellen, hatte der Betraum etwa 280 Plätze, davon 160 für Männer im Erdgeschoß. Ein weiterer Umbau im Jahr 1919 erschloß an der Ostseite einen etwa 3,65 x 1,50 m großen nischenartigen Altarvorbau. Wegen ihrer Lage in einem dichtbesiedelten Wohngebiet wurde die Synagoge 1938 nicht in Brand gesteckt. Der Synagogenverein gab unter dem Druck der Verhältnisse das Gotteshaus im Januar 1939 auf. In den letzten Kriegstagen 1945 verschanzte sich die SS im ehemaligen Synagogengebäude – daher die zahllosen Einschüsse. Heute ist in den weitgehend erhaltenen Räumen der Kulturverein Charlottenburg beheimatet.

Pestalozzistraße 88 ❷

Sitz der „Chewra Kaddischa von Groß Berlin e.V.", einer in allen Jüdischen Gemeinden bestehenden Beerdigungsbruderschaft, deren Zweck die Versorgung von Kranken und die Bestattung der Toten ist.

Goethestraße 61 ❸

Koschere Fleischerei: Die auf biblische Bestimmungen zurückgehenden Gesetze der Kaschrut, das heißt zu deutsch „Tauglichkeit", betreffen vor allem Nahrungsmittel. Grundsätzlich müssen in einem traditionellen jüdischen Haushalt Milch- und Fleischprodukte strikt voneinander getrennt aufbewahrt, zubereitet und verzehrt werden. Diese strenge Regel geht auf ein dreifach wiederholtes Verbot im 2. Buch Moses zurück, das Zicklein nicht in der Milch seiner Mutter zu kochen. Strikt verboten ist jeglicher Genuß von Blut. Tiere müssen vom Schächter so geschlachtet werden, daß das Fleisch kein Blut mehr enthält. Rind, Ziege, Schaf, Geflügel und nahezu aller Fisch gelten, sofern sie gesund sind, in diesem Sinn als koscher. Nicht erlaubt sind Schwein, Kaninchen, Esel, Krabben und Meeresfrüchte.

Pestalozzistraße 14–15 ❹

Eine der wenigen intakt gebliebenen Synagogen, die heute wieder als jüdisches Gotteshaus benutzt werden.

Auf dem Hinterhof des Grundstücks wurde in den Jahren 1911/12 auf Initiative der Charlottenburger Handelsfrau Betty Sophie Jacobsohn nach Entwürfen von Ernst Dorn eine Synagoge erbaut, die 1.400 Gottesdienstbesuchern Platz bot. 1919 ging die Vereinssynagoge in den Besitz der Jüdischen Gemeinde über. Im November 1938 schwer demoliert, wurde sie aufgrund ihrer Hoflage nicht in Brand gesteckt. Sie wurde nach dem Krieg restauriert und im September 1947 wieder eingeweiht. Seitdem finden hier Gottesdienste nach liberalem Ritus statt.

Kantstraße 30 ❺

Eine Gedenktafel erinnert an Else Ury (1877–1943). Die Mädchenbuchautorin, die mit ihren „Nesthäkchen"-Büchern größte Popularität genoß, schrieb 39 Romane, zumeist Milieuschilderungen aus ihrem Charlottenburger Kiez. Zunächst schien sie ihre Popularität vor Verfolgung zu schützen. Am 12. 1. 1943 wurde sie im Alter von 66 Jahren nach Auschwitz deportiert und einen Tag später ermordet. Schülerinnen des Schöneberger Robert-Blum-Gymnasiums entdeckten 1995 auf einer Studienreise nach Auschwitz im Archiv eine Liste mit dem Namen Else Ury und ihrem bislang unbekannten Todesdatum sowie ihren Koffer.

Wielandstraße 43 ❻

Lebensmittelgeschäft „Schalom" mit Warenangebot, das den Bestimmungen der Kaschrut entspricht, also „koscher" ist.

Schlüterstraße 20 ❼

Um 1910 wohnte gemeinsam mit seiner Mutter im ersten Stock der damals am Urban-Krankenhaus tätige Assistenzarzt Alfred Döblin (1878-1957), der durch seinen Roman „Berlin-Alexanderplatz" (1929) zu Weltruhm gelangte. 1941 war Döblin, der 1912 aus der jüdischen Gemeinde ausgetreten war, in der amerikanischen Emigration zum Katholizismus konvertiert.

Bleibtreustraße 2 ❽

Bis zur Enteignung 1942 gehörten Grundstück und Gebäude der Jüdischen Gemeinde. Im Sockelgeschoß des Hauses wurde im Juli 1927 eine zweite Mikwe eingerichtet, im Stockwerk darüber eine Zweigstelle des Jugend- und Wohlfahrtsamtes. Neben der alten Mikwe, dem Quellbad für rituelle Waschungen in der Heidereutergasse 5, wurde die Charlottenburger Mikwe nötig wegen der stark angestiegenen Zahl jüdischer Einwohner.

Seit Mai 1939 war das Gebäude als eines der sogenannten „Judenhäuser" gekennzeichnet, in dem jüdische Menschen bis zu ihrer Deportation auf engstem Raum zusammengepfercht waren.

Carmerstraße 3 ❾

Anfang des Jahrhunderts zog die Familie Benjamin mit ihren drei Kindern Walter, Georg und Dora von der Kurfürstenstraße 154 in die Carmerstraße 3. Sie lebten hier von 1902 bis 1912. Seinen Schulweg zum Kaiser-Friedrich-Gymnasium beschrieb Walter Benjamin in seiner autobiographischen „Berliner Chronik". „In meiner Kindheit war ich Gefangener des alten und des neuen Westens. Mein Clan bewohnte diese beiden Viertel damals in einer Haltung, die gemischt war aus Verbissenheit und Selbstgefühl und die aus ihnen ein Ghetto machte, das er als sein Leben betrachtete."

Uhlandstraße 197/Ecke Steinplatz ❿

Nach seiner Entlassung aus der Haft zog der Schriftsteller Ernst Toller (1893-1939) im Sommer 1924 nach Berlin, wo er eine eigene Wohnung mietete. Toller, jüdischer Kriegsfreiwilliger, war wegen Beteiligung an der Räterepublik 1919-1924 in Haft und schilderte später in seiner Autobiographie „Eine Jugend in Deutschland" (1933) seine Entwicklung vom Kriegsfreiwilligen zum Pazifisten. Seine Theaterrevue „Hoppla, wir leben!" ist im Theater am Nollendorfplatz von Piscator 1927 uraufgeführt worden.

Ebenfalls am Steinplatz in der Pension Bavaria wohnte Arnold Schönberg, als mit dem 10. Januar 1926 ein neuer entscheidender Lebensabschnitt für ihn begann. Er übersiedelte wieder nach Berlin, um eine Meisterklasse an der Akademie der Künste zu übernehmen. Leo Kestenberg hatte ihn berufen. Die ersten Skizzen für „Moses und Aron" entstanden. Ab 1. Juni 1928 wohnte er in Westend, Nußbaumallee, dann Nürnberger Platz 3.

Steinplatz/Hardenbergstraße ⓫

Das erste Denkmal für die Opfer der Shoa wurde 1953 von Überlebenden am Steinplatz aus Relikten der zerstörten Synagoge Fasanenstraße errichtet. Die Buchstaben K und Z auf einem Dreieckszeichen, wie es Häftlinge tragen mußten, symbolisieren den Holocaust.

Fasanenstraße 2b ⑫
(ehemalige Hochschule für Musik – heute Teil der Hochschule der Künste)

Im Eingangsbereich steht die Bronze-Büste des Violinvirtuosen und Komponisten Joseph Joachim (1831–1907), der ab 1869 die „Königlich-Akademische Hochschule für Musik" als Gründungsdirektor leitete und zu internationalem Ansehen führte.

Hardenbergstraße 6/ ⑬
Ecke Knesebeckstraße
Renaissance-Theater

Die Leitung des 1906 von Oskar Kaufmann erbauten Theaters übernahm 1923–1928 Theodor Tagger (1891–1958), der unter dem Künstlernamen Ferdinand Bruckner als Lyriker, Dramatiker und Essayist hervortrat. Seine Privatwohnung war am Kaiserdamm 102 (Gedenktafel).

Im Renaissance-Theater inszenierte Gustav Hartung 1928 sein Stück „Krankheit der Jugend", in dem er die Symptome der Zeit hellsichtig analysierte und die Verführbarkeit der Menschen darstellte. In dem Stück „Die Rassen" – es spielt im März 1933 – reagierte er direkt auf die rassistischen Vorgänge in Deutschland (UA im November 1933 in Zürich in Anwesenheit vieler Emigranten). Er sah voraus, was kam. Keiner sage, es sei nicht erkennbar gewesen.

Die Premiere der „Marquise von O." konnte im Februar 1933 nur noch unter Polizeischutz stattfinden. Bruckner mußte emigrieren, zunächst über Prag in die Schweiz, dann nach Paris und schließlich 1936 in die USA, wo ihm Lubitsch Arbeit als Drehbuchautor verschaffte. 1951 kehrte er nach Berlin zurück und war bis zu seinem Tod Dramaturg am Schiller- und Schloßpark-Theater.

Der Entenbrunnen vor dem Theater wurde vom Kunsthändler und Verleger Paul Cassirer (1871–1926) der Stadt Charlottenburg gestiftet.

Kapitel 16
Otto-Suhr-Allee – Lietzensee

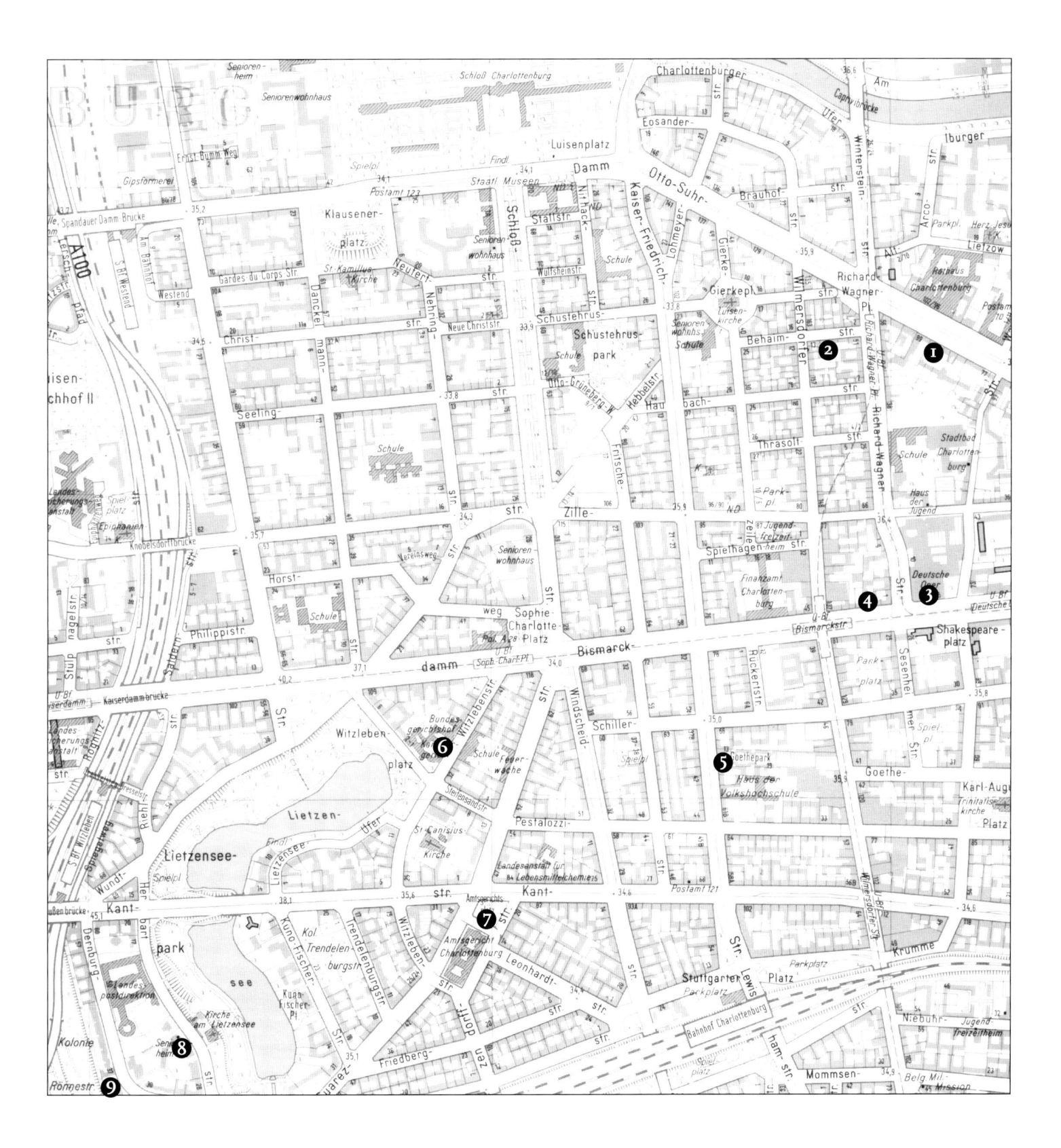

Otto-Suhr-Allee 93 ❶

Text am Denkmal für Magnus Hirschfeld:

„In dem hier ehemals stehenden Haus lebte von 1896 bis 1910 der Arzt und Sexualwissenschaftler Dr. Magnus Hirschfeld, geboren 1868 in Colberg, gestorben 1935 in Nizza, im Exil. In Charlottenburg begann Dr. Hirschfeld am 15. Mai 1897 mit dem Aufbau der ersten deutschen Homosexuellen-Bewegung als Gründer und Vorsitzender des wissenschaftlich-humanitären Komitees WHK. Ferner entstanden hier die Pläne für das spätere Berliner Institut für Sexualwissenschaft. Nach der Machtübernahme der Nationalsozialisten sah sich das WHK 1933 gezwungen, sich selbst aufzulösen. Das engagierte Wirken von Magnus Hirschfeld mahnt bis heute zu Toleranz und Akzeptanz gegenüber Minderheiten in unserer Gesellschaft."

Die Stele mit Portraitrelief (von August Jäkel und Emanuel Scharfenberg), weitgehend privat finanziert, wurde auf der Straße installiert, weil die ursprünglich 1986 vorgesehene Gedenktafel wegen der Weigerung der Eigentümer nicht am Wohnhaus selbst angebracht werden konnte. Man störte sich an Hirschfelds Rolle als Gründer der ersten Organisation für Homosexuelle. Eine Gedenktafel ohne diesen Hinweis wurde angefertigt, aber nicht mehr angebracht.

Behaimstraße 11 ❷

Eine Gedenktafel erinnert an die älteste Synagoge Charlottenburgs, die 1898 in der damaligen Schulstraße 7 eingeweiht wurde. Sie war nach liberalem Ritus geführt und bot knapp 300 Betern Raum. 1938 in der Pogromnacht verwüstet und im Krieg schwer beschädigt, wurde die Ruine 1957 abgerissen.

Bismarckstraße 35 ❸
Deutsche Oper

Im Raucherfoyer des ersten Ranges ist eine Gedenktafel angebracht, kaum wahrgenommen von dem allabendlich in die Oper strömenden Publikum. „Dr. Kurt Singer, Mediziner, Musikschriftsteller und Dirigent, geboren am 11. Oktober 1885, gestorben im Januar 1944 im Konzentrationslager Theresienstadt, hat sich in den Jahren 1926 bis 1931 um Arbeit und Bestand der Städtischen Oper Berlin-Charlottenburg in führender Verantwortlichkeit verdient gemacht." Nicht erwähnt wird die tragische Rolle Singers in seiner Arbeit für den im Juli 1933 auf seine Initiative hin gegründeten „Kulturbund Deutscher Juden e.V.". Entlassenen jüdischen Künstlern, die mit Berufsverbot belegt waren, sollte die Möglichkeit weiterer künstlerischer Tätigkeit vermittelt werden. Am Kulturbund-Theater in der Charlottenstraße und Kommandantenstraße dirigierte er Opern und Konzerte, so z.B. im August 1934 mit dem Kulturbund-Symphonieorchester Beethovens „Eroica" zu Ehren des verstorbenen Reichspräsidenten Hindenburg! Als er 1938 in Amerika war, erfuhr er von den Verfolgungen und entschloß sich zur sofortigen Rückkehr. Über Holland kam er nach Theresienstadt, wo er am 7. Februar 1944 starb.

Bismarckstraße 40 ❹

Ehemalige Synagoge im 2. Hof. Das Gebäude war bereits in den 20er Jahren an eine nicht-jüdische Glaubensgemeinschaft veräußert worden und wird heute von einer Baptistengemeinde genutzt.

Die Inschrift „Eben Ezer" am Gebäude ist hebräisch und heißt „Stein der Hilfe", heiliger Stein.

Kaiser-Friedrich-Straße 66–67 ❺
am Goethepark

Hier befanden sich in den 20er Jahren eine Synagoge und Schulklassen der Israelitischen Gemeinde Adass Jisroel.

Witzlebenstraße 4–5 ❻
(ehemals Reichskriegsgericht, jetzt Kammergericht)

Im Foyer des 3. Stocks vor einem Sitzungssaal erinnert eine kaum zugängliche und auffindbare Gedenktafel ganz pauschal und ohne konkrete Aussage an die verfolgten jüdischen Juristen: „Den Richtern, Rechtsanwälten und Staatsanwälten, die sich um das Ansehen der Rechtspflege in Berlin verdient gemacht haben und Opfer der Verfolgung geworden sind". Sie erhielten 1933 Berufsverbot und 1935 Verbot jeglicher beruflicher Betätigung. Jüdischen Anwälten wurde die Zulassung 1938 endgültig entzogen.

Kantstraße/Amtsgerichtsplatz ❼
vor dem Haupteingang des Amtsgerichts Charlottenburg

Bereits 1966 von Vadim Sidur geschaffenes, erst 1979 aufgestelltes Mahnmal zum Gedenken an die Opfer des Vernichtungslagers Treblinka, in dem von Juli 1942 bis November 1943 etwa 900.000 Menschen, überwiegend Juden, ermordet wurden. „Wer aber vor der Vergangenheit die Augen verschließt, wird blind für die Gegenwart. Wer sich der Unmenschlichkeit nicht erinnern will, der wird wieder anfällig für neue Unrechtstaten."

Dernburgstraße 36 / Herbartstraße 26 ❽

Der hier entstandene Komplex des Jeanette-Wolff-Seniorenzentrums und des Leo-Baeck-Altenwohnheims wurde 1981 eingeweiht. Die Berliner SPD-Politikerin Jeanette Wolff (1888–1979), eine Überlebende der Shoa, gehört zu den Frauen der ersten Stunde, Mitglied des Abgeordnetenhauses von Berlin und des Deutschen Bundestages, Stadtälteste, Vorkämpferin der liberalen Jüdischen Einheitsgemeinde nach dem Krieg und sozial engagiert in der Zentralwohlfahrtstelle der Jüdischen Gemeinde.

Leo Baeck (1873–1956), Rabbiner und Theologe, seit 1912 in der Berliner Jüdischen Gemeinde tätig, hoch angesehen als geistiger Führer, bis 1942 tätig an der Hochschule für die Wissenschaft des Judentums, 1933 Präsident der Reichsvertretung deutscher Juden. Nach Befreiung aus dem KZ Theresienstadt lebte er in London.

Im Leo-Baeck-Altenwohnheim an der Herbartstraße befindet sich eine von Hans Wolff-Grohmann entworfene, 1981 eingeweihte Synagoge, in deren Eingangsbereich Säulen aus einer zerstören Berliner Synagoge aufgestellt sind.

Dernburgstraße 25 ❾

Ab 1. Januar 1920 befand sich die Redaktion der „Weltbühne" in der Wohnung von Siegfried Jacobsohn (1881–1926). Später zog Jacobsohn in die Wundtstraße 33 und die Redaktion in die Kantstraße. Nach seinem Buch „Das Theater der Reichshauptstadt" (1904) gründete Jacobsohn 1905 „Die Schaubühne", die 1918 in „Weltbühne" umbenannt wurde. Seit 1913 war Tucholsky wichtigster Mitarbeiter der Zeitschrift. Als Siegfried Jacobsohn am 3. Dezember 1926 überraschend starb, schrieb Tucholsky, der „schlechteste Mitarbeiter der Weltbühne", über den „besten Brotherren": „Er hat uns, Mitarbeiter und Leser, zu seinem Werk bekehrt; er liebte, wie wir, Deutschland und wußte, daß dessen schlimmste Feinde nicht jenseits des Rheines wohnen... Gib deine Waffen weiter, SJ-!"

Kapitel 17
Maison de Santé

Hauptstraße 14–16 und Belziger Straße 6

Auf dem einst von der Hauptstraße bis zur Gleditschstraße reichenden Gelände, das später durch die Verlängerung der Belziger Straße durchschnitten wurde, befand sich die weitläufige Anlage der von Eduard Levinstein (1831–1882) gegründeten Maison de Santé mit Gebäuden, Glashallen, Wandelgängen, einer Kapelle und einem Park. Rudimente eindrucksvoller Art sind noch vorhanden. Die Geschichte der Maison de Santé und die Biographie ihres Gründers Levinstein sind charakteristisch für die frühe Gründerzeit und die Rolle jüdischer Wissenschaftler und Unternehmer in der aufstrebenden bürgerlichen Gesellschaft.

Aus der ehemaligen Schöneberger Gastwirtschaft „Zum Helm" in ländlicher Vorortgegend an der 1791 gepflasterten ersten preußischen Staats-Chaussee, der jetzigen Hauptstraße, machte Eduard Levinstein nach seiner Heirat mit der Gastwirtstochter 1861 einen Brunnengarten und eine Badeanstalt zur ambulanten Nutzung. Für die Tagesgäste aus Berlin wurde standesgemäß eine Verbindung mit Pferdeomnibus zum Schloßplatz hergestellt. Allmählich erhielt das Etablissement, das der damaligen Mode entgegenkam und in besseren Kreisen hoch geschätzt wurde, medizinischen Charakter. Es konnten auch stationäre Behandlungen wie Mineralbäder, Moorbäder, Molkenkuren, kohlensaure Bäder und Luft- und Sonnenbäder durchgeführt werden. Der Name Maison de Santé (Krankenhaus) entstand 1863. Mit 50 Zimmern und einem großen Garten mit Wandelgängen, zwei Glashallen und einem pneumatischen Kabinett – seinerzeit alles Neuerungen im Krankenhauswesen – begründete Levinstein den weit über Berlin hinausgehenden Ruf seiner Anstalt. Er arbeitete nach dem medizinischen Konzept der Naturheilkunde und Diätetik, mit Atemtherapie, Heilgymnastik, Inhalationen. Die Patienten kamen von weit her, von Odessa und Sankt Petersburg, um die für die damalige Zeit modernsten Therapieangebote wahrzunehmen. Die Maison de Santé von Schöneberg wurde zur europäischen Berühmtheit. Ab 1866 entstand – ebenfalls nach den fortschrittlichsten Methoden – auch eine Abteilung für psychisch Kranke, eine von ihm so genannte Nervenheilanstalt. Als unmittelbar nach dem 1. Weltkrieg 1919 in der Zeit des Umbruchs das Unternehmen geschlossen wurde, versorgte es 800 Patienten.

Eduard Levinstein war erst 30 Jahre alt, als er in einer Kombination von Arzt und Unternehmer die Maison de Santé schuf. Seine Mutter war Berta Levinstein, geborene Liebermann. Der Sohn ließ bereits seine Kinder taufen. Auch er selbst ließ sich noch kurz vor seinem Tode im Jahre 1882 taufen und wurde auf dem Alt-Schöneberger Friedhof an der Hauptstraße im Erbbegräbnis, das jetzt als Urnenhalle benutzt wird, bestattet. Seine Witwe übernahm die Leitung und baute zusätzlich zwei Beobachtungsstationen für Männer und Frauen, die noch erhalten sind. Die Söhne Willibald und Walter Levinstein führten die Krankenanstalt dann noch bis 1919 fort.

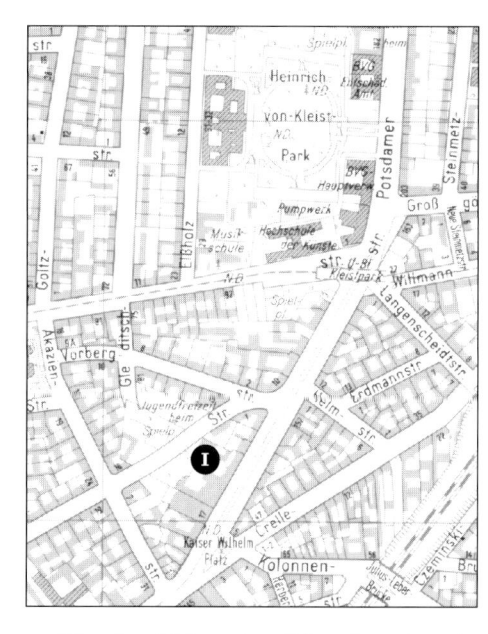

Die Geschichte des Eduard Levinstein und seiner vorbildlichen Einrichtung ist exemplarisch für die soziale und kulturelle Lage im jüdischen Bürgertum. Wer in der aufstrebenden bürgerlichen Konkurrenzgesellschaft mit ihrem latenten Antisemitismus bestehen und erfolgreich sein wollte, mußte schneller, moderner, experimentierfreudiger und innovativer sein, damit er seine Chancen in gleicher Weise erhielt. Deshalb wurde in jüdischen Familien soviel Wert auf Bildung und Lebensstil gelegt, Taufe als Ausweis der Assimilation eingeschlossen. Der Vorsprung jüdischer Unternehmer und Unternehmungen in ihrer Modernität und Vorreiterrolle auf neuen Gebieten der Industrieproduktion, der Presse, des Verlagswesens, der Gesundheitsvorsorge wie in den Künsten ist aus dieser Motivation zu erklären.

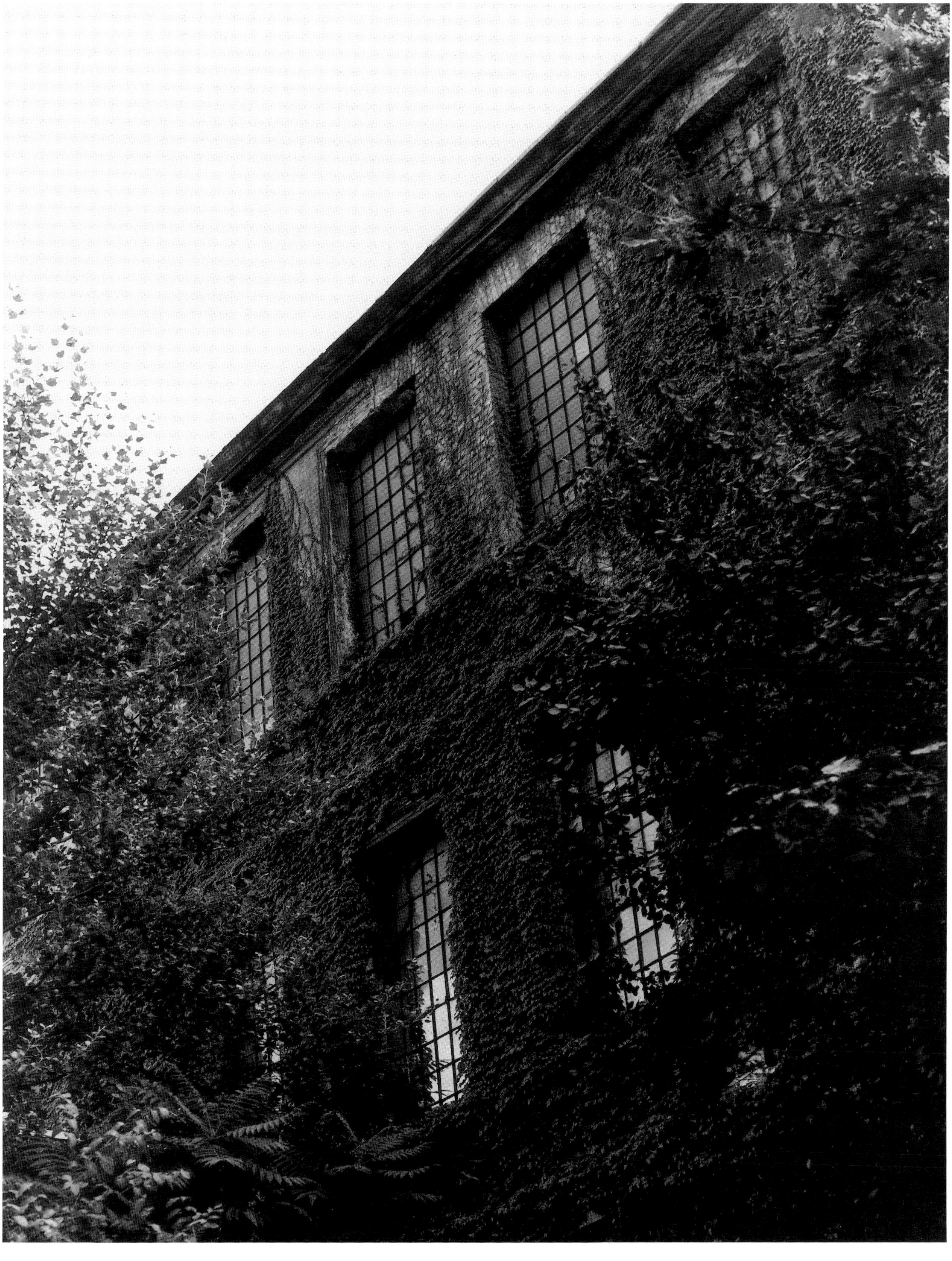

Kapitel 18
Bayerisches Viertel

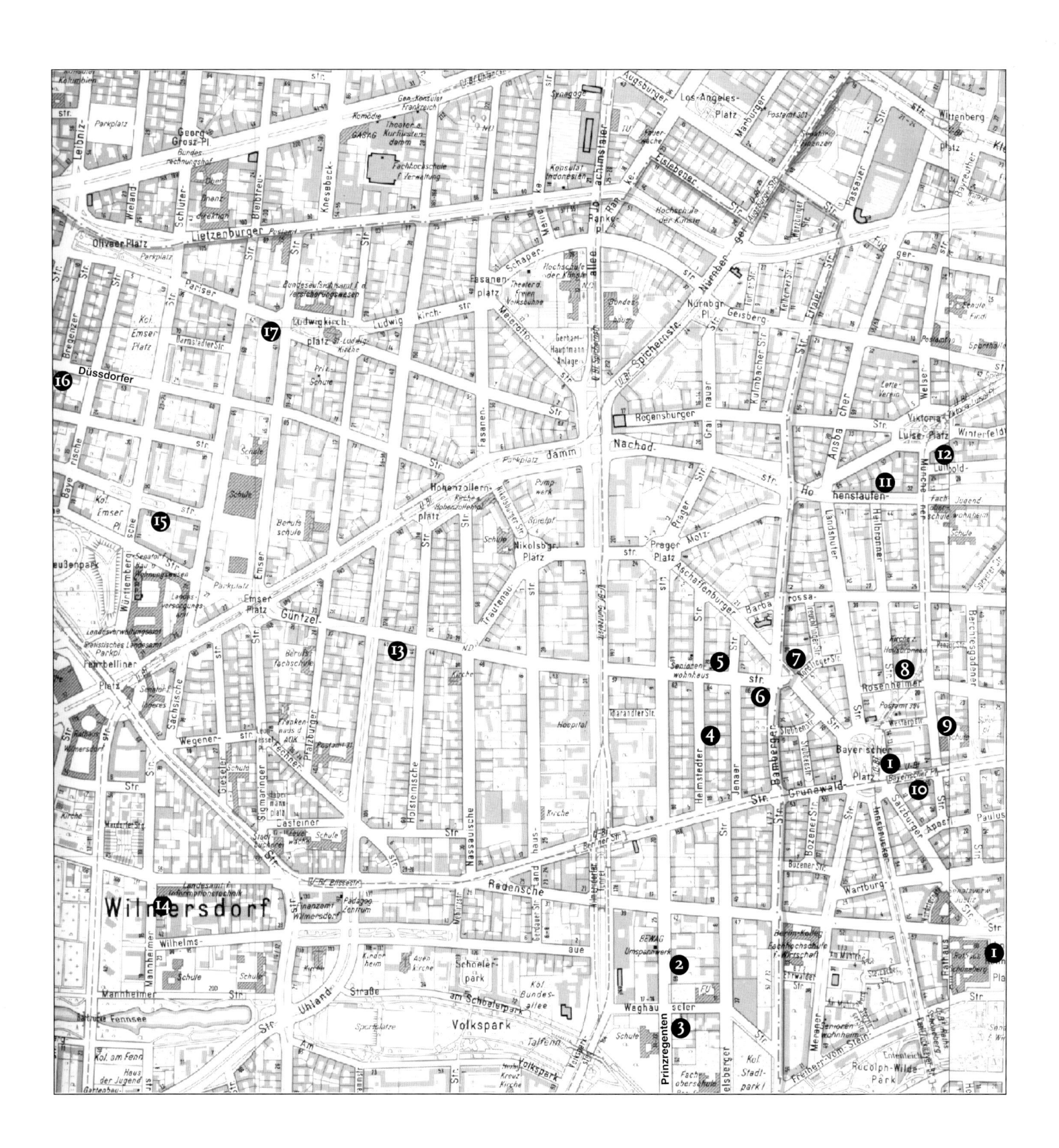

Bayerisches Viertel

In seinen Erinnerungen schrieb Georg Haberland (1861–1933), erfolgreicher Bauunternehmer, weitsichtiger Stadtentwickler und Kommunalpolitiker: „Der Viktoria-Luise-Platz fand in der Öffentlichkeit ungeteilten Beifall. Täglich pilgerten Hunderte von Menschen nach dem neuen Stadtteil, der sich bald in Berlin großer Beliebtheit erfreute. Dem Viktoria-Luise-Platz folgte der Bayerische Platz. Als mein Vater im Jahre 1906 seinen 70. Geburtstag feierte, hat man ihm zu Ehren im Bayerischen Viertel eine Straße nach seinem Namen benannt. Kurz vorher war mein Vater Kommerzienrat geworden... Die Haberlandstraße haben wir einheitlich im Nürnberger Stil gebaut..." Als Direktor der von seinem Vater 1890 gegründeten Berlinischen Bodengesellschaft und der Tempelhofer Feld-AG schuf Haberland zusammen mit innovativ denkenden Stadtplanern und Architekten zahlreiche Berliner Wohngebiete, das Bayerische Viertel, den Viktoria-Luise-Platz, Friedenau und den Rüdesheimer Platz.

Die für Berlins Stadtentwicklung, insbesondere die Wohnbebauung, wesentliche und maßstabsetzende Tätigkeit von Vater und Sohn Haberland ab 1897 brachte für die von hitziger Konjunktur und sprunghafter Expansion gekennzeichnete Gründerzeit wesentliche Merkmale einer modernen Berliner Urbanität zustande: Abkehr von Mietskasernen, Vorgärten statt Hinterhöfe. Die aneinander gereihten Miethäuser waren handwerklich solide gebaut, in reizvoller, abwechslungsreicher Architektur, meist einem süddeutschen Neorenaissance-Stil folgend. Die ganz im Nürnberger Stil gehaltene Haberlandstraße wurde 1938 in Nördlinger und Treuchtlinger Straße umbenannt. Bis heute ist die Namensänderung nicht rückgängig gemacht worden und damit der Name Haberland aus dem Stadtbild verdrängt. Erinnerungswürdig ist die sogenannte Haberland-Debatte 1908 im Schöneberger Rathaus. Georg Haberland war ein Finanzierungsgenie, jedoch gemeinnützig denkend.

Im Bayerischen Viertel war der jüdische Bevölkerungsanteil besonders hoch, so daß die Gegend um den Bayerischen Platz die jüdische Schweiz genannt wurde. So erscheint es richtig, daß hier sozusagen eine das ganze Viertel überziehende Gedenkstätte Bayerisches Viertel in ebenso origineller wie einleuchtender und informativer Weise geschaffen wurde. Im Juni 1993 wurde mit der Anbringung von 80 Tafeln begonnen, auf denen die schrittweise alltägliche Ausgrenzung, Entrechtung und Entwürdigung der jüdischen Bevölkerung nach 1933 durch Piktogramme und Texte auf schlichten, an Laternenmasten montierten Tafeln dokumentiert wird. Eine Plantafel mit einer Übersicht über den Standort der 80 Schilder befindet sich rechts vor dem Haupteingang zum Rathaus Schöneberg, eine zweite am Bayerischen Platz.

Es ist nicht ohne Ironie, daß die Anbringung der Gedenktafeln zur Erinnerung an die etwa 6.000 aus diesem Wohngebiet deportierten Juden zunächst verwirrte. „Als das Kunstwerk fertig war, schritt der Staatsschutz ein", titelte der Tagesspiegel am 14. 4. 1994. Die Texte mit den knappen Formulierungen wurden für antisemitische Hetze gehalten. Es gab Anzeigen. In Unwissenheit wurden die Tafeln wieder entfernt, jedoch nach Klarstellung in etwas höherer Position an den Laternenmasten erneut angebracht.

Renata Stih und Frieder Schnock sind die aus einem Wettbewerb hervorgegangenen Schöpfer dieser dezentralen Gedenkstätte, die weit besser als nach ästhetischen Gesichtspunkten gestaltete künstlerische Denkmäler zum Nachdenken anregen und in ihrer zurückhaltenden Weise eine Ahnung der Geschehnisse aus dem Alltag vermitteln. Die Schilder tragen auf der einen Seite Bildsymbole und auf der anderen Seite Zitate aus nationalsozialistischen Verfügungen oder Tagebuchnotizen sowie zugehörige Daten. Auf Schritt und Tritt begegnet der Passant diesen Schildern, die ebenso unaufdringlich wie unübersehbar sind. Anstelle pauschaler und neutralisierender Gedenkrituale entstand ein mit einfachen Mitteln gestaltetes Geschichtsbuch, das den Prozeß, der zur Vernichtung der jüdischen Gemeinden führte, verdeutlicht und analysiert. Grundlage der Arbeit war eine Umfrage unter den Bewohnern des Bayerischen Viertels über deren persönliche Erinnerungen. Die Befürchtungen haben sich nicht bestätigt, die Texte seien zu kompliziert, zu mißverständlich, zu uninteressant oder zu anfällig für rechtsradikale Angriffe.

Prinzregentenstraße 69–70 ❷

An dem Neubau mit Wohnungen für Blinde ist eine Gedenktafel zur Erinnerung an die 1930 eingeweihte, zu ihrer Zeit modernste Synagoge Berlins angebracht. Architekt war Alexander Beer, der 1943 in Theresienstadt ermordet wurde. Das Gotteshaus wurde 1938 zerstört und die Ruine 1958 abgeräumt. Im Gebäudekomplex befanden sich auch Religionsschule, Volksschule der Jüdischen Gemeinde, Zweigstelle des Wohlfahrts- und Jugendfürsorgeamtes der Jüdischen Gemeinde.

Prinzregentenstraße 66 ❸

Nach der Trennung von seiner Frau Dora bezog Walter Benjamin im Herbst 1930 hier eine eigene Wohnung, die letzte vor seiner Flucht aus Deutschland im März 1933. Hier entstanden seine autobiographischen Skizzen „Berliner Kindheit um 1900", die 1932 in der „Frankfurter Zeitung" und in der „Vossischen Zeitung" gesondert und erst 1950 geschlossen publiziert wurden, eines der aufschlußreichsten Bücher für das Leben Berlins zur Jahrhundertwende. Walter Benjamin war 1892 geboren und starb in der Folge eines Selbstmordes 1940 an der französisch-spanischen Grenze aus Furcht vor Verhaftung und Deportation. In Port Bou wurde im vergangenen Jahr nach langer Vorbereitungszeit und einigem Hin und Her ein Erinnerungsmal für Walter Benjamin eingeweiht.

Helmstedter Straße 23 und 24 ❹

Die sogenannten Judenhäuser waren in den Jahren 1943 und 1944 quasi Kleinghettos, in denen die Behörden jüdische Familien zusammenpferchten, um sie zu überwachen und von hier aus in die Vernichtungslager zu deportieren. In der Helmstedter Straße 23 beispielsweise wohnten unter entwürdigenden Umständen 52 jüdische Familien.

In dem benachbarten Haus Helmstedter Straße 24 lebte Anna Seghers (1900–1983) von 1928 bis 1933. Aus der Emigration kehrte sie in die DDR zurück. Ihr Grab liegt auf dem Dorotheenstädtischen Friedhof an der Chausseestraße. Anna Seghers, deren Hauptwerk „Das siebte Kreuz" ist, war von 1952 bis 1978 Präsidentin des Schriftstellerverbandes der DDR. Die Anna-Seghers-Gedenkstätte, die als museale Einrichtung zugänglich ist, liegt in Adlershof, Bezirk Treptow.

Güntzelstraße 3 ❺

In diesem Haus wohnte von 1921 bis 1933 der Schriftsteller und Journalist Egon Erwin Kisch (1885–1948), der „Rasende Reporter". Er verließ Berlin am 30. Januar 1933.

Bamberger Straße 22 ❻

Inge Deutschkron (geb. 1922) hat die Erinnerungen an die Zeit der Demütigung und des Leidens in Büchern und Theaterstücken („Daffke...! Die vier Leben der Inge Deutschkron", „Ab heute heißt du Sara", „Ich trug den gelben Stern") festgehalten. Ihr verdanken wir authentische Beschreibungen der Leiden verfolgter jüdischer Menschen. Sie überlebte die Nazizeit im Versteck, arbeitete später in Westdeutschland als Journalistin und stieß auf die Spuren unbewältigter Vergangenheit. 1972 siedelte sie nach Israel über, kam aber 1989 nach Berlin zurück.

Nördlinger Straße 5 ❼

Die Nördlinger Straße soll zukünftig wieder Haberlandstraße heißen zur Erinnerung an den Schöpfer des Bayerischen Viertels. Im Hause Nr. 5 lebte Albert Einstein, an den eine Gedenktafel im Vorgarten erinnert.

Speyerer Straße 10 ❽

Haus und Straße sind verschwunden. Auf der Grünfläche zwischen Rosenheimer und Münchener Straße erinnert eine recht provisorische Gedenktafel an Gertrud Kolmar, deren Familienname Chodziesner war. Nach dem Zwangsverkauf des elterlichen Hauses in Finkenkrug lebte Gertrud Chodziesner-Kolmar mit ihrem Vater vom Januar 1939 bis zu ihrer Deportation am 27. Februar 1943 im zweiten Stock des Hauses Speyerer Straße 10. Ihrem Vater zuliebe hatte Gertrud Kolmar die geplante Emigration nach England verschoben, wo sie sich mit ihrem erlernten Beruf als Erzieherin eine Zukunft erhofft hatte. 1941 wurde sie zur Zwangsarbeit in einer Kartonagenfabrik gepreßt. Ihr Vater wurde im September 1942 nach Theresienstadt verschleppt. Die Treue zum Vater führte sie in den Tod im Vernichtungslager Auschwitz. Obwohl die Umstände ihres Todes nicht geklärt sind, blieb durch ihr Werk die Erinnerung an Gertrud Kolmar lebendig. „Wenn ich tot bin, wird mein Name schweben – eine kleine Weile ob der Welt... Doch ich werde bald verlorengehen." Geboren wurde die Dichterin, die zu den bedeutendsten Lyrikerinnen deutscher Sprache in diesem Jahrhundert zu zählen ist, am 10. Dezember 1894 in der Poststraße im Nikolaiviertel.

Das Haus Speyerer Straße 10 war ebenfalls eines der mit jüdischen Familien völlig überfüllten sogenannten Judenhäuser, die sich im Bayerischen Viertel, am Kurfürstendamm und in Pankow noch ermitteln lassen. Mit Ghettoisierung, sozialer Isolation und Ausgrenzung begann der Prozeß der Vernichtung.

Münchener Straße 37 ❾

Das wohl früheste offizielle künstlerische Denkmal, das die Stadt zur Erinnerung an jüdisches Leben und Leiden errichten ließ, schuf Gerson Fehrenbach 1963 gegenüber der Einmündung der Westarpstraße in die Münchener Straße am Standort der ehemaligen Schöneberger Synagoge. Auf der Tafel heißt es: „Hier stand von 1909 bis 1956 eine Synagoge. Sie wurde während der Reichspogromnacht am 9. November 1938 wegen ihrer Lage in einem Wohnhaus nicht zerstört. Nach der Vertreibung und Vernichtung der jüdischen Mitbürgerinnen und Mitbürger durch die Nationalsozialisten verlor sie ihre Funktion und wurde 1956 abgerissen." Das Gotteshaus war Zentrum jüdischen Lebens im Bayerischen Viertel, ab 1941 Sammelstelle für Gegenstände, deren Besitz Juden nach und nach verboten wurde (Radios, Fahrräder, Pelze, Wollsachen). Die Bausubstanz war am Ende des 2. Weltkrieges noch intakt. Ein Wiederaufbau wäre möglich gewesen. Der Abriß auf behördliche Anweisung hin kann nur damit erklärt werden, daß eine Wiederkehr jüdischen Lebens nicht mehr erwartet wurde.

Grunewaldstraße 59 ❿

Curt Riess in seinen Erinnerungen „Das war ein Leben!" 1990: „Wer mich ... in das Romanische Café einführte und in dessen Begleitung ich meist kam, war ein gewisser Benedict Lachmann, ein höchst bemerkenswerter Mann. Er war ziemlich groß, eher hager, ging leicht gebeugt, trug sein schwarzes Haar absichtlich unordentlich, sozusagen künstlerisch. Sein Beruf: Buchhändler. Er hatte irgendwann den Buchladen am Bayerischen Platz aufgemacht, keine 50 Meter von unserer Wohnung. Der Laden war klein, aber voller Köstlichkeiten. Ich entdeckte Dutzende von Schriftstellern und Dichtern einfach dadurch, daß ich dort ihre Bücher sah und sie zu lesen begann." Zu den Kunden des Buchladens am Bayerischen Platz gehörte auch Albert Einstein. Die 1919 gegründete Buchhandlung übergab Lachmann 1938 seinem Stellvertreter Paul Behr. Lachmann wurde 1941 deportiert und ermordet.

Hohenstaufenstraße 36 ⓫

Inschrift der Gedenktafel: „Hier lebte in den 20er Jahren der ‚Rasende Reporter' Egon Erwin Kisch – 29.4.1885–31.3.1948." Durch seine engagierten sozialkritischen Artikel und Schriften setzte er neue Akzente im Journalismus. Kisch wuchs als Sohn eines jüdischen Tuchhändlers in Prag auf und begann 1905 seine journalistische Laufbahn. Er arbeitete als Prager Korrespondent für das „Berliner Tageblatt". Seit 1921 lebte er in Berlin und schrieb für die „Weltbühne" scharfsichtige Reportagen. Er wurde sofort nach 1933 verhaftet, jedoch auf Protest der tschechischen Regierung wieder freigelassen und nach Prag ausgewiesen.

Viktoria-Luise-Platz 11 ⓬

Der zu den Schöpfungen Haberlands gehörige Platz wurde in der Berliner Kulturgeschichte berühmt durch die Wohnung des Komponisten Ferruccio Busoni. Im gleichen Hause wohnte vor seiner Emigration nach Amerika der Filmregisseur Billy Wilder, für den kürzlich eine Gedenktafel angebracht wurde.

Güntzelstraße 41–43 ⓭

Es ist überliefert, daß in den drei Häusern, deren ursprüngliche Bewohner ausquartiert wurden, ebenfalls ein sogenanntes Judenhaus als Kleinghetto vor den Deportationen der Jahre 1943 und 1944 eingerichtet wurde.

Mannheimer Straße 27 ⓮

„Betrifft: Rosa L." von Günter Kunert: „Die Mannheimer Straße findet ihre konsequente historische Verlängerung in den Lagerstraßen von Dachau und Buchenwald." Im Herbst 1899 zog Rosa Luxemburg von der Cuxhavener Straße 2 im Bezirk Tiergarten zur Friedenauer Wielandstraße 23. 1902 wohnte sie mit Leo Jogiches in der Cranachstraße 58. Die nächste Wohnung ab 1911 hatte die Adresse Mannheimer Straße 27. Hier wurde Rosa Luxemburg von der Wilmersdorfer Bürgerwehr verhaftet. Am 15. Januar 1919 wurde sie ermordet. Die Gedenktafel ist als Platte in den Gehweg eingelegt, vermutlich wegen der Weigerung der Eigentümer, sie am Hause selbst anbringen zu lassen. Immer wieder wird die Gedenkplatte mit Blumen geschmückt, die nicht selten rasch wieder entfernt werden.

Wittelsbacher Straße 36 ⓯

Im vierten Stock des Hauses wohnte der Dirigent und Komponist Leo Blech (1871–1958) nach seiner Rückkehr aus der Emigration. Er wirkte seit 1906 als Kapellmeister und später, 1913, als Generalmusikdirektor der Staatsoper Unter den Linden, ehe er 1937 das Land verlassen mußte. Nach dem Kriege dirigierte Leo Blech bis 1953 in der Städtischen Oper an der Kantstraße. Sein Grab befindet sich auf dem Waldfriedhof an der Heerstraße.

Düsseldorfer Straße 47 ⓖ

Eine Gedenktafel erinnert an Leon Jessel, der hier von 1925 bis 1941 wohnte. In Gestapo-Haft wurde er gefoltert und am 4. Januar 1942 ermordet, obschon er lange Zeit wegen seiner populären Musik (u. a. die Operette „Das Schwarzwaldmädel") durchaus in der Gunst nationalsozialistischer Kulturpolitik stand. Der als Sohn einer jüdischen Kaufmannsfamilie am 22. Januar 1871 in Stettin geborene Pianist, Kapellmeister und Komponist zog 1911 nach Berlin und wohnte seit 1925 in Wilmersdorf. Die eintausendste Aufführung des „Schwarzwaldmädels" leitete er 1924 im Schloßparktheater in Steglitz. Die Operette wurde bis zum Jahre 1937 an vielen deutschen Bühnen gespielt. Sie war ein Lieblingsstück führender nationalsozialistischer Politiker. Wegen seiner jüdischen Abstammung, obwohl zum Protestantismus konvertiert, wurde Jessel aus der Reichsmusikkammer ausgeschlossen, was einem Berufsverbot gleichkam. Er lebte zurückgezogen und wegen seiner arischen Frau zunächst unbehelligt. Am 15. Dezember 1941 wurde er von der Gestapo verhaftet, denn er hatte einen Brief nach Wien geschrieben: „Ich kann nicht arbeiten in einer Zeit, wo Judenhetze mein Volk zu vernichten droht, wo ich nicht weiß, wann das grausige Schicksal auch an meine Türe klopfen wird." Nach Mißhandlungen in Einzelhaft starb Jessel am 4. Januar 1942 im Jüdischen Krankenhaus.

Pariser Straße 44 und Emser Straße 42 ⓗ

In dem architektonisch bemerkenswerten Gebäudekomplex befanden sich wichtige Institutionen jüdischen Lebens. Der Philo-Verlag wurde 1919 als Verlag vom „Centralverein deutscher Staatsbürger jüdischen Glaubens" gegründet und 1938 aufgelöst. Eine Gedenktafel erinnert an den 1893 gegründeten „Central-Verein". Der CV, am 9. November 1938 verboten, war die größte jüdische Organisation in Deutschland. Er setzte sich für die Gleichberechtigung der Deutschen jüdischen Glaubens ein und gehörte zu den Vorkämpfern gegen Antisemitismus und Faschismus. Er vertrat die Auffassung, daß die Juden im deutschen Reich Bürgerrechte besaßen, und lehnte den Zionismus ab. Die CV-Zeitung war die auflagenstärkste jüdische Wochenzeitung. Eine wichtige Aufgabe des Vereins war der Rechtsschutz. Er versah ein Wächteramt gegen Antisemitismus und kam auf diese Weise immer stärker in Konflikt mit dem Nationalsozialismus. Nach 1933 ermutigte der CV zur Auswanderung. So erschien im Philo-Verlag 1938 als letztes Buch der Philo-Atlas, ein Handbuch für jüdische Auswanderer, von E. G. Loewenthal. Der Atlas nannte Schiffspassagen und Häfen, gab Informationen über Lebensbedingungen in den Exilländern. Ebenso wie der Philo-Verlag wurden Ende 1938 alle jüdischen Verlagshäuser zur Schließung gezwungen. Die Bestände übernahm der Jüdische Kulturbund, der als einzige Organisation noch bis 1941 einen Verlag „Jüdischer Kulturbund" unterhalten durfte.

Kapitel 19
Friedenau – Steglitz

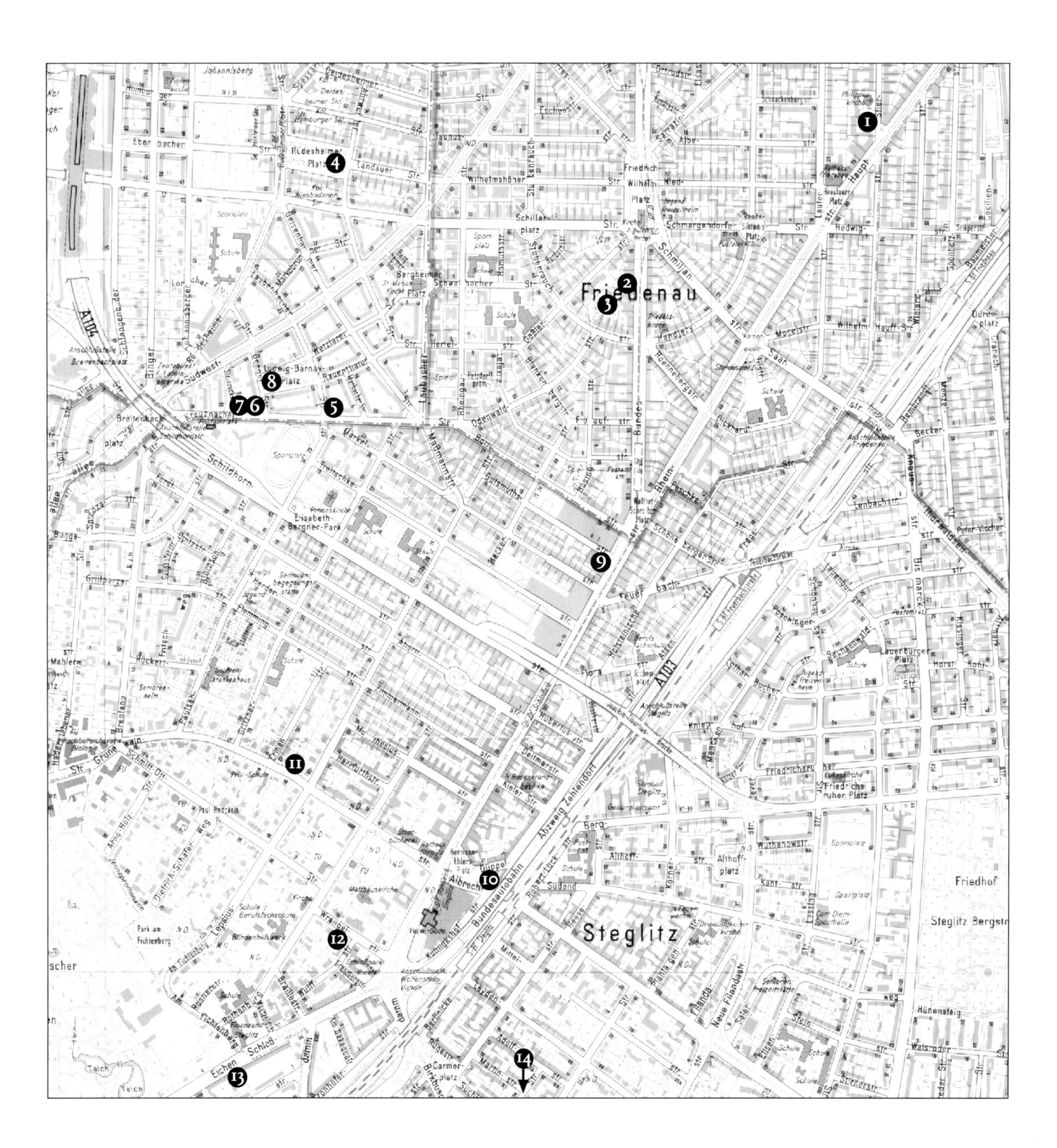

Stierstraße 21 ❶

In der Werkstatt eines zahntechnischen Laboratoriums ist bis heute erkennbar die Privatsynagoge des „Religionsvereins Friedenau-Steglitz und der südwestlichen Vororte e.V.", der 1911 gegründet wurde und etwa 450 Mitglieder hatte. Die Gottesdienste fanden bis 1933 in der Aula der Rheingauschule in der Homuthstraße 3 statt. Erst 1933 wurde im ersten Stock der Stierstraße 21 eine Privatwohnung in einen Betraum umgewandelt. Nebeneinrichtungen waren eine Zweigstelle der Hauptbibliothek der Jüdischen Gemeinde und ein Leseraum, wo wissenschaftliche Vorträge und gesellige Veranstaltungen stattfanden. Die Innenausstattung wurde in der Pogromnacht von 1938 verwüstet.

Bundesallee 79 ❷
(Friedenau)

Eine Gedenktafel für Kurt Tucholsky, der hier von 1920 bis 1924 wohnte, trägt die Inschrift: „Sprache ist eine Waffe, haltet sie scharf!" Der 9. Feuerspruch zur Bücherverbrennung 1933 auf dem Opernplatz lautete: „Gegen Frechheit und Anmaßung... Tucholsky, Ossietzky." Tucholsky lebte seit 1929 in Schweden und nahm sich im Dezember 1935 das Leben. Geboren wurde er am 5. Januar 1890 im Berliner Bezirk Tiergarten, Lübecker Straße 13.

Bundesallee 80 ❸
und Stubenrauchstraße 6

Georg Hermann, der als Schriftsteller seinen Familiennamen Borchard fortließ, lebte von 1901 bis 1906 im Hause Bundesallee 108, später in der Grunewalder Trabener Straße 19, ab 1931 bis zu seiner Emigration im Jahre 1933 Kreuznacher Straße 28. Im holländischen Exil wurde der radikal-demokratisch orientierte, politisch engagierte Schriftsteller trotz schwerer Krankheit im Konzentrationslager Westerbork interniert und am 17. November 1943 nach Auschwitz deportiert, wo er im Alter von 72 Jahren ermordet wurde.

Im Jahre 1962 erhielt der zwischen Bundesallee und Stubenrauchstraße gelegene Park den Namen Georg-Hermann-Garten, um an den zu seiner Zeit so erfolgreichen Autor („Jettchen Gebert", „Henriette Jacoby", „Rosenemil", „Spielkinder", „Kubinke") zu erinnern. Gedenkstein und Park sind schwer zu finden, weil hinter dem schönen Eingang an der Bundesallee ein Pestalozzi-Fröbel-Kindergarten den Durchgang blockiert und ein Gitter den Weg zum Gedenkstein versperrt. Eine versteckte Form der Erinnerung läßt sich kaum denken. Auch der Text der Gedenktafel ist ein Beispiel für Verharmlosung, weil über den tragischen Tod des Autors keine Nachricht gegeben wird. Es heißt lediglich: „Dem Gedenken an Georg Hermann, 1871–1944, der in den Jahren 1901 bis 1906 im Hause Bundesallee 108 wohnte und hier sein ‚Jettchen Gebert' schrieb."

Rüdesheimer Platz ❹

Eine urbane, fortschrittliche und städtebaulich bemerkenswerte Anlage, das Werk Georg Haberlands (1861–1933), des Pioniers moderner Stadtplanung aus der Jahrhundertwende.

Rund um den einladenden Park über ansteigenden Vorgärten sind unterschiedliche, individuell gestaltete Miethäuser angeordnet. Eine Brunnenanlage mit Felsgebirge und Siegfried als Rossebändiger, mit Allegorien von Rhein und Mosel, korrespondiert mit den im Heimatstil gestalteten Hausfassaden, die Gemütlichkeit ausstrahlen. Die nationale Stimmungslage, die Architektur und Brunnenskulptur vermitteln, ist nicht untypisch für die patriotischen Einstellungen im assimilierten jüdischen Bürgertum, das sich in den aufstrebenden und für die neue Zeit maßgeblichen Arbeitsgebieten von Boden-, Bau- und Bankgeschäften, Industrie, Medien, Kultur und Wissenschaft eigene spezifische Betätigungsfelder schuf.

Der Rüdesheimer Platz steht in seiner rein erhaltenen Erscheinungsform als Beispiel für ähnlich attraktive Unternehmungen, etwa das Bayerische Viertel, der Viktoria-Luise-Platz oder Neu-Tempelhof. Diese sorgfältig geplanten Stadtanlagen weisen weit in die Zukunft modernen Städtebaus.

Kreuznacher Straße ❺ ❻ ❼

Nr. 28: Gedenktafel für Georg Hermann
Nr. 48: Gedenktafel für Alfred Kantorowicz
Nr. 52: Gedenktafel für Ernst Bloch

In der sogenannten Künstlerkolonie am Wilmersdorfer Breitenbachplatz wohnten und arbeiteten zahlreiche jüdische Intellektuelle unmittelbar vor ihrer Deportation oder Emigration.

Georg Hermann (1871–1943) lebte hier von 1931 bis 1933, bis zu seiner Emigration, die im Vernichtungslager Auschwitz-Birkenau mit seiner Ermordung endete; Alfred Kantorowicz (1899–1979) von 1931 bis 1933, bevor er über Frankreich in die USA emigrierte. Kantorowicz, geboren im Hause Krausnickstraße 1, war politisch engagierter Redakteur der „Vossischen Zeitung" und trat 1931 der kommunistischen Partei bei. Im Exil war er Generalsekretär des Schutzverbandes deutscher Schriftsteller und Gründer der deutschen Freiheitsbibliothek. Er beteiligte sich am spanischen Bürgerkrieg und floh 1941 nach Verhaftung in die USA, kehrte 1946 nach Berlin zurück, wo er einen Lehrstuhl an der Humboldt-Universität erhielt und das Heinrich-Mann-Archiv der Deutschen Akademie der Künste der DDR betreute. Er mußte die DDR jedoch 1957 verlassen, weil er sich geweigert hatte, eine Resolution gegen den ungarischen Aufstand zu unterschreiben. Weil er angeblich als Kommunist der Unmenschlichkeit Vorschub geleistet habe, wurde ihm in Bayern das Notaufnahmeverfahren verweigert. Er starb 1979 in Hamburg, wo er seit 1965 lebte. Er war von 1947 bis 1949 Herausgeber der für die unmittelbare Nachkriegszeit wichtigen, zeitweise von den Westalliierten verbotenen Zeitschrift „Ost und West". Zwischen Ost und West, in unbequemer, von beiden politischen Seiten bedrängter Lage, verlief sein Leben und Wirken.

Ernst Bloch lebte hier von 1931 bis 1933. Nach Berlin kam er 1908 als Schüler des Soziologen Georg Simmel, stand in Verbindung mit Theodor W. Adorno, Siegfried Kracauer und Kurt Weill, floh vor den Nationalsozialisten in die Schweiz, nach Österreich, Frankreich, in die Tschechoslowakei, schließlich nach Amerika, wo er 1954 bis 1959 die Hauptthesen seines zentralen Werkes „Das Prinzip Hoffnung" entwickelte. Nach der Rückkehr aus der Emigration geriet er zwischen die ideologische Ost-West-Front: 1949 Professor in Leipzig, 1957 zwangsemeritiert, 1961 Philosophieprofessor in Tübingen.

Ludwig-Barnay-Platz/Bonner Straße ❽

„Mahnmal für die politisch Verfolgten der Künstlerkolonie" – diese Information auf einem überwucherten Findling ist unzulänglich, weil sie Täter und Opfer nicht deutlich benennt und auch nicht daran erinnert, daß auf diesem Platz ebenfalls am 15. März 1933 Bücher jüdischer Linksintellektueller verbrannt wurden. Die Autoren waren in ihren Wohnungen überfallen worden. Provokationen durch die nationalsozialistischen Terrorgruppen begannen schon 1930 und endeten für viele Bewohner der Künstlerkolonie in „wilden" Konzentrationslagern.

Schloßstraße 4–5/ ❾
Gutsmuthsstraße 28
Titania-Palast

Der Titania-Palast, am 26. Januar 1928 als Uraufführungskino der National-Film-Verleih-und-Vertriebs-AG nach 30wöchiger Bauzeit entstanden, war ein Signal moderner Architektur. Ein 30 Meter hoher Lichtturm mit 27 Leuchtbalken erhellte die Nacht. Der große Saal mit nahezu 2.000 Plätzen war eine gewaltige elliptische Hülle mit luxuriöser Ausstattung. Der Palast überstand den Krieg und war der einzige große Saal in der zerstörten Stadt. Schon im Mai 1945 begann wieder das kulturelle Leben. Der Titania-Palast wurde Heimstatt des Berliner Philharmonischen Orchesters.

Am 26. Mai 1945 fand das erste Konzert des Berliner Philharmonischen Orchesters nach dem Kriegsende statt. Es begann mit Mendelssohns Musik zum „Sommernachtstraum", die – heute unbegreiflich – 12 Jahre lang verboten war. Der Dirigent war Leo Borchard, vom Magistrat als Chefdirigent mit allen Vollmachten der Erneuerung und des personellen Wechsels ausgestattet. Leo Borchard, Schüler Scherchens, Assistent Klemperers und Bruno Walters, lebte und kämpfte im Untergrund als Mitglied der Widerstandsgruppe „Onkel Emil", die Juden mit falschen Pässen zur Flucht verhalf. Bis zum 23. August 1945, als er in tragischer Verkettung unglücklicher Umstände von einem Militärpolizisten erschossen wurde, hatte er über 20 Konzerte dirigiert.

Yehudi Menuhin war der erste jüdische Musiker, der im Titania-Palast wieder mit dem Berliner Philharmonischen Orchester auftrat und zur Versöhnung aufrief. Jüdische Opfer, die damals unter schwierigen Umständen in einem Lager, dem sogenannten Düppel-Center, untergebracht waren, mußten das als Verrat empfinden. Sie konnten nicht verstehen, daß so rasch nach dem Holocaust ein Jude gemeinsam mit Wilhelm Furtwängler musizieren konnte.

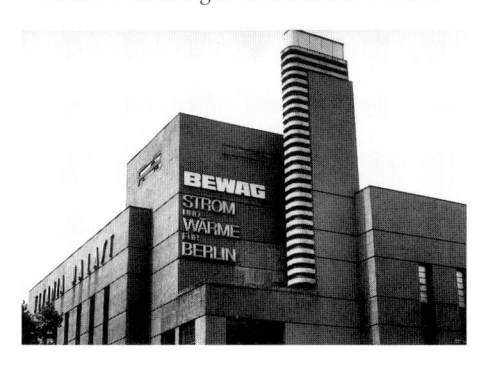

Düppelstraße 41/Hermann-Ehlers-Platz ❿

Der Streit um die Steglitzer Spiegelwand machte über Berlin hinaus Schlagzeilen – anstößig die 18 riesigen Stahlplatten, hochglanzpoliert und mit eingeätzten Texten und Bildern. Der Betrachter spiegelt sich, und sein Spiegelbild vermischt sich mit den Namen ermordeter und deportierter oder ins Exil getriebener jüdischer Berliner. Der Betrachter wird mit der Vergangenheit in seiner Gegenwart konfrontiert. Das Denkzeichen führte zu heftigen politischen Auseinandersetzungen, zu aufschlußreichen Debatten zwischen den Parteien und Fraktionen in der Bezirksverordnetenversammlung von Steglitz, bis hin zur Diffamierung überlebender Zeitzeugen.

Topographischer Anlaß und Ausgangspunkt der Steglitzer Spiegelwand wider den Gedächtnisschwund ist die weitgehend noch erhaltene, aber wegen eines vorgesetzten neuen Geschäftshauses bedauerlicherweise nicht zugängliche Privatsynagoge im Hof Düppelstraße 41. Im Jahre 1897 wurde die kleine Synagoge nach konservativem Ritus vom Unternehmer Moses Wolfenstein in einer ehemaligen Remise eingerichtet. Das Gotteshaus wurde in der Pogromnacht 1938 demoliert, aber nicht in Brand gesteckt, weil sich in der Nachbarschaft eine Tischlerei befand. Erhalten blieben ein Fries mit zwei Löwen zu beiden Seiten und eine Tafel mit den 10 Geboten in Hebräisch. Die Bemühungen einer Bürgerinitiative, das Haus Wolfenstein zu einem Zentrum für jüdische Kultur und zu einer internationalen Begegnungsstätte umzugestalten, hatten keinen Erfolg, vielmehr wurde das Grundstück durch Investoren neu bebaut und anderweitig genutzt.

Der Streit um die Spiegelwand ist aufschlußreich als Manifestation eines widersprüchlichen Umgangs mit der nationalsozialistischen Hinterlassenschaft. Zum Vorschein kam, daß Erinnerungszeichen und Denkmäler desto weniger akzeptiert werden, je genauer Täter und Opfer benannt sind. Die Debatte kann als nachdrückliches Plädoyer gegen ein verallgemeinerndes und neutralisierendes Gedenken in der Form überdimensionierter Mahnmale genommen werden.

Auf der Spiegelwand ist beispielsweise ein Text von Robert Kempner, Steglitzer Jude und Ankläger in den Nürnberger Kriegsverbrecherprozessen, zu lesen: „Man hat ihnen die Berufe genommen, das Besitztum gestohlen, sie durften keinen Kanarienvogel halten, keine Konzerte oder Kinos besuchen, ihre Menschenrechte und ihre Menschenwürde wurden in den Staub getreten, bis sie in Konzentrationslager deportiert wurden und in die Gaskammern kamen." Das Bild der zerstörten Neuen Synagoge ist umrahmt von 1.758 Namen, Geburtsdaten und Adressen aus Deportationslisten der Gestapo von 1942 bis 1945, auf denen auch 237 Menschen aus Steglitz, Lankwitz und Lichterfelde aufgeführt sind. Abgebildet sind Ruth und Georg Pisarek, Kinder des jüdischen Fotografen Abraham Pisarek, die einen Chanukka-Leuchter anzünden. Eine genaue und aufschlußreiche Chronik berichtet über die Juden in Steglitz. Die Fülle der Informationen macht dieses „Mahnmal" zum Vorbild für die Gestaltung der Erinnerung. Es ist seit der Enthüllung, 50 Jahre nach dem Ende des Holocausts und des 2. Weltkrieges, ständig von Blumen umsäumt und nicht beschädigt oder beschmiert worden. Niemand kann sich seiner Wirkung entziehen.

Der Hermann-Ehlers-Platz wurde aus einer städtebaulich mißlungenen häßlichen Restfläche zwischen Stadtautobahn und Steglitzer Kreisel zu einem urbanen Platz und eindringlichen Denkort. Die Schöpfer des Mahnmals sind Wolfgang Göschel, Joachim von Rosenberg und Hans-Norbert Burkert.

Grunewaldstraße 13

Franz Kafka in Berlin: Im Juli 1923 hatte Kafka im Ostseebad Müritz in der Ferienkolonie des Jüdischen Volksheims die Berlinerin Dora Diamant kennengelernt. Kafka war bereits erkrankt, doch endlich den „langen Krallen Prags" und familiären Kümmernissen entronnen. Das mittellose, unverheiratete Paar bezog im September 1923 ein möbliertes Zimmer in der damaligen Miquelstraße 8 (jetzt Muthesiusstraße 22), wo Kafka die Erzählung „Eine kleine Frau" schrieb. Von Berlin selbst hat er gewiß nicht viel wahrgenommen, da er zu krank und zu schwach war, um den beschwerlichen Weg ins Zentrum der Stadt anzutreten. Im November 1923 zog das Paar in zwei Zimmer der Villa Seifert, Grunewaldstraße 13. Sie waren fremd in der gediegenen Bürgergegend, wurden – wie Kafka brieflich klagte – „aus unserer wunderschönen Wohnung am 1. Feber als arme zahlungsunfähige Ausländer vertrieben". Hier entstand die Erzählung „Beim Bau der chinesischen Mauer", die Kafkas Schwierigkeiten in der Berliner Zeit durchscheinen läßt.

Kafka hatte Berlin wahrscheinlich zum ersten Mal Ende 1910 besucht. Eine Woche lang erkundet er die deutsche Metropole, genießt das kulturelle Angebot im Lessing-Theater und in den Kammerspielen des Deutschen Theaters, ißt vegetarisch und schreibt Postkarten an seine Freunde in Prag. Erst vier Jahre später macht er einen ersten Versuch, in Berlin Fuß zu fassen. Er hatte die Berlinerin Felice Bauer kennengelernt, sich in sie verliebt und 1914 mit ihr verlobt. In Prag träumt er davon, durch Berlins Straßen zu gehen und dort zu wohnen. „Prag, aus dem ich weg muß, und Wien, das ich hasse ... ich muß ... nach Deutschland, und dort nach Berlin...!" Er möchte im pulsierenden Leben der aufstrebenden Metropole Berlin seine Kraft entwickeln, selbständig werden, der Lethargie und Melancholie entkommen. „Wunderbar ist es, von zu Hause wegzukommen, noch wunderbarer, nach Berlin zu kommen." „Berlin tut mir von allen Seiten gut." In Berlin sucht er, was er sich in „Amerika", seinem ersten Roman, erträumt. Im Hotel Askanischer Hof am Anhalter Bahnhof trennt er sich jedoch von Felice Bauer und fährt resigniert nach Prag zurück. Die Verbindung reißt nicht ab. Sie beschließen, nach dem Krieg zu heiraten und in einen Berliner Vorort zu ziehen. Auch eine zweite Verlobung mit Felice Bauer scheitert. Im Dezember 1917 endet Kafkas Traum vom Leben in Berlin. Er setzt sich mit dem Zionismus auseinander und erwägt die Übersiedlung nach Palästina. Er studiert Hebräisch. Die unglückliche Liebe zerrüttet seine Gesundheit. Eine biographische Wendung kündigt sich nach dem Aufenthalt an der Ostsee an. Er teilt Max Brod mit, wie positiv er Berlin empfindet. Im ländlichen Steglitz, wo er „in stillen herbstlichen Alleen" spazierengeht, nahe dem Botanischen Garten oder im Stadtpark, fühlt er sich gesundheitlich erleichtert. Regelmäßig besucht er die Hochschule für die Wissenschaft des Judentums in der Artilleriestraße 14, um Vorträge über den Talmud zu hören und hebräische Texte zu lesen, und das jüdische Volksheim in der Dragonerstraße. Aber in der Stille des Vorortes fühlt er sich wohler als in der hektischen Innenstadt. Er ringt mit der ihn seit Jahren quälenden Tuberkulose. Die letzte Berliner Wohnung nach dem Rausschmiß aus der Grunewaldstraße 13 fand der inzwischen schwerkranke Dichter in der Zehlendorfer Heidestraße, im jetzt leerstehenden, allmählich verfallenden Haus Busseallee 7–9. Am 17. März 1924 holt Max Brod seinen kranken Freund nach Prag zurück. Wenige Monate später stirbt er im Sanatorium.

Die Gedenktafel am Hause Grunewaldstraße 13 ließ überraschenderweise die Österreichische Republik zu Ehren des österreichischen Schriftstellers Franz Kafka anbringen. Zwar ist Kafka in Österreich unweit Wiens gestorben, aber er wurde auf dem neuen jüdischen Friedhof Prag-Strasnice beerdigt. Abgesehen von den Berliner Sehnsüchten und Aufenthalten hatte er fast ausschließlich in der Prager Innenstadt gelebt. Der Traum seiner letzten Lebensjahre war die Reise und Auswanderung nach Palästina.

Wrangelstraße 6–7

Die von einem privaten Trägerverein gegründete jüdische Blindenanstalt wurde 1910 eröffnet und hatte eine kleine Synagoge. Die Heimbewohner wurden 1942 deportiert. Das Reichssicherheitshauptamt richtete das Amt „Gegnererforschung und -bekämpfung" ein. Vor dem jetzigen christlichen Heim wurde 1965 ein Gedenkstein enthüllt. Er erinnert daran, daß die etwa 50 Pflegeplätze für blinde jüdische Jungen und Mädchen und erblindete ältere Juden eine letzte Heimstatt waren, ehe diese in die Vernichtungslager gebracht wurden. Das alte Gebäude ist unter der Fassade des erweiterten und umgebauten Hauses noch erkennbar.

Unter den Eichen 135 ⓭

Text der Gedenktafel: „Hier befand sich während der NS-Zeit der Sitz des SS-Wirtschafts- und Verwaltungshauptamtes, Zentralverwaltung zur Organisation und wirtschaftlichen Nutzung aller Konzentrations- und Vernichtungslager, sowie der zentralen Leitung der SS-Wirtschaftsunternehmen." Bis zur Errichtung des KZ-Außenlagers in der Wismarer Straße waren im östlichen Innenhof des Gebäudes von 1940 bis 1942 Häftlinge des KZ Sachsenhausen untergebracht. Die zentrale Inspektion der Konzentrationslager wurde 1938 in das sogenannte T-Gebäude nach Sachsenhausen verlegt. Von Steglitz aus wurden mit 1.700 Angestellten die wirtschaftlichen Unternehmungen der SS-eigenen Industriebetriebe in den Konzentrationslagern gesteuert. In den Fabriken wurden die Häftlinge durch übermäßige Arbeitsleistung physisch vernichtet. Für die SS ergab sich daraus ein wirtschaftlicher Nutzen, der in diesem zentralen Wirtschaftsverwaltungshauptamt registriert und kalkuliert wurde. Über die Schreibtische dieses Amtes gingen die Bestellungen der Krematoriumsöfen der Firma Topf für die Vernichtungslager. Leiter der Behörde war der SS-Obergruppenführer Oswald Pohl, der in Nürnberg zum Tode verurteilt und 1951 hingerichtet wurde, einer der wenigen hier Beschäftigten, die nach Kriegsende überhaupt für ihre Taten zur Verantwortung gezogen wurden.

Leonorenstraße 17 ⓮

In den jetzt zum Auguste-Viktoria-Krankenhaus gehörigen Gebäuden wurde 1889 das von James und Oliver Fraenkel gegründete Sanatorium „Berolinum" eingerichtet. Es gehörte wie viele andere Einrichtungen der Krankenpflege und der sozialen Fürsorge zu den reformfreudigen, nach neuen Methoden arbeitenden Einrichtungen, die von jüdischen Ärzten und Stiftern geschaffen wurden.

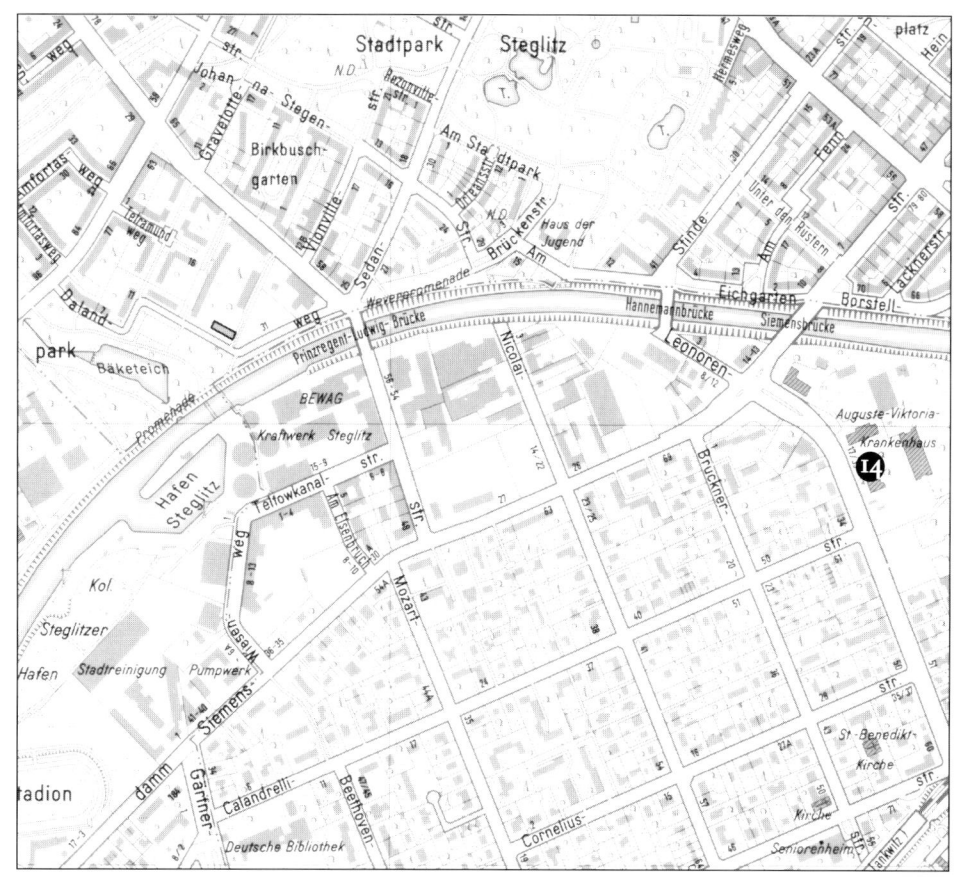

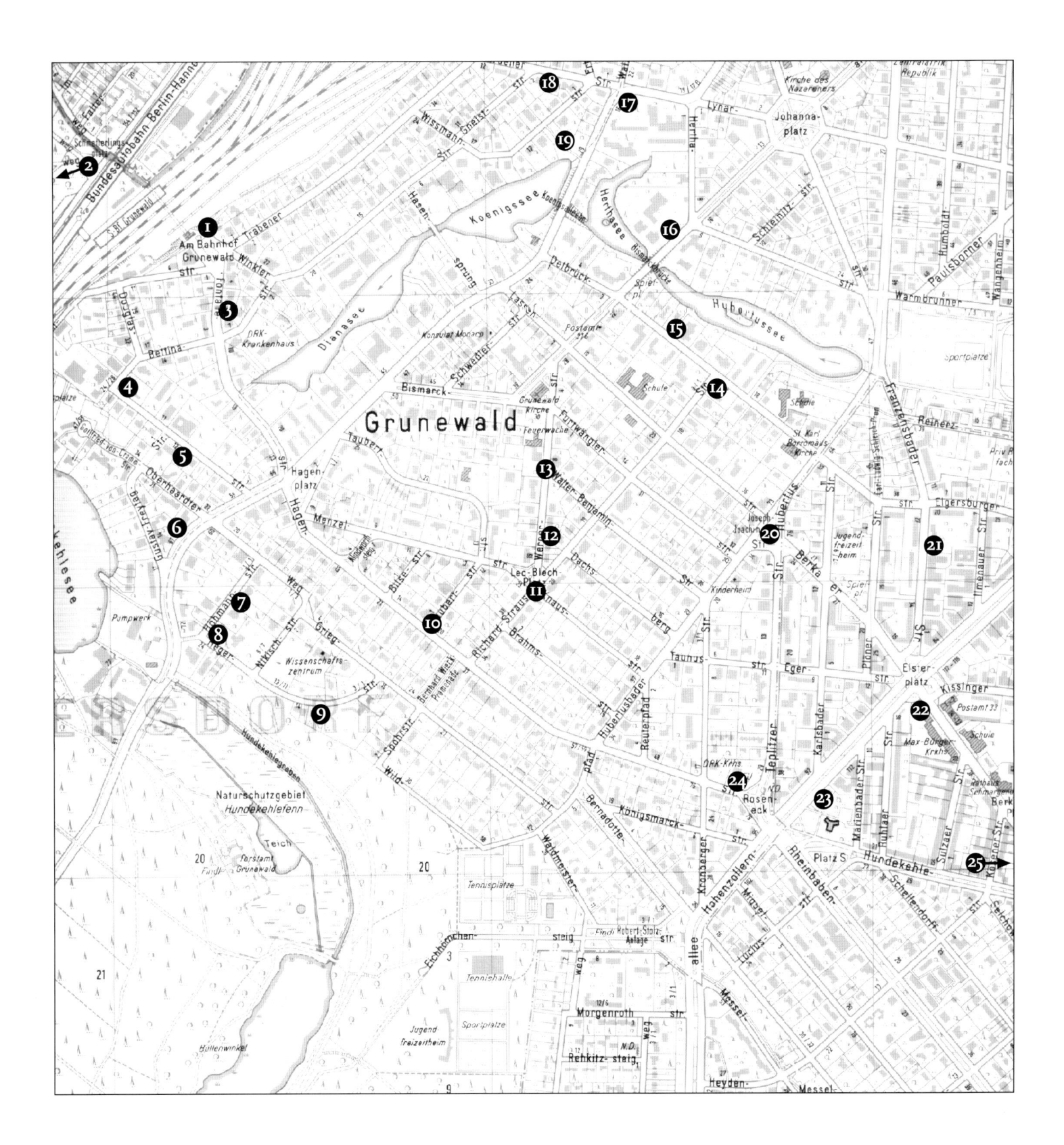

Kapitel 20
Grunewald

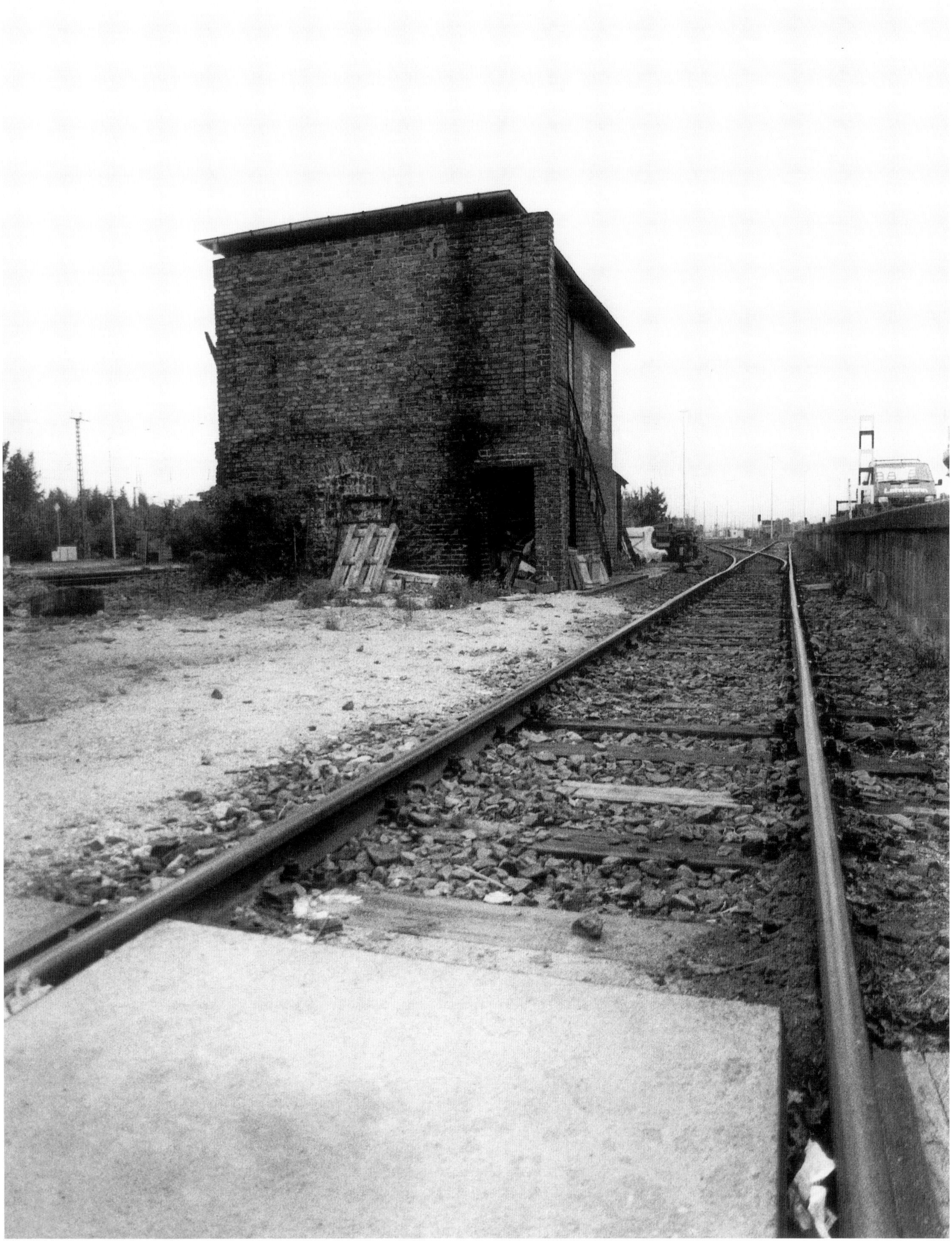

Güterbahnhof Grunewald ❶

Über 35.000 Berliner Juden, zuvor in Sammellagern zusammengetrieben, wurden von den fünf Rampen des Güterbahnhofs Grunewald in die Vernichtungslager deportiert, 60 Menschen in einem Viehwaggon, jeder Zug 30–40 Waggons der Reichsbahn. Am 18. Oktober 1941 begannen die „Ausschleusungen" und dauerten bis Februar 1945. Dasselbe geschah am Güterbahnhof Putlitzstraße. An einem Schuppen wurde im Januar 1973 durch private Initiative eine Tafel mit folgendem Text angebracht: „Zum Gedenken an die Zehntausende jüdischer Mitbürger Berlins, die seit Februar 1943 von hier aus von den Nazihenkern in die Todeslager deportiert und ermordet worden sind." Sie ist häufig beschädigt und mehrmals gestohlen worden.

Schließlich entstand 1991 an der Zufahrt neben dem Eingang zum S-Bahnhof Grunewald ein von dem Bildhauer Karol Broniatowski geschaffenes Mahnmal, eine ungewöhnliche Reliefwand von 18 Metern Länge und drei Metern Höhe. In die Betonwände am Weg zu den Gleisen der Todeszüge sind die Umrisse menschlicher Körper eingedrückt. Die Rampen sollten als authentische Zeugnisse zur Erinnerung erhalten werden.

Im Jagen 57–58/Königsweg ❷
Am Birkenplatz

Vom S-Bahnhof Grunewald durch den Auerbachtunnel führt der Weg zum Sportplatz Grunewald, wo der jüdische Sport eine feste Heimstatt hatte. Auf dem Sportgelände trainierten bis zur Auslöschung der jüdischen Gemeinde die Sportler des ältesten und größten deutschen jüdischen Sportvereins Bar Kochba Ha-koah, der 1898 von jüdischen Studenten gegründet wurde. Der Berliner Verein Bar Kochba war Keimzelle des Makkabi-Weltverbandes. Im Vereinsleben spielten jüdische Kultur und zionistische Politik eine wichtige Rolle. Das letzte offizielle Verbandsspiel war im April 1933 kurz nach dem Boykott jüdischer Geschäfte. Der Sportplatz Grunewald wurde zu einem der letzten Refugien für jüdische Sportler nach der Ausgrenzung aus anderen Sportvereinen der Stadt. Noch bis Oktober 1938 konnte auf dem abgelegenen Platz einigermaßen unbehelligt von Übergriffen gespielt werden. Heute erinnert nur noch wenig an die Sportfeste von einst. Gras wuchert über die kleine Tribüne. Der Sportplatz war nach dem Krieg an den Bezirk verkauft worden, so daß die jüdischen Sportler nur Gäste sind. Der TuS Makkabi wurde 1970 wiedergegründet. Zuwanderer aus Osteuropa ließen inzwischen die Mitgliederzahl der Makkabianer wachsen. Die Anlage im Grunewald soll deshalb erweitert und neugebaut werden, um einen sportlich-geselligen Treffpunkt zu schaffen. Die Bemühungen um die Wiedererweckung eines eigenen jüdischen Sportlebens hat mit dem Wunsch zu tun, jüdische Identität in Deutschland aufrechtzuerhalten und sie nicht einem als gescheitert empfundenen Assimilationsdruck zu opfern.

Fontanestraße 8 ❸

Ende 1902 mietete Max Reinhardt (1873–1943) eine Wohnung im Grunewald. Das Gebäude wurde zerstört und am Neubau eine Gedenktafel angebracht. Max Reinhardt wohnte hier bis 1905. Seit 1894 arbeitete er als Schauspieler unter Otto Brahm am Deutschen Theater, dessen Leitung er 1903 übernahm.

Douglasstraße 15–17 ❹
Haus Epstein

Oskar Kaufmann entwarf und baute 1922 für den Rechtsanwalt Professor Max Epstein eine Villa, die einen architektonischen Sonderrang beanspruchen kann. Expressionistische Stilelemente verbinden sich mit Modernität und Tradition.

Douglasstraße 10 ❺

Am Gartenzaun des Grundstücks wurde im Jahre 1971 eine Gedenktafel angebracht. Gegenüber der Villa Harteneck wohnte Alfred Kerr mit seiner Familie bis zu seiner Emigration am 15. Februar 1933. Er galt als der Berliner Literaturpapst, er fühlte sich dem Naturalismus und literarischen Expressionismus verpflichtet und warnte früh in seinen vom Rundfunk ausgestrahlten Tagesglossen vor dem aufkommenden Nationalsozialismus. Von einem Polizeibeamten telefonisch gewarnt, verließ er am 15. Februar 1933 rechtzeitig die Stadt in Richtung Prag. Über Wien und Zürich emigrierte er nach Paris. Auch seine Schriften wurden auf dem Berliner Opernplatz verbrannt. Im 8. Feuerspruch wurde sein literarisches Werk als „dünkelhafte Verhunzung der deutschen Sprache" denunziert. Später übersiedelte die Familie nach London, wo Kerr für die BBC als politischer Redakteur arbeitete. Auf seiner ersten Deutschlandreise erlitt Alfred Kerr in Hamburg 1948 einen Schlaganfall. Er starb 1948 im Krankenhaus an den Folgen eines Selbstmordversuchs. Seine Tochter Judith Kerr hat mit der Geschichte „Als Hitler das rosa Kaninchen stahl" das wichtigste Aufklärungsbuch für Kinder über den nationalsozialistischen Terror geschrieben und damit einen elementaren Beitrag zur Erinnerung geleistet.

Koenigsallee 65   ❻

Von 1910 bis 1922 wohnte Walther Rathenau in einem von ihm weitgehend selbst entworfenen Haus am Rande des Grunewalds. Er war mehrfach begabt als Industrieller, Schriftsteller und Politiker. 1909 kaufte er am Rande von Bad Freienwalde ein Schloß und nutzte es als Sommersitz, wo er wichtige Schriften („Kritik der Zeit", „Mechanik des Geistes", „Von kommenden Dingen") verfaßte. Heute beherbergt das Schloß Freienwalde, ein Schmuckstück preußischer Bau- und Wohnkultur, eine ständige Ausstellung über Leben und Wirken Rathenaus.

Walther Rathenau, geboren am 29. September 1867 in Berlin, zehn Tage nach einem Attentat vom 14. Juni 1922 gestorben, war der Sohn des Großindustriellen Emil Rathenau. Er arbeitete im väterlichen Unternehmen, wurde 1899 Vorstandsmitglied der Allgemeinen Elektrizitätsgesellschaft und 1915 deren Präsident. Er war Mitglied der liberalen Deutschen Demokratischen Partei und begann seine Politikerlaufbahn als Minister für den Wiederaufbau, wurde deutscher Außenminister und unterzeichnete 1922 den Vertrag von Rapallo. Er trat für die Einhaltung der sich aus dem Versailler Vertrag ergebenden Reparationsverpflichtungen ein und wurde deshalb von Nationalisten verfolgt und diffamiert. Ihm wurde seine jüdische Abstammung vorgeworfen und mangelnder Patriotismus zur Last gelegt. Rathenau führte Deutschland in den Völkerbund. Rechtsradikale Terroristen erschossen ihn am 24. Juni auf dem Wege von der Wohnung zum Außenministerium. Einer der Täter wurde später von den Nazis als national gesinnter Held gefeiert. Eine Gedenktafel am Wohnhaus Koenigsallee 65 trägt die Inschrift: „Dieses Haus erbaute und bewohnte von 1910 bis 1922 Walther Rathenau – Reichsaußenminister."

Höhmannstraße 6   ❼

Vor dem Umzug in die Douglasstraße wohnte Alfred Kerr mit seiner Familie in der Höhmannstraße von der Mitte der 20er Jahre bis 1930.

Höhmannstraße 10/ Regerstraße 11–15/ Nikischstraße 7–9   ❽

Landhaus des Verlegers Louis Ullstein, erbaut 1930/31 von den Architekten Breslauer und Salinger.

Regerstraße 8 (ehemals Mahlerstraße)   ❾

Die nach 1933 umbenannte Straße erhielt ihren ursprünglichen Namen nicht zurück. In den Gehweg eingelassen ist eine Gedenkplatte für Lion und Martha Feuchtwanger, die 1925 von München aus nach Berlin übergesiedelt waren und zunächst am Hohenzollerndamm 34 wohnten. Das für sie erbaute Haus wurde 1930 fertiggestellt. Anfang 1933 wurde das Haus von SA-Leuten überfallen und geplündert. Sie vernichteten ein Manuskript der „Josephus-Trilogie" und mißhandelten die Hausbewohner. Das Ehepaar Feuchtwanger emigrierte nach Frankreich und entkam aus dem Internierungslager 1940 nach Amerika. Er starb 1958 in Los Angeles. Im Gehweg liegt die Platte wohl wegen der Weigerung der Hauseigentümer, eine Gedenktafel am Hause selbst anbringen zu lassen. Die Villa ist nach der Exilierung arisiert worden. Feuchtwangers Villa „Aurora" bei Los Angeles wird zu einem Zentrum für Exilforschung und als Institut für europäisch-amerikanische Studien ausgebaut.

„Ich bin ein deutscher Schriftsteller, mein Herz schlägt jüdisch, mein Denken gehört der Welt."

Taubertstraße ➓

Die Taubertstraße ist die „arisierte" ehemalige Rathenauallee.

Leo-Blech-Platz ⓫

Der Leo-Blech-Platz erinnert an den Dirigenten, der Generalmusikdirektor der Staatsoper Unter den Linden war und sich der Pflege zeitgenössischer Opern von Busoni, Strawinsky, Prokofjew, Janáček und Krenek in den 20er Jahren annahm. Bis 1937 konnte er als zum Protestantismus konvertierter Jude am Charlottenburger Opernhaus noch weiterarbeiten. Er floh 1937 über das Ghetto in Riga nach Schweden, kehrte nach dem Kriege 1949 nach Berlin zurück. Bis 1953 wirkte er an der Städtischen Oper im Westen der Stadt. Er starb 1958 in Berlin.

Eine Gedenktafel wurde 1987 am Haus Mommsenstraße 6 angebracht.

Wernerstraße 16 ⓬

Der Schriftsteller Maximilian Harden (1861–1927) kaufte das Haus im Grunewald um die Jahrhundertwende. Eine Gedenktafel erinnert an ihn. Der Freund Walther Rathenaus war Mitbegründer des Vereins „Freie Bühne" (1889) als Verfechter des literarischen Naturalismus. Er gründete 1893 die Zeitschrift „Die Zukunft", die er ab 1918 für jüdische Belange, für sozialistische und zionistische Gedanken öffnete. Zeitschriften waren wichtige Träger der geistigen Erneuerung und Forum gesellschaftspolitischer Diskussion. Nach einem antisemitischen Attentat stellte er 1922 das Erscheinen der „Zukunft" ein und emigrierte in die Schweiz. Harden hieß eigentlich Witkowski, Apostata war sein Künstlerpseudonym.

Seebergsteig ⓭

Der Seebergsteig sollte laut Amtsblatt von 1993 in Walter-Benjamin-Straße umbenannt werden. Das war 1995 noch nicht erfolgt, weil die Anwohner wegen der dadurch entstehenden „Unannehmlichkeiten" Widerspruch einlegten.

Delbrückstraße 23/ Ecke Richard-Strauss-Straße (ehemalige Jagowstraße) ⓮

Vor dem 1. Weltkrieg zog die Familie Benjamin von der Nettelbeckstraße in eine Villa „mit einem Treppenhaus, deren es kein halbes Dutzend mehr gibt" (so Benjamin in „Berliner Kindheit"). Die 1912 erworbene prachtvolle Villa war für zwei Jahrzehnte Walter Benjamins feste Adresse. Im Sommer 1915 lernten sich die beiden Berliner Juden Benjamin und Gerhard Scholem kennen. Von Scholem gibt es eine Beschreibung der Grunewald-Villa. Sie verbrachten die letzten Jahre des 1. Weltkrieges in der Schweiz. 1920 kehrte Walter Benjamin mit seiner Frau Dora nach Berlin zurück und bewohnte wieder die elterliche Villa. Ihn zog jedoch das intellektuelle Berlin im Zentrum an. Nach dem Scheitern seiner Ehe wohnte er In den Zelten 9a bei Bloch und schließlich von Herbst 1930 bis März 1933 in der Prinzregentenstraße 66. In einem Essay mit dem Titel „Moskau" schrieb Benjamin: „Schneller als Moskau selber lernt man Berlin von Moskau aus sehen. Für einen, der aus Rußland heimkehrt, ist die Stadt wie frisch gewaschen." Immer wieder interessieren ihn Berliner Themen, wie Berliner Dialekt, Straßenhandel und Markt, Berliner Puppentheater, das dämonische Berlin, der Berliner Straßenjunge, Berliner Spielzeugwanderung. Die Topographie der Stadt wurde für ihn Grundlage und Hintergrund seiner Essays und seiner Arbeit über Passagen.

Delbrückstraße 8 ⓯

Jüdische Kindertagesstätte, die rund um die Uhr polizeilich gesichert werden muß. Kinder müssen unter Polizeischutz spielen – noch immer.

Bismarckallee 23 ⓰

Eine Gedenktafel erinnert an Franz von Mendelssohn, der von 1899 bis 1935 in dem Grunewaldpalais im englischen Landhausstil lebte. Er leitete ab 1889 gemeinsam mit Bruder Paul das Bankhaus Mendelssohn & Co. in der Jägerstraße 49–50, war Berater der preußischen Regierung und wurde 1914 zum Präsidenten der Berliner Industrie- und Handelskammer gewählt. Im Hause Mendelssohn trafen sich Leute von Rang aus Politik und Kunst. Zu den Freunden der Familie gehörten Max Liebermann, Max Planck, Albert Einstein, der hier oft zur Violine griff, und selbst Kaiser Wilhelm II. Auch Vladimir Horowitz fand Aufnahme, als er noch völlig unbekannt, jung und arm zum ersten Male nach Berlin kam. Der bereits als Kind getaufte Franz von Mendelssohn stiftete die Orgel der nahegelegenen Evangelischen Grunewald-Kirche. Er starb 1935 in seinem Haus. Der „Arisierung" konnte sich die Mendelssohn-Bank bis 1938 erfolgreich widersetzen. Erst dann wurde sie von der Deutschen Bank „übernommen", die Villa später von der Reichspostbaudirektion „erworben". Jetzt ist im Hause das St.-Michaels-Heim des Johannischen Aufbauwerkes beherbergt.

Koenigsallee/ Einmündung Erdener Straße ⓱

Denkmal zur Erinnerung an das Attentat auf Walther Rathenau. Der Gedenkstein wurde als symbolische Wiedergutmachung aufgestellt. Die Inschrift lautet: „Die Liberaldemokratische Partei Deutschlands – dem Andenken an Walther Rathenau, Reichsaußenminister der deutschen Republik. Er fiel an dieser Stelle durch Mörderhand am 24. Juni 1922. Die Gesundheit eines Volkes kommt nur aus seinem inneren Leben – aus dem Leben seiner Seele und seines Geistes. Oktober 1946."

Erdener Straße 8 ⓲

Im Herbst 1905 bezog der Verleger Samuel Fischer (1859–1934) mit seiner Familie die für ihn erbaute weiße Jugendstilvilla. Die Eingangshalle hatte Carl Walser, Bruder des Schriftstellers Robert Walser, ausgemalt. Zahlreiche Autoren des Verlages, Musiker und Bildende Künstler waren hier zu Gast und schilderten die musische, gebildete Atmosphäre des Hauses, am ausführlichsten Otto Flake in seiner 1961 erschienenen Autobiographie „Es wird Abend". Samuel Fischer hatte in seinem Hause eine bedeutende Kunstsammlung, zu der auch Werke von Cézanne und van Gogh zählten. An dem mehrfach umgebauten und veränderten Gebäude ist eine Gedenktafel für den 1934 verstorbenen Verleger angebracht. Er kam um 1880 nach Berlin, begann als Buchhändler bei Hugo Steinitz in der Friedrichstraße und gründete 1886 den Verlag S. Fischer, der in der literarischen Bewegung der Jahrhundertwende führend war und die literarische Entwicklung in Deutschland im 20. Jahrhundert wesentlich beeinflußt hat. Der Verlag trat zunächst als Förderer des literarischen Naturalismus (Ibsen, Dostojewski, Tolstoi, Zola) hervor und verlegte u.a. Alfred Döblin. Eine Emigration nach 1933 lehnte der Verleger ab. Dem Schwiegersohn und Teilhaber Gottfried Bermann Fischer gelang es, die Verlagsrechte und Lagerbestände außer Landes zu bringen. Er sah das Ende der demokratischen, liberalen Republik kommen, nachdem er, zusammen mit Zuckmayer, 1932 im Sportpalast eine NSDAP-Wahlkundgebung erlebt hatte.

Gottfried Bermann Fischer (1897–1995) war eine jüdische Persönlichkeit, deren abenteuerliches Leben ein ganzes Jahrhundert beschreibt. Gottfried Bermann war zunächst Arzt, studierte bei Sauerbruch, arbeitete im Krankenhaus Friedrichshain, trat 1925 in den Verlag von Samuel Fischer ein und nannte sich fortan Bermann Fischer. Er heiratete 1926 die Tochter und Erbin Brigitte Fischer, wirkte ab 1928 im Vorstand des Verlages und übernahm diesen als Leiter 1932. Als Hitler Reichskanzler wurde, organisierte er die Verlegung des Verlages ins Ausland. Durch geschickte Verhandlungen durfte er 1935 sein Unternehmen mitsamt Autorenrechten und einem Buchbestand von 700.000 Exemplaren ausführen. Der Bermann-Fischer-Verlag Wien wurde 1936 gegründet. Erneut mußte er fliehen und den Verlag 1938 in Stockholm neu gründen. Auf der Flucht verlor er alles, die Buchbestände wie privates Eigentum. Eine weitere Verlagsniederlassung wurde im amerikanischen Exil gegründet. Nach dem Kriege zurückgekehrt, konnte er die Fischer-Unternehmen 1950 in Frankfurt/Main wieder zusammenführen. Er verkaufte das Unternehmen 1964. Gottfried Bermann Fischer hat das Verdienst, den 1886 in Berlin gegründeten Verlag nicht nur dem Zugriff der Nazis entzogen zu haben, sondern während des Exils durch neue Autoren gestärkt und in ein modernes, den Idealen Samuel Fischers verpflichtetes Unternehmen verwandelt zu haben. Samuel Fischer und sein Erbe Gottfried Bermann Fischer haben zur Weltgeltung der deutschen Literatur im 20. Jahrhundert erheblich beigetragen und zugleich – trotz der 12 Jahre der Gewaltherrschaft und des Völkermordes – das geistige und kulturelle Ansehen Deutschlands in der Welt aufrechterhalten. Sie wollten Patrioten sein und wurden doch ausgegrenzt.

Koenigsallee 23–25/ **(19)**
Durchgang zur Wissmannstraße

Die Skulptur „Versöhnung" von Pablo Hannemann, einem 1936 nach Argentinien emigrierten jüdischen Bildhauer, stand 1973 bis 1983 im Wappenhof des Rathauses Wilmersdorf und mußte dort einem Umbau weichen. Sie wurde hierher an das Ufer des Königssees gebracht und damit weitgehend der Öffentlichkeit entzogen.

Joseph-Joachim-Platz **(20)**

Der Joseph-Joachim-Platz erinnert mit einem Gedenkstein an den bedeutenden Musiker, der 1866 nach Berlin kam, wo er 1869 zum ersten Direktor der neugegründeten Hochschule für Musik berufen wurde. Der weltberühmte Violinvirtuose und Primarius eines Streichquartetts stand mit den bedeutendsten Interpreten und Komponisten in Verbindung, brachte sie nach Berlin und förderte die zeitgenössische Musik. Durch ihn wurde Berlin zur Weltstadt der Musik.

Franzensbader Straße 7–8 **(21)**

In dem bis dahin als Tanz- und Ausflugslokal dienenden Haus wurde 1923 eine Synagoge eingerichtet, die 1938 vollständig demoliert und 1941 abgerissen wurde. An dem Neubau ist eine Gedenktafel angebracht.

Rabbiner des konservativen Synagogenvereins war Emil Cohn, der unter dem Pseudonym Emil Bernhard Kinderbücher und Theaterstücke schrieb, die von Max Reinhardt und im Habimah-Theater inszeniert wurden. Cohn konnte fliehen und starb in Amerika. Die ursprüngliche Gedenktafel von 1982 trug die Inschrift: „Hier wurde ein jüdisches Gotteshaus, die Synagoge Grunewald, am 9. November 1938 durch Unverstand zerstört." Unverstand?!

Berkaer Straße 31–35 **(22)**

Eine Gedenktafel am Max-Bürger-Krankenhaus Berkaer Straße 32 erinnert an Alexander Beer, den jüdischen Architekten und Gemeindebaumeister, der am 8. Mai 1944 im Konzentrationslager Theresienstadt ermordet wurde. Er hatte 1930 das Gebäude entworfen, das 1931 bis 1941 als jüdisches Altersheim genutzt wurde und eine Synagoge hatte. Die SS beschlagnahmte es 1941 und ließ alle Bewohner und das Pflegepersonal in Vernichtungslager deportieren und umbringen. Das Haus wurde nach 1945 von der britischen Armee genutzt und 1954 an das Land Berlin verkauft. Text einer Gedenktafel am Eingang zur geriatrischen Abteilung: „Die jüdische Gemeinde zu Berlin erbaute im Jahre 1930 dieses Haus als Altersheim. Die Nationalsozialisten nahmen im Jahre 1941 widerrechtlich von ihm Besitz und vertrieben seine Bewohner. Das freie Berlin beseitigte die Folgen des Unrechts, erwarb das Haus im Jahre 1954 und gab es kranken Mitbürgern als Heimstatt" – Beispiel unerlaubter Beschönigung. Nicht vertrieben wurden die Bewohner, sondern deportiert und ermordet, und unklar ist, was mit Beseitigung der Folgen des Unrechts gemeint ist.

Hohenzollerndamm 102, **(23)**
105–110 und 110a

Die Pädagogin Leonore Goldschmidt, verheiratet mit Rechtsanwalt Ernst Goldschmidt, verlor 1933 ihre Anstellung. Sie arbeitete in der Privatschule von Toni Lessler und gründete 1935 die selbständige Privatschule Goldschmidt; denn jüdische Kinder mußten die allgemeinen Schulen verlassen und in jüdische Privatschulen ausweichen. Die Schule begann in der Kronberger Straße 24 und wurde in den folgenden Jahren wegen des starken Zulaufs jüdischer Kinder um die Häuser am Hohenzollerndamm und Berkaer Straße 31 erweitert. Der Unterricht war zweisprachig, um die Schüler auf eventuelle Emigration vorzubereiten. 1937 hatte die Schule 520 Schüler und 40 Lehrer. Sie war das größte jüdische Privatschulunternehmen in Berlin. Die private jüdische Schule Dr. Leonore Goldschmidt, wie sie bei Gründung 1935 offiziell genannt wurde, bestand bis zum Sommer 1939 und wurde im September 1939 offiziell geschlossen. Die Gründerin mußte nach England emigrieren, wo die Schule ab 1939 weiterbestand.

Hagenstraße 56/Ecke Teplitzer Straße ㉔

Im Jahre 1912 eröffnete Toni Lessler (1874–1952) in der Uhlandstraße einen Privatschulzirkel. Drei Jahre später erhielt sie die Erlaubnis, für maximal 20 Schülerinnen eine sogenannte Familienschule zu leiten. 1932 wurde die Schule in der Hagenstraße mit 70 Schülern neu eröffnet. Sie bestand bis zu Toni Lesslers Emigration im Jahre 1939.

Mecklenburgische Straße 58 ㉕

Die vom Zeitungsmagnaten Rudolf Mosse und seiner Frau Emilie im Jahre 1895 gegründete Erziehungsanstalt bot Plätze für 100 verwaiste Knaben und Mädchen aus den gebildeten Ständen ohne Unterschied der Religionszugehörigkeit. Die Stifter wollten eine interkonfessionelle Bildungseinrichtung schaffen. Der Gründer des liberalen „Berliner Tageblatts" setzte auf Assimilation und die integrierende Kraft von Bildung und Kultur. 1922 überließen die Stifter das Haus der Stadt, die ein „Haus der Jugend" einrichtete. Die Stiftung wurde 1934 liquidiert unter der nicht eingehaltenen Bedingung, daß im Speisesaal die Gemälde der Familie Mosse weiterhin bleiben sollten.

Kapitel 21
Dahlem – Zehlendorf – Wannsee

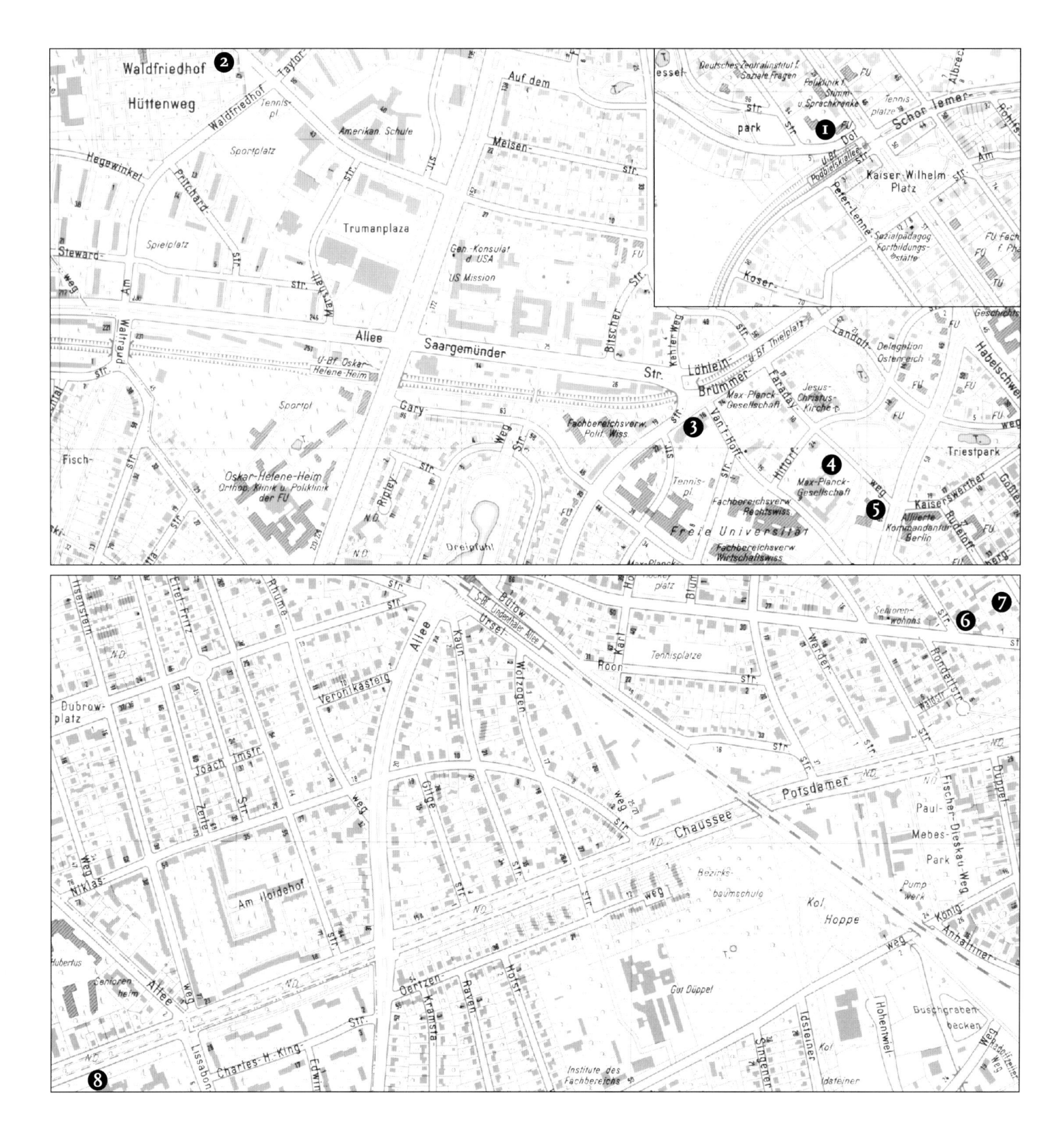

Im Dol 2–6 ❶

Die 1932 gegründete private jüdische Waldschule Lotte Kaliski (Grund- und Oberschule) bezog 1936 die Villa Lepsius. Zuvor war sie in der Villa Brendel in der Bismarckallee 35–37 untergebracht. Die Schule wurde 1939 geschlossen. Jüdische Privatschulen waren in der Zeit der allmählichen Ausgrenzung notwendig geworden und zahlreich entstanden, um die für das Überleben wichtige Ausbildung nicht zu unterbrechen. Die Schulen arbeiteten nach zeitgemäßen Methoden äußerst effektiv und unter großen Opfern. Das jüdische Schulwesen in diesen Jahren ist ein besonders aufschlußreicher Beleg für die Auflösung gesellschaftlicher Integration und für das Scheitern der Assimilation.

Hüttenweg 47 ❷
Waldfriedhof Dahlem

Abseits, versteckt und leidlich gepflegt, jedoch fast immer mit Blumen geschmückt und Erinnerungssteinen bedeckt, liegt auf dem Waldfriedhof Dahlem das Grab des Dichters Erich Mühsam (geb. 1878 in Berlin), der am 10. Juli 1934 in Oranienburg ermordet wurde. Mühsam war 1918 an der Proklamation der Münchener Räterepublik beteiligt. Er wurde schon am Tage nach dem Reichstagsbrand verhaftet und nach Oranienburg gebracht, dort mißhandelt und ermordet. Die Beisetzung fand 6 Tage später statt, aber nur 14 seiner zahlreichen Freunde hatten den Mut, ihr beizuwohnen; die anderen waren entweder selbst verhaftet oder getötet, oder sie hatten Deutschland verlassen, um ins Exil zu gehen, oder sie wagten es nicht, ihre Sympathie für den unbequemen Moralisten, Sozialisten und Pazifisten öffentlich zu zeigen. Das Oranienburger Konzentrationslager an der Bundesstraße 96 in einer ehemaligen Brauerei wurde schon am 31. März 1933 eingerichtet. Dorthin brachte die SA etwa 5.500 Häftlinge, unter ihnen Erich Mühsam, der schon in den 20er Jahren vor dem Faschismus warnte – in Texten und Gedichten, im Kabarett und in seinen Zeitschriften „Kain" und „Fanal". Er schrieb 1928: „Dies ist der teutschen völkisch-hehre Sendung: / Den Juden schmeißt die Friedhofsteine um! / Krieg den Verstorbenen! Die Totenschändung / ist wahres vaterländ'sches Heldentum...!" Die Worte sind noch aktuell.

Ihnestraße 20/ ❸ ❹ ❺
Faradayweg 4–6/Thielallee 63
Harnack-Haus

Ab 1911 entstand als Campus der naturwissenschaftliche Komplex der Kaiser-Wilhelm-Gesellschaft, die von jüdischen Unternehmern, Leopold Koppel, Eduard Arnhold und James Simon, finanziert worden war. In den Instituten der Kaiser-Wilhelm-Gesellschaft konnten bedeutende jüdische Wissenschaftler wie Richard Willstetter, Albert Einstein und Fritz Haber forschen. Als Hörsaal für öffentliche wissenschaftliche Vorträge diente das Harnack-Haus, in dem nach 1945 in der Zeit der amerikanischen Besatzung jüdische Gottesdienste stattfanden.

Am 18. Dezember 1938 wurde im Kaiser-Wilhelm-Institut für physikalische Chemie und Elektrochemie die von Otto Hahn, Fritz Strassmann und Lise Meitner begonnene Versuchsreihe über die Uranspaltung abgeschlossen.

Eine Gedenktafel vermerkt dieses nicht nur für die Wissenschaft, sondern auch für Geschichte und Politik bedeutsame Datum, unterschlägt aber immer noch die Beteiligung der jüdischen Wissenschaftlerin Lise Meitner, die seit 1870, von Wien kommend, in Berlin lebte. Ihr wurde die Lehrbefugnis schon 1933 entzogen. Im Juli 1938 floh sie nach Schweden.

Die Versuchsreihe und ihr Abschluß veränderten von hier aus die Weltgeschichte. Es begann das Atomzeitalter. Von den katastrophalen Folgen dieser menschlichen Erfindung ist auf der Gedenktafel nicht die Rede.

Im Kaiser-Wilhelm-Institut für Chemie am Faradayweg leitete Richard Willstetter (1872–1942) die organische Abteilung. Er war der erste Nobelpreisträger der Kaiser-Wilhelm-Gesellschaft. Direktor war der Chemiker Fritz Haber (1868–1934) ab 1912. Ein Jahr später wurde Albert Einstein zum Direktor des Instituts für physikalische Chemie und Elektrochemie in der Thielallee berufen, konnte die Leitung wegen der Bauverzögerung des Hauses jedoch erst später übernehmen. Während der getaufte Jude Fritz Haber sich als deutscher Patriot verstand und für den 1. Weltkrieg chemische Waffen entwickelte, kämpfte Einstein als überzeugter Internationalist und Pazifist mit einem Aufruf an die Europäer: „Gegen Kriegstreiberei und Imperialismus". Klara Haber-Immerwahr erschoß sich 1915 mit der Dienstwaffe ihres Mannes, dessen Zubringerdienste zur Kriegführung sie mißbilligte.

Im Hofe seines Instituts feierte Fritz Haber am 9. Dezember 1928 seinen 60. Geburtstag, wovon noch heute ein damals gepflanzter Baum und eine steinerne Rundbank künden.

Glockenstraße/Ecke Beerenstraße ❻

Rudimente einer ehemaligen Glockengießerei, von der nur noch der Straßenname Zeugnis gibt, erinnern an den Besuch Gustav Mahlers in Berlin im Dezember 1895, wo er seine 2. Symphonie zu einem großen Erfolg führte und mit der Komposition der 3. Symphonie begann. Immer auf der Suche nach neuen Klangeffekten, reiste er von Berlin nach Zehlendorf zu einem damals berühmten Glockengießer. „Um seine Werkstatt zu erreichen, muß man per Bahn ungefähr eine halbe Stunde weit fahren. In der Gegend des Grunewalds liegt sie. Ich machte mich nun in aller Frühe auf, und es war herrlich eingeschneit, der Frost belebte meinen herabgestimmten Organismus. Als ich in Zehlendorf, so heißt der Ort, ankam und durch Tannen und Fichten, ganz von Schnee bedeckt, meinen Weg suchte, alles ganz ländlich, eine hübsche Kirche im Winterschein fröhlich funkelnd, da wurde mir wieder weit ums Herz, und ich sah, wie frei und froh der Mensch sofort wird, wenn er aus dem unnatürlichen und unruhevollen Getriebe der großen Stadt wieder zurückkehrt in das stille Haus der Natur."

An Gustav Mahler erinnert noch ein kleiner Park an der Englerallee.

Busseallee 7–9 ❼

Weil er in der Grunewaldstraße 13 die Miete nicht mehr bezahlen konnte, mußte Franz Kafka mit seiner Lebensgefährtin Dora Diamant weiterziehen, und er fand möblierte Zimmer in der damaligen Heidestraße 25–26. Das war am 1. Februar 1924, jedoch sollte er sich an der „überschönen" Wohnung nicht lange freuen. Schon nach einem Monat kehrte er schwerkrank nach Prag zurück und starb am 3. Juni 1924 in einem Sanatorium bei Klosterneuburg.

Potsdamer Chaussee 87 ❽

Als die Alliierten im Frühjahr 1945 Deutschland besetzten, konnten sie noch etwa 50.000 bis 70.000 jüdische Überlebende, die aus ganz Europa verschleppt worden waren, aus den Konzentrationslagern befreien. Sie erhielten wie andere ehemalige Zwangsarbeiter und Kriegsgefangene den Status von „Displaced Persons" und wurden erneut in großen Lagern unter zumeist schlechten Bedingungen untergebracht, ohne Rücksicht auf die besonders schwierige psychologische Lage der Überlebenden des Holocausts. Erst die amerikanische Besatzungsmacht hat ab August 1945 Lager ausschließlich für jüdische Überlebende eingerichtet, um sie dort besser betreuen zu können. Die schwierigen Lebensbedingungen und die Fortführung strengen Lagerlebens schufen neues Unrecht, anhaltende Notlagen – ein dunkles Kapitel der Nachkriegsgeschichte. Von hier konnten kaum Impulse zur Wiederbegründung jüdischer Gemeinden in Deutschland ausgehen. Die meisten Insassen der DP-Lager wanderten aus. Bis zur Schließung des letzten Lagers im Jahre 1957 entwickelte sich in ihnen ein ghettoartig isoliertes, gleichwohl vielfältiges gesellschaftliches und kulturelles Leben bis hin zu Theateraufführungen und Konzerten.

Das sogenannte „Düppel-Center" an der Potsdamer Chaussee, zunächst von der amerikanischen Armee benutzt, wurde am 9. Januar 1946 der UNRRA (United Nations Refugee Rescue Association) übergeben. Es wurde von 3.500 polnischen Juden bewohnt, darunter 218 schwangere und 219 stillende Mütter. Zuvor waren ab August 1945 jüdische Überlebende auch in einem DP-Lager

Teltower Damm 87–92 untergebracht. Insgesamt gingen 17.000 Überlebende durch das Lager. Ziel der DP-Lager war die Repatriierung der aus ihrer Heimat vertriebenen nicht-deutschen Kriegsopfer und der auf den Todesmärschen und in den Konzentrationslagern befreiten jüdischen Opfer des Nationalsozialismus, soweit diese nicht deutsche Staatsbürger waren. Für deutsche Juden waren die UNRRA nicht zuständig.

Nach neueren Forschungen befanden sich im Mai 1945 rund 10 Millionen Nicht-Deutsche in Deutschland und Österreich, unter ihnen 150.000 bis 250.000 jüdische „displaced persons". Es waren Befreite aus Konzentrations- und Vernichtungslagern, Überlebende aus Todesmärschen, Partisanen aus den Wäldern Osteuropas, Flüchtlinge aus der Sowjetunion und aus Polen, wo nach einem Pogrom im Juli 1946 in Kielce jüdisches Leben schwierig geworden war. Für viele wurden die Lager zum Wartesaal und zur Durchgangsstation vor ihrer Ausreise nach Palästina/Israel, in die USA oder andere Länder in Europa oder Übersee. Nur 20.000 schafften den Neubeginn an anderem Ort nicht, weil sie krank oder entmutigt waren. Sie bildeten die Gründungsgeneration der Jüdischen Gemeinden im Nachkriegsdeutschland.

Vielfach war Jiddisch die Umgangssprache in den Lagern, weil die meisten Insassen Juden aus Osteuropa waren. Die Lager waren Orte der Resignation, auch mancher Protestdemonstrationen, so zum Beispiel gegen das Auftreten Yehudi Menuhins mit dem Berliner Philharmonischen Orchester im Titania-Palast.

Am Großen Wannsee 42　❾

Text der Gedenktafel: „Sommerhaus des Malers Max Liebermann, 20. 7. 1847 bis 8. 2. 1935, Gründungsmitglied der ‚Berliner Secession', Präsident der Preußischen Akademie der Künste. Aus Protest gegen die antisemitische Propaganda der Nationalsozialisten legte er 1933 alle öffentlichen Ämter nieder. Ehrenbürger von Berlin." Im Jahre 1910 verbrachte Max Liebermann mit seiner Familie erstmals die Sommermonate in der für ihn erbauten Sommervilla am Ufer des Großen Wannsees. Der Architekt Paul Baumgarten, Meisterschüler Alfred Messels, schuf 1909/10 auf dem Wassergrundstück von 7.000 qm ein Gesamtkunstwerk aus Gebäuden und Gärten. Alfred Lichtwark, Freund Liebermanns, war künstlerischer Berater. Sein Konzept realisierte die Reformgedanken der damaligen Zeit in seiner Verbindung von Haus und Natur. Der Ort gab dem Maler impressionistische Inspiration. Max und Martha Liebermann verlebten hier ihre glücklichste Zeit. Die Sommervilla am Wannsee war der Kontrapunkt zum Stadtpalais in der hektischen Mitte Berlins, unmittelbar am Brandenburger Tor, wo die Fackelzüge der Nazis den Beginn der Barbarei deutlich machten. Hierher zog er sich zurück, als das politische Klima in der späten Weimarer Republik immer feindseliger und von anti-jüdischen Ressentiments durchsetzt wurde. Ihm blieb vieles erspart, als er 1935 im Alter von 88 Jahren starb. Seine Witwe Martha entzog sich 1943 der drohenden Deportation durch Selbstmord. Die Sommervilla am Wannsee wurde 1940 durch Zwangsverkauf arisiert, 1951 zurückerstattet und 1958 an die Stadt Berlin verkauft. Der Bezirk Zehlendorf verpachtete sie an einen Unterwasserclub, dem Sanierung und die Abwendung eines drohenden Abrisses zu verdanken sind. Darüber hinaus wäre wünschenswert, wenn die Gartenanlage rekonstruiert und der Ort zu einer Kulturstätte werden könnte.

Die Inschrift unter dem zur Straße gelegenen Giebel „Hier wohnte und wirkte Max Liebermann" verpflichtet zu einem sorgfältigen Umgang mit diesem Kulturdenkmal, an Bedeutung Renoirs Haus und Garten in Südfrankreich vergleichbar.

Am Großen Wannsee 56　❿

Die frühere Villa Minou war im Januar 1942 Tagungsort der berüchtigten Wannsee-Konferenz, auf der leitende Mitarbeiter der NS-Behörden die Organisation der Massendeportationen und Vernichtungen der Juden im deutschen Machtbereich unter dem bürokratisch kalten, zugleich verschleiernden, dem Wörterbuch des Unmenschen entnommenen Begriff „Endlösung" verabredeten. Eine Gedenktafel erinnert an die Opfer dieses bürokratischen Völkermordes. Mit einer Dauerausstellung über Terror, Verfolgung, Opfer und Täter, einer Bibliothek sowie Tagungsräumen ist in dem Haus jetzt eine Gedenk- und Bildungsstätte von nationaler Bedeutung und internationaler Ausstrahlung entstanden.

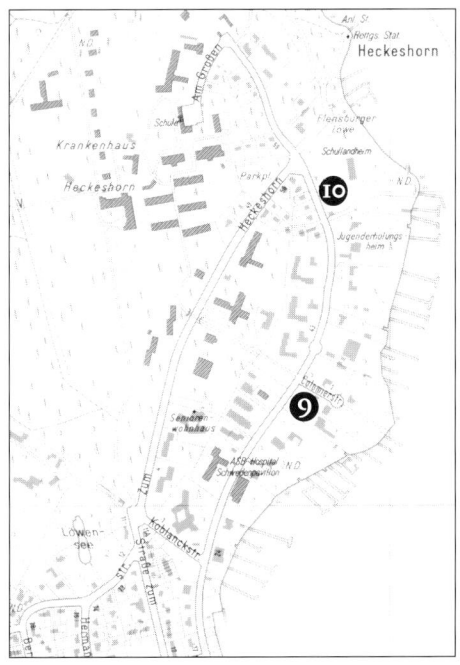

Kapitel 22
Westend – Heerstraße – Eichkamp

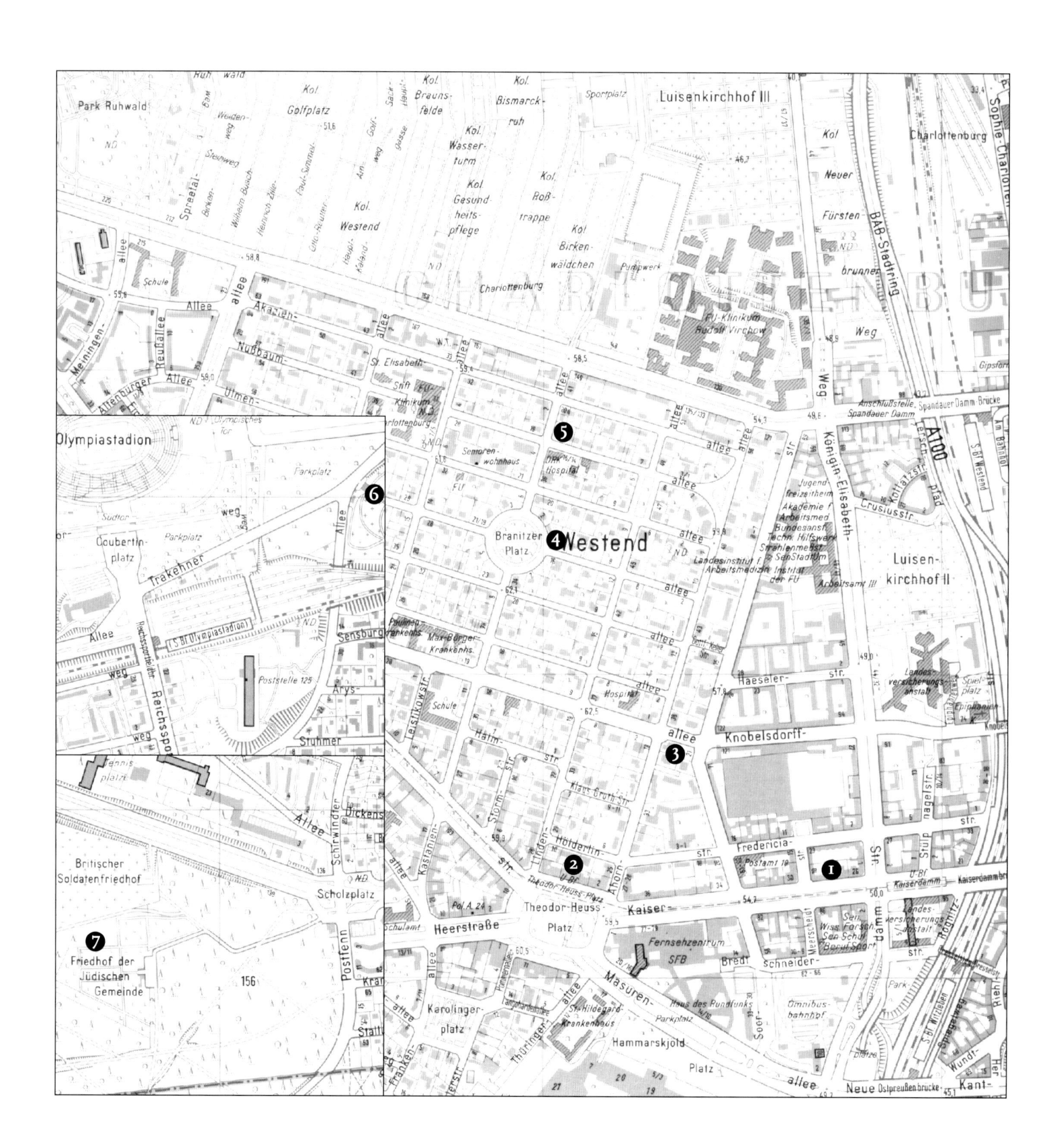

Kaiserdamm 28

Letzte Wohnung von Alfred Döblin und seiner Familie vor der Flucht im Jahre 1933. Döblin emigrierte nach Frankreich und von dort aus in die USA, wo er zum Katholizismus übertrat. Er kehrte als französischer Kulturoffizier nach Deutschland zurück, starb, vom Kulturleben Nachkriegs-Deutschlands wenig beachtet, in Resignation und Verbitterung am 26. Juni 1957 in Emmendingen bei Freiburg. „Und als ich wiederkam, da – kam ich nicht wieder" (1946). 1951 schrieb er enttäuscht: „Eine Masse Bücher, alles in die Luft geredet, aber zur Verfügung der Literaturhistoriker und Totengräber. Es ist eine Lust zu sterben." 1953 schrieb er in einem Abschiedsbrief an den Bundespräsidenten Theodor Heuss: „Ich bin in diesem Lande, in dem ich und meine Eltern geboren sind, überflüssig und stelle fest, mit jeder erdenklichen Sicherheit: ‚Der Geist, der mir im Busen wohnt, er kann nach außen nichts bewegen'." Seinem Wunsch gemäß wurde er im lothringischen Housseras bei Rambervillers neben seinem Sohn Vincent beigesetzt, der als französischer Soldat Selbstmord beging, um den Deutschen nicht in die Hände zu fallen.

Hölderlinstraße 11
von Heinz Knobloch

Hier wohnte, zumindest eine Zeitlang, Dr. Erich Salomon (1886–1944), ein promovierter Jurist, der in der Werbeabteilung des Ullstein-Verlages tätig war. Dort war der Umgang mit Fotografien vermutlich so anregend, daß Salomon zum Bildjournalisten umsattelte. Als „nicht gelernter" Fotograf, aber begabt mit dem Blick für Das Bild.

Er veröffentlichte seit 1928 im eigenen Hause, aber auch in- und ausländische Illustrierte brachten seine Aufnahmen. 1930 wurde er mit einer Kleinbildkamera bekannt, die zwar schon vor dem Ersten Weltkrieg entwickelt worden, aber erst 1925 aufgetaucht war. Die Leica. Ihr Format 24 x 36 mm; uns bis heute vertraut. Salomon nutzte ihre Vorteile: das waren hintereinander 36 Aufnahmen, bei denen der Fotograf, der auch Weitwinkel und Teleobjektiv einsetzte, ziemlich unauffällig bleiben konnte. Erich Salomon im Frack bei politischen Empfängen; er gehörte dazu. Seine Kamera versteckte sich „durch ihre fortwährende Präsenz" (Geisert). So gelangen ihm berühmt gewordene Aufnahmen von Staatsmännern.

Hitlers Machtantritt 1933 nahm Erich Salomon außer der Heimat Berlin die Arbeitsmöglichkeit bei politischen und gesellschaftlichen Anlässen. Er wurde nicht mehr eingeladen und wandte sich in der Hoffnung auf Veröffentlichungen anderen Themen zu, reiste nach Schottland, fotografierte in den Pariser Hallen. Schließlich konnte er nur noch in seinem Exil in den Niederlanden arbeiten, bis die Besetzung durch deutsche Truppen (1940) auch das verhinderte.

Die Familie versteckte sich 1942 in Heelsum. Erich Salomon aber kehrte mehrfach in die Wohnung in Den Haag zurück. Es gelang ihm, einen Teil seiner Negative in Gläsern verpackt zu vergraben und andere der Kanzlei des Niederländischen Parlaments zu übergehen. Doch bei einem der heimlichen Besuche in der Wohnung wurde er durch einen Kontrolleur der Gaswerke überrascht und denunziert.

Vom Gefängnis kam der 58jährige Erich Salomon in das KZ Theresienstadt, wurde nach Auschwitz deportiert und dort am 7. Juli 1944 ermordet.

Viele Fotos, Negative, Aufzeichnungen und Notizen von Erich Salomon sind verloren. Überraschend Gerettetes, darunter empfindliches Filmmaterial, konnte 1986 zum 100. Geburtstag in der Berlinischen Galerie, danach in Köln, Wien, Salzburg und anderen Städten gezeigt werden, steht der Forschung zur Verfügung und der Erinnerung.

Am selben Hause eine Gedenktafel: „Hier lebte von 1917 bis 1932 Lilli Palmer, 24. 5. 1914 bis 27. 1. 1986, Schauspielerin und Schriftstellerin. Sie debütierte am Rose-Theater. 1933 mußte sie Deutschland verlassen. Erfolge in Hollywood und ihre Filme in Europa machten sie zu einer Schauspielerin von internationalem Rang." Geboren wurde sie als Lilli Maria Peiser. Lilli Palmer hieß sie erst im Exil, in das sie von ihrem Vater geschickt wurde; denn der Chefarzt des Jüdischen Krankenhauses ahnte die Gefahr. Als sie zwei Jahrzehnte später erstmals wiederkehrte, war sie ein Weltstar.

Ahornallee 37 ❸

„Ich bin eine Dichterin, ja, das weiß ich", schrieb Gertrud Kolmar, als sie den Namen Sara und den gelben Stern tragen mußte und in einem kriegswichtigen Betrieb zur Zwangsarbeit verpflichtet war. Ihre visionären Gedichtzyklen machen sie zu einer der bedeutendsten Lyrikerinnen deutscher Sprache in diesem Jahrhundert. Als sie verfemt wurde, schrieb sie: „Ich bin fremd. Weil sich die Menschen nicht zu mir wagen, will ich mit Türmen gegürtet sein. Die steile, steingraue Mützen tragen. In Wolken hinein." Sie hat das Anderssein, das Fremdsein in ihrer Existenz als deutsche Jüdin und als jüdische Frau zum Thema ihrer poetischen Revolte gemacht. Am 10. Dezember 1894 in der Poststraße in eine assimilierte jüdische bürgerliche Welt hineingeboren – in eine Berliner Kindheit um 1900, wie sie ihr Vetter Benjamin beschrieben hatte – fühlte sie sich doch zunehmend fremd in der Stadt. Nicht in der großbürgerlichen Umgebung von Westend, wo ihr Vater, ein berühmter Strafverteidiger, ein großes Haus führte, sondern erst in Finkenkrug fand sie ihr „verlorenes Paradies". Hier schrieb sie den Gedichtzyklus „Die Frau und die Tiere", die letzte Sammlung von Gedichten, die Gertrud Kolmar 1938 veröffentlichte – kaum wahrgenommen, weil sofort nach Erscheinen eingestampft. Ihr Geburtsname war Gertrud Käthe Chodziesner. Sie nannte sich Kolmar nach dem Ort der väterlichen Vorfahren in Polen, 1877 aus Chodziesen in Kolmar umbenannt. Sie emigrierte nicht – trotz der Demütigungen, Verfolgungen, der Qualen und Entrechtung – wegen ihres alten, kranken Vaters. Im Februar 1943 wurde sie in der Fabrik, wo sie Zwangsarbeit leisten mußte, verhaftet und nach Osten deportiert.

Branitzer Platz 1 ❹

Bruno Cassirer (1872–1941) hatte seinen Verlag in der Derfflingerstraße 16, wohnte standesgemäß im großbürgerlichen Westend, in einer prächtigen Villa am Branitzer Platz. Er gründete 1901 seinen Verlag, in dem von 1902 bis 1933 die Zeitschrift „Kunst und Künstler", führendes Organ der Kunsttheorie und aktuellen Kunstentwicklung, erschien. Er emigrierte im Jahre 1938 nach Oxford. Von 1919 bis 1934 war Cassirer Vorsitzender des Trabrennvereins in Mariendorf.

Nußbaumallee 17 ❺

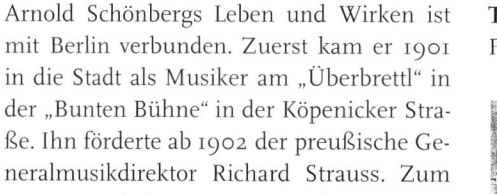

Arnold Schönbergs Leben und Wirken ist mit Berlin verbunden. Zuerst kam er 1901 in die Stadt als Musiker am „Überbrettl" in der „Bunten Bühne" in der Köpenicker Straße. Ihn förderte ab 1902 der preußische Generalmusikdirektor Richard Strauss. Zum zweiten Male kam er von 1911 bis 1915. Leo Kestenberg berief ihn am 1. Oktober 1925, um eine Meisterklasse an der Akademie der Künste einzurichten und zu leiten. Es begann für ihn eine neue, entscheidende Epoche in seinem Leben. Als Kapellmeister des „Überbrettls" wohnte er in der Augsburger Straße, von 1911 bis 1913 Machnower Chaussee/Ecke Dietloffstraße, wo ihn Webern besuchte, 1926 zuerst in der Pension Bavaria am Steinplatz, dann Kantstraße 4, 1927 dann Kurfürstendamm 203 in möblierten Zimmern und schließlich ab 1. 6. 1928 erstmals in einer schönen großen Wohnung in der Nußbaumallee, zuletzt Nürnberger Platz 3. Er spielte begeistert Tennis im Berliner Borussia-Club. Am 16. 11. 1928 schrieb er, er habe mit der kompositorischen Arbeit an „Moses und Aron" begonnen. Zwischen 1930/32 beendete er die Arbeit an „Moses und Aron" ausdrücklich als Mahnmal gegen den Antisemitismus. 1933 kehrte er in die jüdische Glaubensgemeinschaft zurück.

Die Oper wurde in der zweiten szenischen Realisierung durch Gustav Rudolf Sellner und Hermann Scherchen in der Städtischen Oper Kantstraße (jetzt Theater des Westens) am 10. 10. 1959 endgültig als Schlüsselwerk des 20. Jahrhunderts und der Auseinandersetzung mit dem Judentum durchgesetzt.

Trakehner Allee 1 ❻
Friedhof Heerstraße

Paul Cassirer (1871–1926) gehörte zu den Gründern und ersten Mitgliedern der „Berliner Secession" vom Mai 1898, einer Vereinigung von 65 Künstlern, die gegen die etablierte Kunst revoltierten. Der „Secession" gehörten auch Max Liebermann und Bruno Cassirer (sein Vetter) an. Paul Cassirer war Sekretär der „Secession", gründete 1898 im November einen Kunstsalon und ein Auktionshaus, in der Kunstwelt eine berühmte Adresse, Viktoriastraße 35, etwa an der Stelle des heutigen Musikinstrumentenmuseums neben der Philharmonie. In dem zusätzlich 1910 gegründeten Verlag erschienen Kunstbände und die Zeitschrift „Pan". Zur Entwicklung Berlins als führende Kulturmetropole des 20. Jahrhunderts trug Paul Cassirer erheblich bei, weil er die Stadt dem französischen Impressionismus als der damals avantgardistischen Stilrichtung öffnete.

Paul Cassirer war mit Tilla Durieux (Ottilie Godeffroy) (1880–1971) verheiratet. Die Gräber auf dem Städtischen Friedhof unterhalb des Olympia-Stadions liegen beieinander.

Weitere Gräber: Leo Blech, Ferdinand Bruckner (Theodor Tagger), Maximilian Harden (Isidor Witkowski), Felix Holländer.

Bemerkenswert auf diesem nicht-jüdischen Friedhof ist auch das weiter oberhalb gelegene Erbbegräbnis Franz Ullstein (1886–1945) mit einer 1928 geschaffenen Skulptur des Bildhauers Josef Thorak, der später in nationalsozialistischen Diensten Repräsentationsbauten wie auch das gegenüberliegende Olympia-Stadion ausstattete.

Heerstraße 141/Am Scholzplatz ❼
Jüdischer Friedhof

Im Zuge des sich verschärfenden Ost-West-Konfliktes vollzog sich ab 1953 die Spaltung der Berliner Jüdischen Gemeinde in einen östlichen und einen westlichen Teil. Deshalb erwarb die Westgemeinde 1955 ein 3,4 Hektar großes Waldstück am Scholzplatz, um es als Friedhof einzurichten. Seit 1956 sind mehr als 4.500 Beisetzungen vorgenommen worden. Am Promenadenweg sind einige äußerst wertvolle mittelalterliche Grabsteine vom Spandauer Judenkiever aufgestellt, die bei Ausgrabungen und Ausschachtungen gefunden wurden. Eine Gedenkstätte erinnert an die Ermordeten der Shoa. „Denen, die unter der Herrschaft des Unmenschen ihr Leben lassen mußten zum ewigen Gedächtnis, 1933–1945." Am 30. September 1984 wurde vor dem Gedenkstein Asche aus dem Vernichtungslager Auschwitz in einem Behältnis bestattet.

Auf dem Friedhof sind unter anderem beigesetzt: Ernst Deutsch (1890–1969), einer der bedeutendsten deutschen Schauspieler bei Max Reinhardt; Hans Rosenthal (1925–1987), der die Nazizeit in einem Versteck überlebt hatte und durch seine Tätigkeit im Fernsehen und beim RIAS bekannt wurde; sowie Jeanette Wolff, geborene Cohen (1888–1976), Politikerin, Stadtälteste, Stadtverordnete und Bundestagsabgeordnete.

Ein würdige, angemessen edle und vornehme Grabstätte fand Dr. Heinz Galinski, geboren am 28. November 1912, gestorben am 19. Juli 1992, Vorsitzender der jüdischen Gemeinde von 1949 bis 1992, Ehrenbürger von Berlin, dessen engagiertem und energischem Wirken der Wiederaufbau der Jüdischen Gemeinde in Berlin zu verdanken ist. Auf dem Grabstein steht: „Er widmete sein Leben in Treue dem Dienst der Gemeinschaft", und ein aufgeschlagenes Buch symbolisiert sein Wirken.

Waldschulallee 73–75 ❽

Im September 1995 eingeweiht, ist die Heinz-Galinski-Schule der erste Neubau einer jüdischen Schule in Berlin nach der Shoa.

Vor mehr als 200 Jahren begann die Tradition jüdischer Schulen. Für die Juden war das Bildungswesen in besonderer Weise identitätsstiftend, weil nur auf dem Wege besserer Ausbildung in einer latent feindseligen Umwelt Chancengleichheit erreichbar war. Denn den Juden waren lange Zeit Landbesitz und viele Berufswege verschlossen. 1788 wurde die Jüdische Freyschule eröffnet, die den aufklärerischen Ideen von Moses Mendelssohn verpflichtet war. In den 30er Jahren gab es in Berlin für 173.000 jüdische Bewohner 22 allgemeinbildende jüdische Schulen sowie 49 Religionsschulen. Die letzte jüdische Privatschule wurde 1942 geschlossen. Nachdem seit 1990 Tausende Menschen jüdischer Abstammung aus den Ländern der ehemaligen Sowjetunion nach Berlin eingewandert sind, reichen die bisherigen schulischen Einrichtungen nicht mehr aus. Heute zählt die Jüdische Gemeinde bereits wieder mehr als zehntausend Mitglieder, und sie wächst ständig. Für sie gibt es derzeit außer der neuen Heinz-Galinski-Schule noch die Schule in der Großen Hamburger Straße. Der israelische Architekt Zvi Hecker nennt seine Architektur eine steingewordene Sonnenblume. Sie soll symbolisieren, daß physisches Überleben die Vorstufe zur geistigen Weiterentwicklung sei. Mit sechs keilförmigen Bauten, die um einen Innenhof angeordnet und durch Brücken miteinander verbunden sind, hat er eine Schulstadt gebaut. Auch dieses Haus muß rund um die Uhr bewacht werden und der Zugang gesichert sein. Derzeit sind fast 250 Schülerinnen und Schüler aufgenommen, ausgelegt ist die Schule für die doppelte Zahl. Ein großer Mehrzweckraum kann als Synagoge benutzt werden, ein Fußboden aus Jerusalemer Steinen führt zu ihm hin.

Zikadenweg 59 ❾

Eine Gedenktafel erinnert an den pazifistischen Dichter und Essayisten Arnold Zweig (1887–1968), der in der Eichkampsiedlung von 1929 bis zu seiner Emigration nach Palästina im Jahre 1933 lebte. Er kehrte 1948 nach Ost-Berlin zurück, denn er hatte Vorbehalte gegen den jüdischen Nationalismus in Israel, obwohl er früher mit den Zionisten sympathisierte. Er wurde 1949 Vizepräsident des Kulturbundes, 1949–1967 Abgeordneter der Volkskammer, 1950–1953 Präsident der Deutschen Akademie der Künste der DDR und ab 1957 Präsident des Deutschen PEN-Zentrums Ost und West.

Eichkatzweg 33 ❿

Hier befand sich das Haus der Schriftstellerin Elisabeth Langgässer und ihrer Familie. Ihre 1929 geborene älteste Tochter Cordelia (Edvardson), die einen jüdischen Vater hatte, wurde 1941 von der Familie getrennt, kam ins jüdische Krankenhaus Iranische Straße, 1943 nach Theresienstadt und 1944 nach Auschwitz in das Büro des Lagerarztes Mengele, weshalb sie überleben konnte. Nach der Befreiung übersiedelte sie nach Schweden. Heute lebt sie als Publizistin in Israel. Ihre Autobiographie erschien unter dem Titel „Gebranntes Kind sucht das Feuer". Das tragische Schicksal eines jüdischen Kindes, das von seiner Mutter geopfert werden mußte, um selbst überleben zu können, zeigt, wie tief in die individuellen Lebensverhältnisse hinein der faschistische Terror Wunden schlug.

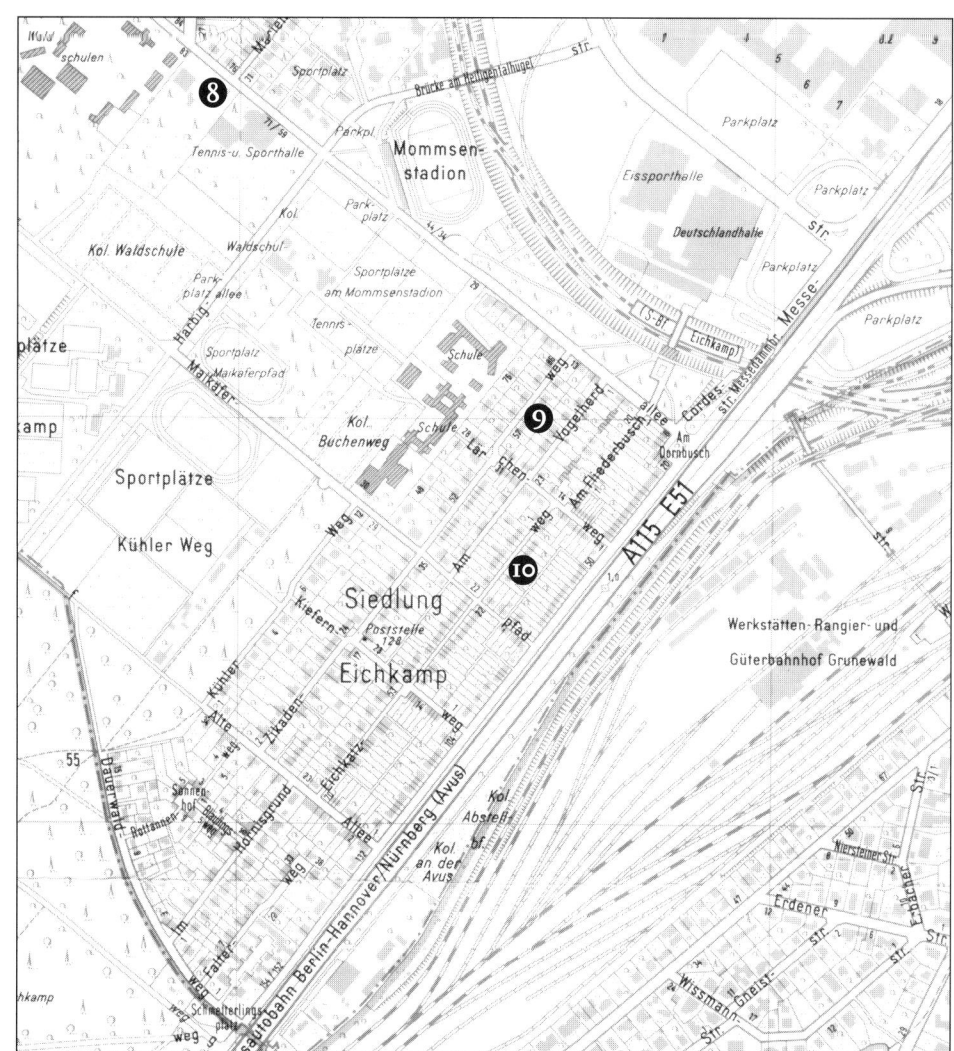

Kapitel 23
Siegmunds Hof – Levetzowstraße

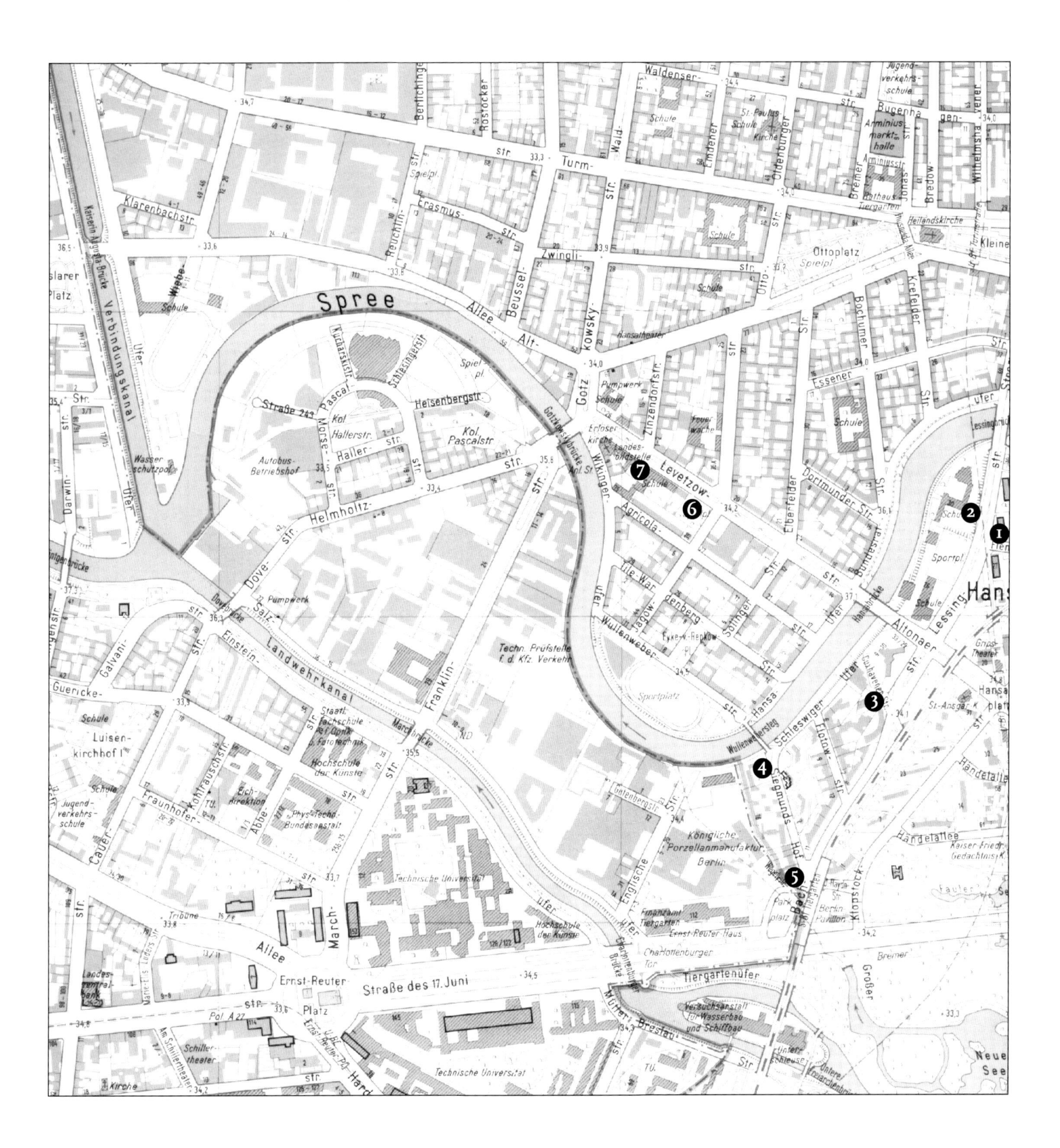

Lessingstraße 6 (ehemals 19) ❶

Auf dem Rasen vor dem Neubau an der Ecke zur Flensburger Straße im durch den Bombenkrieg völlig zerstörten Hansa-Viertel steht eine Gedenktafel, die an die 1898 eingeweihte Synagoge des Synagogenvereins Moabit erinnert. Hier hat Albert Einstein am jüdischen Gottesdienst teilgenommen. Die Synagoge hieß im Volksmund der „Intelligenz-Tempel". Das Gotteshaus wurde in der Pogromnacht 1938 zerstört.

Lessingstraße 5 (ehemals 33) ❷

Auf der gegenüberliegenden Straßenseite am Eingang zur Hansa-Grundschule wurde am Zaun eine Gedenktafel angebracht. Nelly Sachs (1891–1970) wohnte hier 1930 bis 1940. Sie wuchs in Berlin auf. Mit ihrer Mutter konnte sie auf Fürsprache von Selma Lagerlöf 1940 nach Schweden emigrieren, um der Verfolgung zu entkommen. Ihre Familie kam in Vernichtungslagern um. In Schweden litt sie unter den Folgen des Exils. Erst in den 60er Jahren wird ihr Schaffen in Deutschland bekannt (Friedenspreis des Deutschen Buchhandels 1965, Nobelpreis 1966, Ehrenbürgerin Berlins 1967). Das Schicksal des jüdischen Volkes und die Folgen des Holocausts sind Hintergrund und Thema eindringlicher Gedichte („In den Wohnungen des Todes", „Fahrt ins Staublose").

Cuxhavener Straße 14 ❸

In dem einzigen erhaltenen Haus an einer Straße, die wegen veränderter Stadtplanung teilweise aufgelassen ist, befand sich in der Zeit der Deportationen ein sogenanntes Judenhaus, wo jüdische Familien vor ihrer Fahrt in die Todeslager zusammengepfercht wurden. Von hier aus wurden sie zum Güterbahnhof Putlitzstraße getrieben – unter aller Augen.

Im verschwundenen Haus Cuxhavener Straße 2, heute etwa auf dem Grundstück Klopstockstraße 14–18, wohnte 1898 Rosa Luxemburg.

Siegmunds Hof 11 (am Wullenwebersteig) ❹

Ein von dem Bildhauer Georg Seibert 1986 geschaffenes Denkmal erinnert an die Israelitische Synagogengemeinde Adass Jisroel und ihre religiösen, Sozial- und Bildungseinrichtungen. Die orthodoxe Gemeinde erwarb 1924 ein ehemaliges Ateliergebäude und ließ es nach dem Entwurf des Architekten Franz Salomon zu einem Synagogen- und Schulhaus umbauen.

Siegmunds Hof 22 ❺

Hier lebte bis zu ihrer Flucht die am 4. März 1894 in Berlin als Elise Hirschmann geborene Schriftstellerin und Reporterin Gabriele Tergit. Berühmt wurde sie durch den Roman „Käsebier erobert den Kurfürstendamm" aus dem Jahre 1931, der 1988 wieder erschien. Sie war Berichterstatterin für die „Weltbühne", schrieb Gerichtsreportagen im Berliner Börsencourier und warnte schon früh vor dem heraufkommenden faschistischen Terror und seinen Totschlägerbanden. Die SA überfiel ihre Wohnung, und Gabriele Tergit floh nach London ins Exil, wo sie bis 1981 Sekretärin des PEN-Zentrums der deutschsprachigen Autoren im Ausland war.

Levetzowstraße 7–8/ Ecke Jagowstraße ❻

Eines der größten Mahnmale zur Erinnerung an den Holocaust steht in der Levetzowstraße an der Stelle einer jüdischen Synagoge, die 1912 durch den Gemeindebaumeister Johann Hoeniger errichtet worden war. Mit über 2.000 Plätzen war sie eine der größten und prächtigsten der Stadt. Von 1941 an wurde das Gotteshaus als Sammellager zur Vorbereitung von Deportationen in die Vernichtungslager genutzt. Nacht für Nacht wurden 1.000–2.000 Menschen hierher gebracht. Aus Angst und Verzweiflung gab es zahlreiche Selbstmorde. Das im Krieg nur geringfügig beschädigte Gebäude wurde 1956 abgerissen. Es hätte leicht wieder aufgebaut werden können, aber man sah keinen Bedarf dafür. Das große, dramatisch gestaltete Denkmal aus Stahl symbolisiert mit Flammenwand, Rampe und Eisenbahnwaggon die

Die Namenslisten der Deportierten sind in den Stahl eingestanzt. Bodenplatten zeigen in Reliefs die Abbildungen von 36 Berliner Synagogen. Das Denkmal schufen Peter Herbrich, Jürgen Wenzel und Theseus Bappert.

Levetzowstraße 3 ❼

Ein Beispiel buchstäblicher Verdrängung von Erinnerung: Die Gedenktafel aus dem Jahr 1968 zur Erinnerung an jüdische Schüler befindet sich im Inneren des Schulgebäudes auf halber Treppe links. Sie soll daran erinnern, daß schon mit Gesetz vom 25. April 1933 die Repressionen gegen jüdische Kinder begannen und durch Erlaß vom 15. November 1938 ihnen verboten wurde, öffentliche Schulen zu besuchen. So entstanden die zahlreichen jüdischen Privatschulen als Inseln in einer feindlichen Welt. Seit 1939 übernahm die Reichsvertretung der Juden in Deutschland die Schulaufsicht, und am 30. Juni 1942 wurden alle jüdischen Schulen geschlossen. Lehrer und Schüler wurden „evakuiert", in Wahrheit deportiert und ermordet.

Deportationszüge in den Tod. Von der Levetzowstraße aus mußten die Opfer zu Fuß und öffentlich über Alt-Moabit, Lübecker, Perleberger und Quitzowstraße zum Güterbahnhof Putlitzstraße laufen.

Kapitel 24
In den Zelten – Alt-Moabit – Plötzensee

In den Zelten 8–10/Spreeuferweg ❶
(nahe Haus der Kulturen der Welt/ ehemalige Kongreßhalle)

Magnus Hirschfeld, geboren 1868, eröffnete 1896 in Charlottenburg (Otto-Suhr-Allee) eine Arztpraxis, ließ sich 1910 als Facharzt für nervöse und psychische Leiden nieder, erforschte Sexualität, setzte sich für die Gleichberechtigung Homosexueller und die Legalisierung von Abtreibungen ein und gründete 1910 In den Zelten das Institut für Sexualwissenschaft. Es war nicht nur Beratungsstelle in Notlagen, sondern auch stadtbekanntes Begegnungszentrum für unkonventionelle Menschen. Wegen antisemitischer Attacken kehrte er 1931 von einer Amerikareise nicht mehr nach Deutschland zurück. Am 10. Mai 1933 stürmten Nazistudenten das Institut und verbrannten alle 12.000 Bücher der Bibliothek. Die Staatsbürgerschaft wurde ihm 1934 aberkannt, und er starb an seinem Geburtstag, am 14. Mai 1935, im Exil in Nizza. Auch nach dem Kriege war es wegen des Forschungsgebietes von Magnus Hirschfeld schwierig, an ihn zu erinnern und seiner zu gedenken.

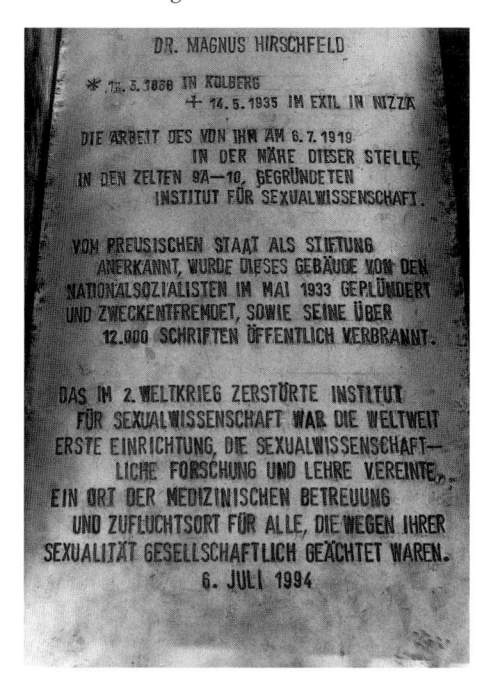

Alt-Moabit 143–145 ❷

Auf einem Grünstreifen an der Einfahrt zum ehemaligen Packhof erinnert eine Gedenktafel an die Vermögensverwertungsstelle beim Oberfinanzpräsidenten Berlin-Brandenburg, die für die Registrierung, Verwaltung und ab November 1941 auch für den Einzug des Vermögens rassisch und politisch Verfolgter durch das Naziregime zuständig war. Die Bürokratisierung des Massenmordes und die administrative Erledigung seiner Folgen fanden in dieser Behörde ihren Endpunkt.

Rathenower Straße 11–12 ❸

In der ehemaligen Kaserne war 1943/44 ein Sammellager zur Vorbereitung der Deportationen jüdischer Menschen in die Vernichtungslager.

Wilsnacker Straße 81/ Ecke Alt-Moabit 23 ❹

Die Turnhalle der ehemaligen jüdischen Haushaltungsschule war vermutlich ein geheimer Treffpunkt untergetauchter junger Juden.

Alt-Moabit 109 ❺

Ernst Boris Chain (1906–1979) erhielt 1945 den Nobelpreis für die Erfindung des Penicillins, die ihm zusammen mit Alexander Fleming im Jahre 1938 gelang. Der Arzt und Forscher wurde im Hause Alt-Moabit 109 geboren, arbeitete ab 1930 bis zur Emigration 1933 nach England im Pathologischen Institut der Charité. Eine Gedenktafel befindet sich im Foyer des Hauses der Gesundheit, Turmstraße 22.

Lübecker Straße 13 ❻

Im zweiten Stock des Hauses wurde im Januar 1890 Kurt Tucholsky als ältestes von drei Kindern geboren. Zwei Jahre später zog die Familie an das Holsteinische Ufer 46. Am 70. Geburtstag Tucholskys wurde an seinem Geburtshaus eine Gedenktafel angebracht, jedoch der Plan nicht realisiert, im Hause selbst ein Gedenkzimmer einzurichten. Des Schriftstellers zeitkritischer Satiren und Pazifisten wird nun im Literaturhaus an der Fasanenstraße gedacht. Er schrieb 1912 „Rheinsberg – ein Bilderbuch für Verliebte", 1929 in Schweden „Schloß Gripsholm". Tucholsky lebte seit 1924 in Paris, wurde 1933 ausgebürgert. Seine Bücher sind auf dem Opernplatz verbrannt worden. Er beging 1935 im Exil Selbstmord. Aus dem Judentum war Tucholsky schon 1914 ausgetreten, „wohl wissend, daß man das gar nicht kann".

Putlitzbrücke/ ❼
Güterbahnhof Putlitzstraße

Der Güterbahnhof Putlitzstraße in Moabit war der größte Deportationsbahnhof in Berlin. In Viehwaggons wurden die Opfer nach Theresienstadt oder Auschwitz deportiert. Die 1987 von Volkmar Haase zur Erinnerung geschaffene Skulptur war mehrfach Ziel rechtsradikaler Angriffe. Das am 29. August 1992 durch einen Sprengstoffanschlag schwer beschädigte Mahnmal mußte restauriert werden und wurde im März 1993 wieder aufgestellt. Inschrift: „Schuld, die nicht verjährt. Betroffen sind wir alle. Nie wieder!" Vom Standort des Denkmals auf der Brücke aus sieht man in östlicher Richtung die Gleise des Güterbahnhofs, von wo ab Januar 1942 die Deportationszüge abfuhren. Der Weg, den die Opfer öffentlich und am hellichten Tage gehen mußten, ging von der Levetzowstraße über Jagowstraße, Alt-Moabit, Kleiner Tiergarten, Lübecker Straße, Perleberger Straße, Havelberger Straße, Lützowstraße zu einer schmalen Unterführung im Gelände des Güterbahnhofs. „Stufen, die keine Stufen mehr sind, eine Treppe, die keine Treppe mehr ist, abgebrochen, Symbol des Weges, der kein Weg mehr war, für die, die über Rampen, Gleise, Stufen und Treppen diesen letzten Weg gehen mußten."

Hüttigpfad ❽
Gedenkstätte Plötzensee

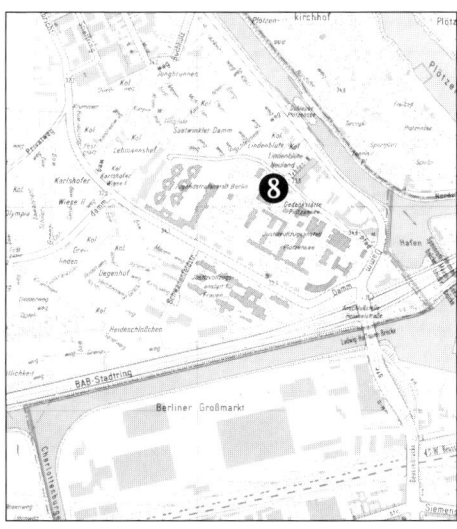

Die Gedenkstätte zur Erinnerung und Ehrung des Widerstands gegen den Nationalsozialismus ist außerhalb des noch existierenden Gefängnisses Plötzensee in einem Backsteingebäude eingerichtet, wo etwa 2.500 Hinrichtungen vollzogen wurden. Die Justizmorde waren die Folge der Perversion von Rechtsprechung und Verwaltung durch die Ideologie des Faschismus. Von 1933 bis 1945 wurden mindestens 16.560 Todesurteile gesprochen, die fast alle vollstreckt wurden. Wie die kleine Ausstellung von Dokumenten in der Hinrichtungshalle zeigt, waren auch jüdische Menschen Opfer der Terrorjustiz des NS-Volksgerichtshofs. Im Vorhof der Gedenkstätte steht eine 1956 aufgestellte Urne mit Erde und Asche aus den Vernichtungslagern.

DIE URNE ENTHÄLT ERDE
AUS DEUTSCHEN
KONZENTRATIONSLAGERN

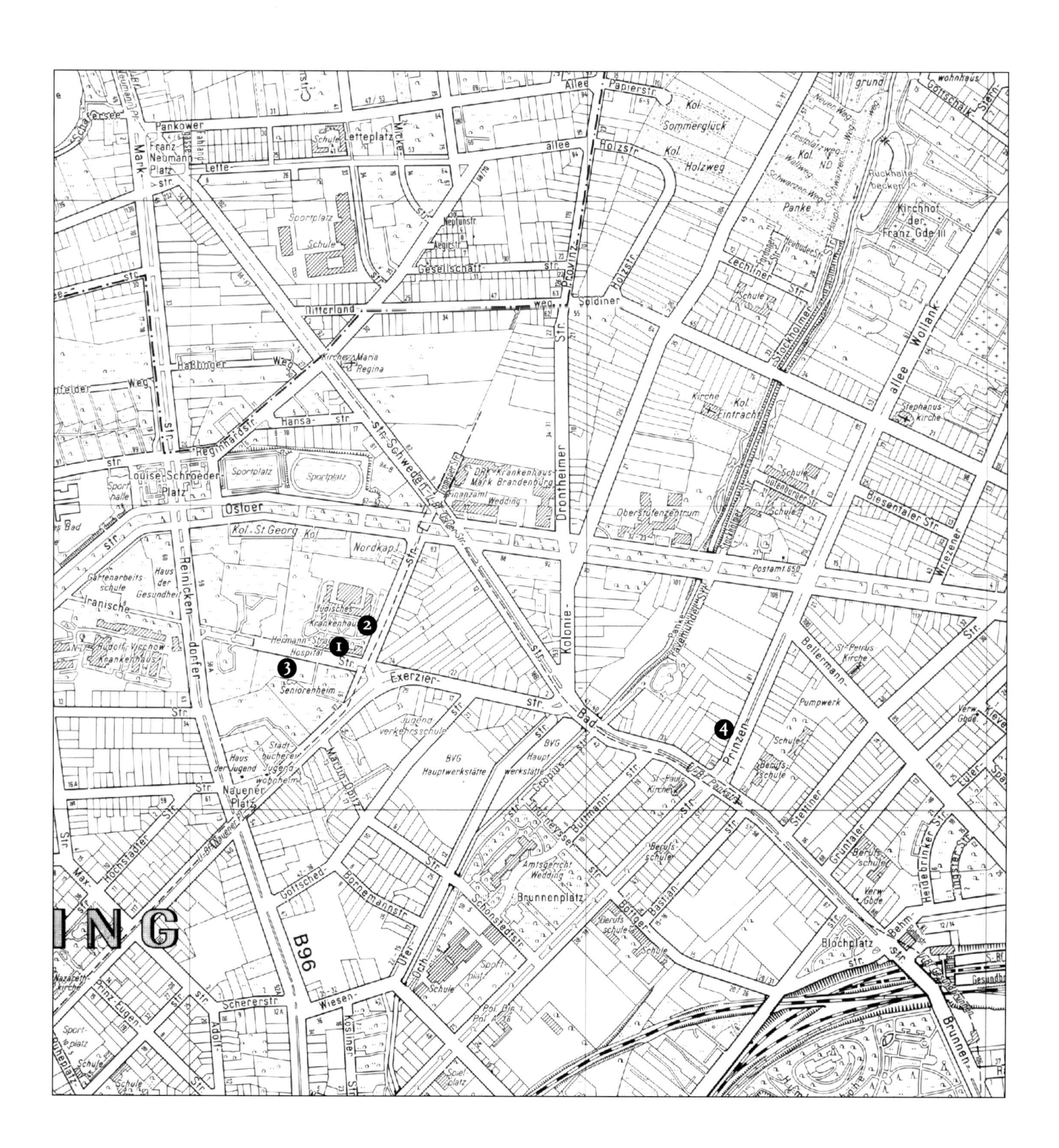

Kapitel 25
Wedding

Iranische Straße 2–4 (ehemals Exerzierstraße 11a)/Schulstraße 79
Jüdisches Krankenhaus

Als einzige jüdische Einrichtung überstand das Krankenhaus auf tragische Weise die Nazizeit. Kurz vor Ausbruch des 1. Weltkrieges nahm 1914 an der damaligen Exerzierstraße das neue Krankenhaus der Jüdischen Gemeinde seinen Betrieb auf. Wie bereits sein Vorläufer in der Auguststraße gewann auch dieses neue Hospital bald einen ausgezeichneten Ruf. Die sieben Gebäude waren mit modernstem Gerät ausgestattet, hatten 270 Betten. Das Krankenhaus war als Einrichtung der Jüdischen Gemeinde zu Berlin auf eigenen Grundstücken aus den Mitteln der Gemeindemitglieder entstanden, nahm aber bis 1938, als das verboten wurde, auch nicht-jüdische Patienten auf. Während des 2. Weltkrieges richteten die Nationalsozialisten in der Pathologie an der Schulstraße ein Sammellager für Menschen jüdischer Herkunft und ein Gefängnis ein. Am 10. 3. 1943 wurde die Hälfte des Personals verschleppt (sog. Krankenhaus-Aktion). Das Reichssicherheitshauptamt überwachte die Arbeit und machte das Krankenhaus zum Instrument der Vernichtung statt der Fürsorge. In den Jahren 1943 bis 1945 war das jüdische Krankenhaus unter unerträglichen, ghettoähnlichen Bedingungen ein apokalyptischer Sammelpunkt jüdischen Lebens. Cordelia Edvardson: „Hier hatte die Gestapo die Überbleibsel der Berliner Juden zusammengekehrt." Das Krankenhaus war letzte Zuflucht und Falle für Juden, die aus ganz Deutschland hier zusammengezogen wurden. Eine umstrittene Figur mit ungeklärter Rolle war Dr. Walter Lustig, der letzte Direktor ab 1942. Ihm oblag unter dem Druck der Gestapo die Selektion der zu deportierenden Patienten. Nach der Befreiung durch die Rote Armee wurde er inhaftiert und wahrscheinlich als mutmaßlicher Kollaborateur hingerichtet. Die meisten zuletzt dort Inhaftierten (bis zu 1.000 Menschen) waren transportunfähig und konnten deshalb nicht deportiert werden.

Etwa 800 Juden wurden Anfang Mai 1945 befreit. Neben den im Untergrund versteckt überlebenden „Illegalen" war dies alles, was vom Berliner Judentum übriggeblieben war. Nach der Befreiung entwickelte sich hier eine Keimzelle neuen jüdischen Lebens. Bis in die 60er Jahre hinein hatte die Personalverwaltung der Jüdischen Gemeinde hier ihren Sitz. 1963 veräußerte die Jüdische Gemeinde das Krankenhaus und brachte es in eine Stiftung ein, die in den historischen Gebäuden und mit dem traditionellen Namen (Hermann-Strauß-Hospital) ein öffentliches Krankenhaus geworden ist, das sich aber weiterhin seiner Tradition bewußt ist. Auf dem Gelände des Krankenhauses sind noch eine Beratungsstelle für Suchtkranke und ein Pflegeheim der Jüdischen Gemeinde untergebracht. Die ehemalige Synagoge wird nicht mehr benutzt. Auf einer Schrifttafel von August Jäkel (1986) an der Schulstraße wird die Geschichte des Jüdischen Krankenhauses erzählt.

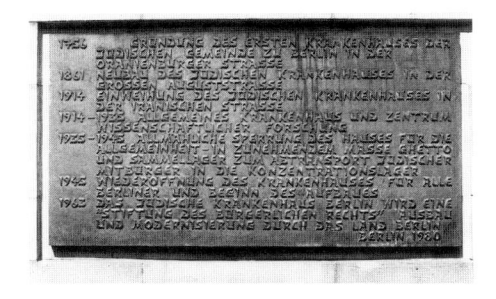

Iranische Straße 3 (ehemals Exerzierstraße 13)
Jüdisches Altersheim

Das in unmittelbarer Nachbarschaft gelegene, 1902 eingeweihte Jüdische Altersheim wurde 1907 für 114 Insassen erweitert. Keiner überlebte. Unmittelbar nach der Befreiung wurde das Altersheim wieder in Besitz genommen und von der Jüdischen Gemeinde und der UNRRA (United Nations Relief and Rehabilitation Administration) als Asyl für Displaced Persons mit 125 Plätzen eingerichtet. Am 23. Juli 1946 übertrug die Jüdische Gemeinde den Betrieb des Asyls auf die UNRRA, behielt die Einrichtung jedoch weiter „in ihrer Obhut", weil sie diese „aus dem Nichts aufgebaut" hatte. Der in dem Gebäude eingerichtete Betsaal mit Fundstücken zerstörter Berliner Synagogen wurde im April 1946 durch den amerikanischen Armeerabbiner Herbert Friedman im Beisein des damaligen Oberbürgermeisters Dr. Arthur Werner eingeweiht. Mit Beginn der Blockade wurden die DP-Camps in Berlin aufgelöst, die Jüdische Gemeinde richtete wieder ein Altersheim ein, das bis zu Beginn der 80er Jahre in Betrieb war und mit der Fertigstellung des Seniorenzentrums in Charlottenburg veräußert wurde.

Prinzenallee 87

1910 vom „Israelitischen Religionsverein Ahawas Achim" gegründet, stand die Synagoge im Hof bis 1938 etwa 250 Betern zur Verfügung. 1938 nur im Innern demoliert, wurde das Gebäude nach dem Krieg restauriert; es diente den Zeugen Jehovas als Königreichssaal und steht jetzt leer. Eine Gedenktafel ist im Hausflur des Vorderhauses angebracht. Im Vorderhaus war die 4. Volksschule der Jüdischen Gemeinde untergebracht.

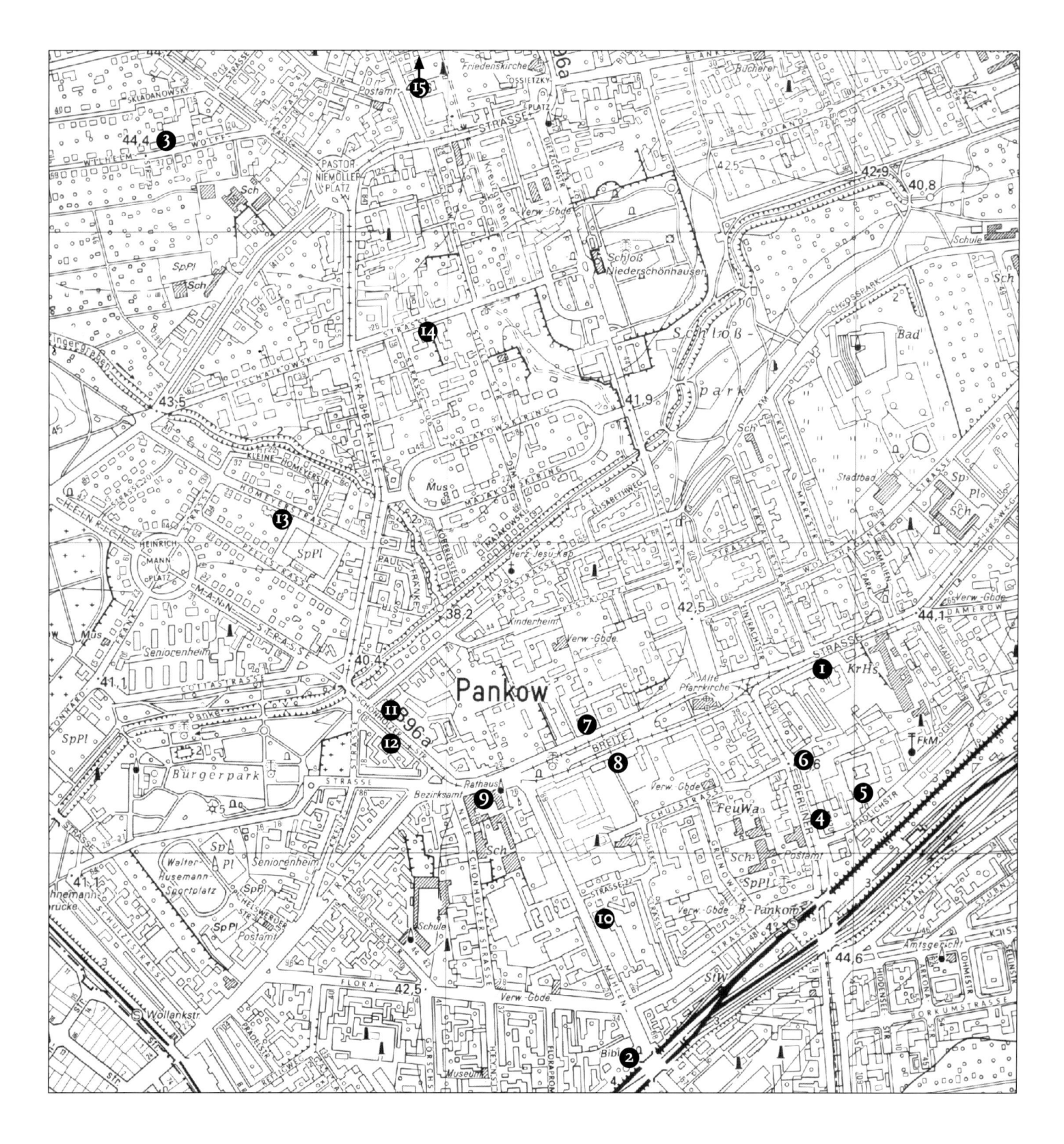

Kapitel 26
Pankow

Rundgang in Pankow
Von Heinz Knobloch

Einst ein reizvolles Dörfchen mit guter Luft, ländliche Zuflucht reicher Berliner seit zweihundert Jahren, wurde Pankow 1920 eingemeindet in das große Berlin. König Friedrich II. ließ seine Gemahlin in ehelicher Verbannung den Sommer in Schloß Schönhausen verbringen, Carl-Maria von Weber musizierte sonntags vor Berliner Juweliersfamilien, die Innung der Tuchmacher feierte in Vergnügungslokalen ihr „Fliegenfest": „Komm Karlineken, wir wolln nach Pankow gehn, dort ist es wunderschön!" Der unschuldige Name Pankow wurde um die Mitte unseres Jahrhunderts Synonym für ein halbes Land und einen ganzen Staat (DDR = „Pankoff"). Hier wurden für die ganze Welt erfunden der Film (1895), die Thermosflasche (1903) und das Fernsehen (Patent 1884, erste Sendung 1928). Nur vom jüdischen Leben in Pankow war so gut wie nie die Rede...

Breite Straße 18 ❶

Emanuel Mendel (1839–1907) ließ sich nach 1860 als erster praktischer Arzt und Geburtshelfer im Dorf Pankow nieder und besuchte seine Patienten zu Pferd. Oft gab er seinen ärmeren Kranken, die er umsonst behandelte, Geld für die verordnete Medizin. 1868 richtete Mendel in der Breiten Straße 18 eine Privatklinik ein zur Behandlung von Geisteskranken. Als Universitätslehrer war der Andrang bei dem bedeutenden Sozialhygieniker als „einem der gesuchtesten Psychiater Europas" außerordentlich groß. Im 1882 von ihm begründeten und bis zu seinem Tode geleiteten „Neurologischen Centralblatt" publizierte z.B. Sigmund Freud, der 1886 in Mendels Klinik nervenkranke Kinder untersuchen konnte.

Für zwei Wahlperioden, 1877 bis 1881, war Emanuel Mendel als Abgeordneter der Deutschen Fortschrittspartei Mitglied des Deutschen Reichstags. Ferner gehörte er dem Kreistag Niederbarnim an und wirkte in Pankow als Gemeindevertreter. Für das erste Wasserwerk schenkte er 1883 zwei Morgen Land. Das Krankenhaus in der Galenusstraße ist hauptsächlich sein Werk. Er begründete eine Stiftung für hilfsbedürftige, aus dem Krankenhaus entlassene Genesende – die wurde im Ersten Weltkrieg verpulvert, statt daß man die Befehlsgeber in die nahegelegene Anstalt Mendels eingeliefert hätte.

Die Liste der guten Taten dieses Mediziners ist ellenlang. Als Geheimer Medizinalrat starb Emanuel Mendel hochgeehrt 1907. Sein Sarg wurde im Rathaussaal aufgebahrt. 1911 ließ die dankbare Gemeinde eine Büste Mendels vor dem Krankenhaus Galenusstraße aufstellen. Im Februar 1935 wurde sie von den Nazis beseitigt und ist verschollen.

Die 1893 angelegte und wegen seiner großzügigen Schenkungen nach dem Arzt benannte Straße wurde 1938 von den Nazis umbenannt. Seit 1947 gibt es die Mendelstraße wieder. Nicht wenige aber denken dabei an den Mönch Gregor und seine Bohnen. Wir lassen uns leiten von dem Ausspruch Emanuel Mendels: „Ich halte alle Menschen so lange für verdreht, bis ich unzweifelhafte Beweise des Gegenteils habe."

Mühlenstraße 24 ❷

Vor dem Gebäude leuchtet weiß die Büste des anerkannt größten rumänischen Dramatikers des 19. Jahrhunderts Caragiale, der um 1904 einige Zeit in Berlin lebte, jedoch nie in Pankow war, geschweige, daß er in der nach ihm benannten Bibliothek Bücher ausgeliehen hätte. Zu seiner Zeit war das Gebäude ein Heim für jüdische Lehrlinge. Es konnte 1896 eingeweiht werden. Der Verein „Lehrlingsheim Pankow" – unter seinen Förderern Dr. Emanuel Mendel – ermöglichte eine gute handwerkliche Ausbildung für rund vierzig Lehrlinge, die z.B. Schlosser, Tischler, Maler, Tapezierer, Schriftsetzer und Mützenmacher wurden. Später gab es auf dem Gelände eigene Werkstätten. Keiner ahnte die traurige Zukunft. 1939 lebten hier keine jüdischen Insassen mehr. Das Haus diente fortan als „Jugendheim und Kindertagesstätte". Wenn sich heute viele Kinder Lese-Lebensmittel holen, warum sagt ihnen keine Tafel, was sie wissen müßten über die Vergangenheit dieses Hauses?

Wilhelm-Wolff-Straße 30–32 ❸
(früher Moltkestraße)

Hier richtete der 1903 gegründete „Fürsorgeverein für hilflose jüdische Kinder e.V." 1915 ein Säuglingsheim ein, später im Nebenhaus ein Kinderheim für Zöglinge bis zum schulfähigen Alter. Es gab für diese hilflosen Kinder, darunter zunehmend „unehelich" geborene, eigene Gärten, Liegehallen, Planschbecken, Höhensonnen, kinderärztliche Überwachung und zuverlässiges Pflegepersonal; daher genoß das Heim den Ruf, eines der „mustergültigsten jüdischen" Berlins zu sein.

An einem Herbstvormittag 1942 kam ein SS-Kommando. Die Gedenktafel erzählt: „Hier wurden über 150 Kinder, unter ihnen etwa 70 Säuglinge, umsorgt und in Liebe erzogen. SS verschleppte 1942 diese lebensfrohen Kinder und mordete sie. – Schweigt nicht. Sagt es allen Menschen. Mahnt die Völker."

Als nach Kriegsende jüdische Überlebende der Todeslager nach Berlin zurückkehrten, fand eine kleine Anzahl Unterkunft und Betreuung im vormaligen Kinderheim, das seit 1942 von der deutschen Wehrmacht als Lazarett benutzt worden war. Das kriegsbeschädigte Gebäude war dringend reparaturbedürftig.

Doch es fehlten die Baustoffe. Die Mittel dafür stellte Otto Weidt zur Verfügung, ein Fabrikant, dessen mutiges Dasein und Wirken eine Gedenktafel in der Rosenthaler Straße 39 ehrt. Weidt hatte im Krieg in seiner Bürstenfabrik Juden beschäftigt, versorgt und beschützt, so daß etliche überlebten. Mit dem Rest seines Vermögens finanzierte er 1947 die Wiederherstellung des Kinder- und Altenheims in Pankow-Niederschönhausen, dessen vierzig Insassen 1948 in Doppelzimmern lebten. Es gab eine Synagoge und Aufenthaltsräume. Das Haus ist jetzt ein Altenheim der Jüdischen Gemeinde.

Berliner Straße 120–121 ❹

Das Zweite Waisenhaus der Jüdischen Gemeinde zu Berlin. Es entstand, weil Juden verfolgt wurden!

Anfang der 80er Jahre des neunzehnten Jahrhunderts hatte es in Südrußland entsetzliche Pogrome gegeben. (Pogrom ist ein russisches Wort). Die Betroffenen flüchteten nach Westen. Aber viele europäische Staaten wollten keine Flüchtlinge aufnehmen. Ihnen blieb nur Rückkehr oder kostenaufwendige Flucht in die Vereinigten Staaten von Amerika.

Der selber als junger Mann „aus dem Osten" gekommene Justizrat Hermann Makower (1830–1897) hatte vierzig Knaben im Alter von sechs bis elf Jahren auswählen können, „verlassene Waisen oder mißhandelte Kinder", *und konnte 1882 als Vorsitzender des Berliner Hilfskomitees in Pankow ein Grundstück erwerben. Die Kinder erlernten hier ein Handwerk, aber schon 1885 wanderten die ersten Gesellen aus. In die USA. Freiwerdende Plätze belegten Berliner Waisen.*

Wer heute auf das Gebäude blickt, dem Postamt gegenüber, kann sich im Bogen über den Fenstern die verschwundene Inschrift vorstellen: „II. Waisenhaus / der Jüdischen Gemeinde / Berlin / erbaut im Jahre 1912/13". *Ziel der Erziehung war unter ziemlich strengen Bedingungen,* „halb oder ganz verwaiste, verlassene oder sonst der Armenpflege der Gemeinde anheimfallende Knaben zu pflegen, zu erziehen und vorzugsweise zu Handwerkern heranzubilden".

Schon im Sommer 1938 stürmten Nazis das Haus, wurden aber tatsächlich vertrieben, aber 1941 beschlagnahmte die SS das Gebäude, dessen Zöglinge in anderen Heimen Zuflucht fanden; einige konnten auswandern, andere kamen in Lagern um.

Im Dezember 1943 befand sich im Gebäude eine Dienststelle des Reichssicherheitshauptamtes (RSHA). Nach Kriegsende 1945 amtierte hier das Bezirksamt, denn im Rathaus residierte die Sowjetische Kommandantur. Nach Gründung der DDR (1949) wurde das Haus Sitz der Botschaft der Volksrepublik Polen, später zog die Kubanische Botschaft ein, die bis zum obersten Stockwerk sämtliche Fenster vergittern ließ. Derzeit, 1994, steht das Gebäude leer. Es wird, eines schönen, voraussehbaren Tages, die Botschaft Israels beherbergen.

Berliner Straße 122–125 ❺

1906 wurde in der angrenzenden Hadlichstraße Nr. 3 ein modernes Fabrikgebäude eingeweiht, die „Cigaretten Fabrik J. Garbáty". *Seit 1875 hatte diese Familie in Hand- und Heimarbeit Tabakwaren hergestellt;* „Garbáty" *wurde Markenzeichen für Zigaretten* „ägyptischer Art". *1890 richtete man in der Schönhauser Allee einen Betrieb ein, der erneut verlegt wurde, als man mit der mechanischen Zigarettenherstellung begann. Josef Garbáty-Rosenthal beschäftigte bald 800 Arbeiter, stellte 1910 in Brüssel auf der Weltausstellung seine Produkte vor, wurde Hoflieferant deutscher Fürstentümer und schuf damals vorbildliche soziale Einrichtungen.*

1929 zog sich der 70jährige Josef Garbáty-Rosenthal aus dem Unternehmen zurück, das seine Söhne Moritz und Eugen weiterführten. Für die rund 1.600 Beschäftigten wurden die Arbeitsräume nach amerikanischem Muster elektrisch belüftet. Es gab einen „Garbáty-Sportclub", *einen* „Garbáty-Werkchor" *und eine Betriebszeitung. Noch 1936 wurde der Betrieb eine* „Zierde Pankows" *genannt.*

1938, kurz vor dem Novemberpogrom, verlor die Familie Garbáty ihren gesamten Besitz durch Zwangsverkauf, die „Arisierung". *Eugen und Moritz Garbáty wanderten mit ihren Familien 1939 in die USA aus. Im gleichen Jahr starb Josef Garbáty-Rosenthal und wurde auf dem Friedhof Weißensee begraben.*

Nicht vergessen sei sein wohltätiges Wirken. Er stiftete einen Lehrstuhl an der Hochschule für die Wissenschaft des Judentums, er schenkte Pankow 1914 eine gemeinnützige, interkonfessionelle Stiftung, deren Zinsen die „Volksbühne Norden e.V." *nutzen sollte. Moritz Garbáty schenkte Kinoapparate an die Volksbühne, die jeweils fünfzig Theaterkarten für die Zigarettenarbeiter gab. Er engagierte sich als Vertreter des liberalen Berliner Judentums, übernahm Ämter und wirkte als Mitglied des Kuratoriums vom Jüdischen Waisenhaus Pankow im benachbarten Gebäude, für das sein Vater außer zahlreichen Sachspenden die Synagoge gestiftet hatte.*

Berliner Straße 126–127 ❻
Villa Garbáty

Breite Straße 16a ❼

Der Zahnarzt Benjamin Vogelsdorff war Vorsitzender der Jüdischen Gemeinde Pankow. Er verließ 1938 sein Haus, entzog sich der bevorstehenden Verhaftung und Deportation, konnte sich bis zum Ende des Krieges durch ständig wechselnde Aufenthaltsorte vor der Gestapo verbergen. Als der Krieg zu Ende war, emigrierte er nach Israel, wo er 1961 im Alter von 79 Jahren in Tel-Aviv starb. Sein Name wird in Erinnerung gehalten durch Benennung der Straße 22 in Benjamin-Vogelsdorff-Straße.

Breite Straße 33 ❽

Als Pankow noch ein Dorf weit vor den Toren der Stadt war, ließ sich die Familie des Bankiers Bleichröder am Dorfanger einen Park mit zwei Häusern anlegen. Das stattliche Anwesen ist am Baumbestand und den renovierungsbedürftigen Häusern trotz der Veränderungen noch deutlich zu erkennen.

Breite Straße 24a ❾
Rathaus Pankow

Eine Gedenktafel im Erdgeschoß des Rathauses erinnert an den Sachsenhausen-Prozeß, der vor einem sowjetischen Militärgericht im Ratssaal verhandelt wurde. Am 23. 10. 1947 eröffnete Oberst Majarow das Verfahren gegen 16 Angeklagte des KZ-Personals. Lagerkommandant, Lagerführer, Lagerärzte und Blockführer wurden am 1. 11. 1947 zu lebenslanger Haft und Zwangsarbeit verurteilt.

Mühlenstraße 77 ❿

In dem teilzerstörten Gebäude noch deutlich ablesbar ist die 1935 vom Gemeindebaumeister Alexander Beer eingerichtete Synagoge des Synagogenvereins Agudath Achim Pankow. Sie war auf dem hinteren Teil des Grundstückes in einem dreigeschossigen Quergebäude mit zweigeschossigem Vorbau und sechs Fenstern untergebracht. Das Gotteshaus war schließlich Sammellager für die zur Deportation bestimmten Juden.

Schönholzer Straße 9 und 6a ⓫

Beide Miethäuser dienten in der Zeit der Deportationen ebenso wie der sogenannte Judenhof Schönholzer Straße 10–11 als Kleinghetto.

Schönholzer Straße 10–11 ⓬

Bis zum Jahre 1901 existierte ein Betsaal im ersten Stock des hinteren Quergebäudes für den 1895 gegründeten Pankower Synagogenverein Agudath Achim.

Homeyerstraße 13 ⓭

Jo Jastram schuf 1982 das Relief mit Porträt des Schriftstellers Arnold Zweig, der in diesem Hause nach seiner Rückkehr (1948) aus der Emigration von 1956 bis zu seinem Tode 1968 lebte.

Der mit Lion Feuchtwanger eng verbundene Pazifist und Kosmopolit kam 1923 nach Berlin, arbeitete für die „Jüdische Rundschau" und die „Weltbühne", orientierte sich an Marx und Freud, emigrierte 1933, schrieb 1934 die „Bilanz der deutschen Judenheit", kam aus Palästina zurück, weil er wieder in deutscher Sprache leben, schreiben und wirken wollte. 1949 Abgeordneter der DDR-Volkskammer, 1950–1953 Präsident der Deutschen Akademie der Künste der DDR. Er schrieb 1933 über „Die Juden": „1. Sie erkennen ihre Lage nicht – daß sie von den Linken leben – rücken sie nach rechts. 2. Sie erkennen ihre Feinde nicht, daß die herrschende Klasse sie nicht deckt. 3. Sie erkennen sich selbst nicht, daß ihre ‚Ausgewähltheit' eine falsche Interpretation ihrer Geschichte und Rolle ist."

Tschaikowskystraße 13
(ehemals Kaiserin-Augusta-Straße 37)

Das Heim für alte erwerbslose jüdische Taubstumme wurde vom Hilfsverein 1903 gegründet. Bewohner und Betreuer wurden nach 1941 mit unbekanntem Ziel deportiert.

Mittelstraße 6–8
Niederschönhausen

In dem von den jüdischen Ärzten Wilhelm Dosquet und Wilhelm Manasse 1905 gegründeten privaten Krankenhaus Nordend starb Carl von Ossietzky am 4. Mai 1938. Er lebte dort als todkranker Mann 17 Monate. Das Krankenhaus Nordend war zur Zeit seiner Gründung eine Reformklinik. Balkone und Loggien vor den Krankenzimmern erlaubten die Therapie mit Sonne, Luft, Licht, Wärme und Kälte.

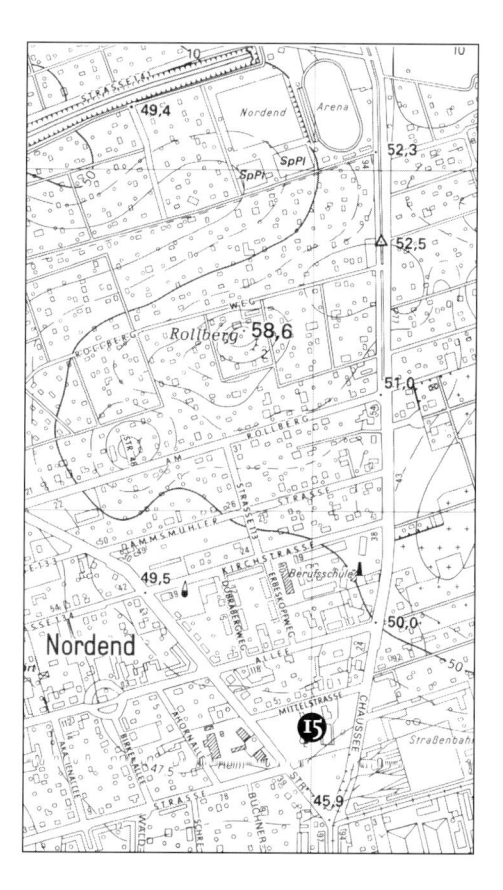

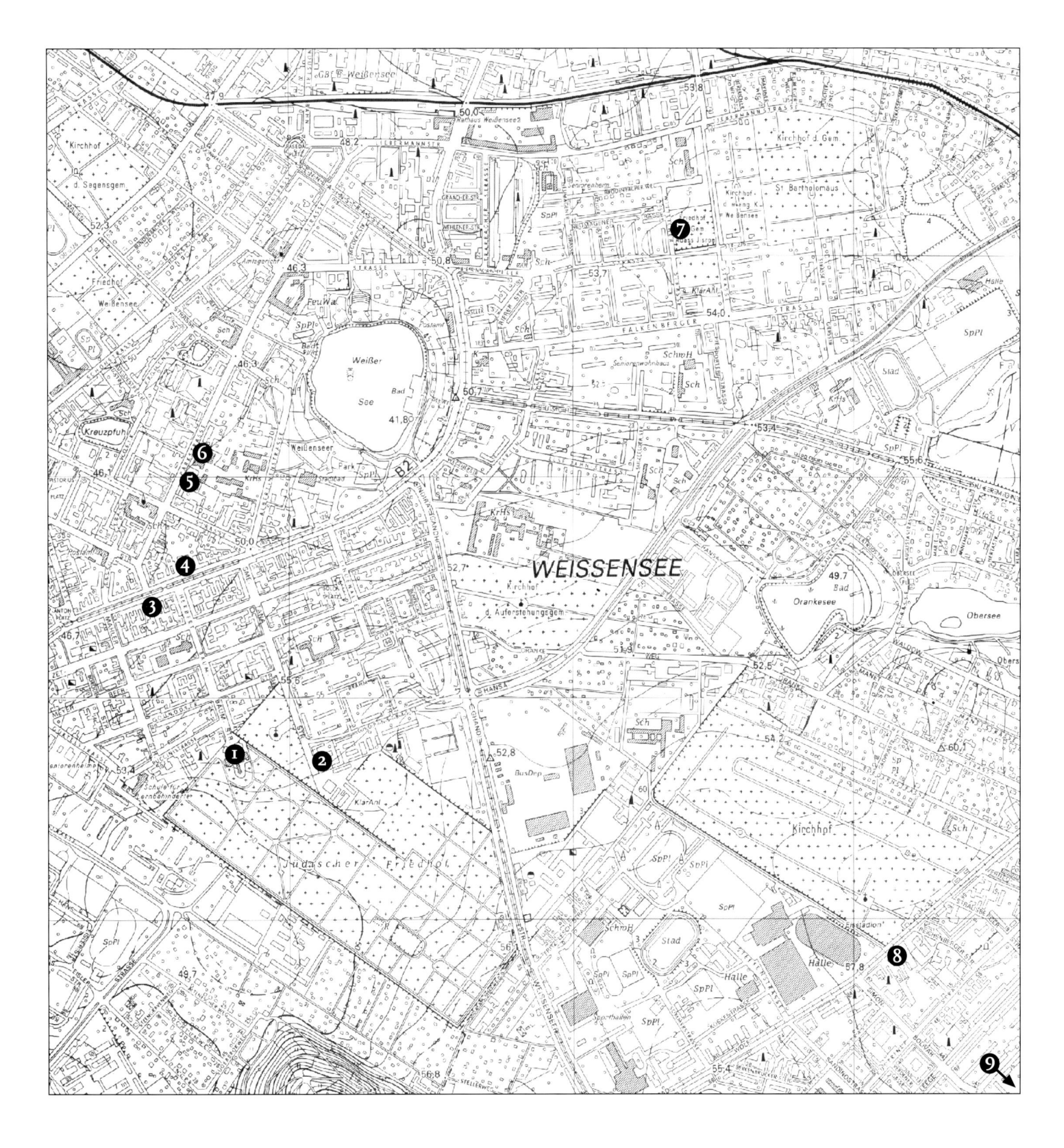

Kapitel 27
Weißensee

Herbert-Baum-Straße 45 ❶

Am 9. September 1880 wurde der 42 Hektar umfassende Friedhof der Jüdischen Gemeinde mit repräsentativen Gebäuden und architektonisch bemerkenswerter Trauerhalle eingeweiht. Mit über 115.000 Grabstellen ist er der größte jüdische Friedhof Europas und ein einzigartiges kulturhistorisches Denkmal. Das Totenregister ist vollständig erhalten, ein singuläres Dokument der Zeitgeschichte.

Martin Riesenburger, später Rabbiner der Jüdischen Gemeinde in Ost-Berlin, überlebte hier mit seiner Frau die Shoa, hielt auf dem Friedhofsgelände auch 1943 und 1944 gelegentlich Gottesdienste ab und bestattete die in Berlin verstorbenen jüdischen Menschen. Ihm war es gelungen, eine große Zahl von Torarollen und silbernem Toraschmuck zu retten und auf dem Friedhof zu verbergen. Am 11. Mai 1945 hielt er hier seinen ersten Gottesdienst nach der Befreiung ab. Auch andere jüdische Verfolgte nutzten das unübersichtliche Friedhofsgelände und versteckten sich z. B. in der Gruft des Kammersängers Schwarz. Aus einem Bericht von Christoph Hein über die Familiengruft wissen wir, was geschehen konnte, wenn Gestapo-Leute ein Versteck entdeckten.

Auf dem Friedhof ist ein Ehrenfeld mit einem von Alexander Beer gestalteten monumentalen Gedenkaltar sowie den sterblichen Überresten der 12.000 jüdischen Deutschen, die im 1. Weltkrieg gefallen sind. Das 1927 eingeweihte Denkmal wurde vom Reichsbund jüdischer Frontsoldaten initiiert. Am 1. Weltkrieg nahmen 100.000 jüdische Soldaten – prozentual stark überrepräsentiert, viele freiwillig – teil.

Auf dem Friedhof steht auch das Grabmal für Herbert Baum, der wie kein zweiter den jüdischen Widerstand gegen die Nationalsozialisten verkörpert: vom Verfassen politischer Schriften gegen den Krieg über den Kampf gegen die Akkordnormen für jüdische Zwangsarbeiter bei Siemens bis zum Brandanschlag auf die Propagandaausstellung „Das Sowjetparadies" am 18. Mai 1942. Er wurde ebenso wie die meisten Mitglieder seiner Widerstandsgruppe verhaftet, verurteilt und hingerichtet.

Die Grabsteine des 1961 aufgelassenen Köpenicker Judenfriedhofs wurden hierher überführt.

Schließlich steht im Eingangsbereich eine Gedenkanlage für die Opfer der Shoa. Sie erinnert an die Ermordeten in den Vernichtungslagern, die kein Grab fanden, weil ihre Asche verstreut wurde. Schon im September 1945 war hier eine erste Gedenktafel errichtet worden. Am 27. Januar 1992, dem 47. Jahrestag der Befreiung des Konzentrationslagers Auschwitz, wurde im Gedenken an die Ermordeten eine Urne mit Asche aus Auschwitz aufgestellt, in Gegenwart von Überlebenden des Konzentrationslagers, unter ihnen Heinz Galinski, 43 Jahre lang Vorsitzender der Jüdischen Gemeinde, und Oberkantor Estrongo Nachama, seit 1947 Vorbeter der Gemeinde. Hier beigesetzt sind auch etwa 300 Urnen, die die Verwandten der Ermordeten per Nachnahme aus den Vernichtungslagern erhielten.

Smetanastraße 53 ❷
(ehemals Wörthstraße 20)

Die 1902 eingerichtete und eingeweihte erste jüdische Arbeiterkolonie in Deutschland hatte zum Ziel, arbeitslose Männer, Bettler und ehemalige Strafgefangene aufzunehmen, um ihnen Arbeit und Unterkunft zu vermitteln – eine jüdische Rehabilitationsanstalt, die mehr als 11.000 Menschen geholfen hat. 1923 wurde die Arbeiterkolonie in ein Dauerheim für jüdische Schwachsinnige umgewandelt. Die hier Untergebrachten arbeiteten in der Friedhofsgärtnerei des Jüdischen Friedhofs. Im Frühjahr 1943 wurden sie zusammen mit ihren Betreuern deportiert.

Anschließend wurde das Gebäude von einem Außenkommando des Konzentrationslagers Moringen genutzt. Eine Stele mit Texttafeln wurde zur Erinnerung auf dem Hof installiert.

Berliner Allee 62–66 ❸

Aus diesem Haus, das bis zur Arisierung von der jüdischen Familie Brünn als Kaufhaus betrieben wurde, sind 1943 vier jüdische Familien von der Gestapo verschleppt und anschließend ermordet worden, darunter Siegfried und Selma Peisackowicz.

Eine Gedenktafel ist am Hauseingang Nr. 62 angebracht.

Berliner Allee 73 ❹

Eine Gedenktafel erinnert an sieben jüdische Familien, die 1943 deportiert wurden.

> Aus diesem Hause wurden 1943 von den Faschisten 7 jüdische Familien in die Vernichtungslager verschleppt und ermordet
> Vergeßt es nie

Parkstraße 16 ❺

Im ehemaligen Gesellschaftshaus Weißensee fanden – ebenso wie in der Trauerhalle des Friedhofs – orthodoxe Gottesdienste des Synagogenvereins Weißensee statt.

Parkstraße 22 ❻

„Öffne Deine Hand für die Stummen" war der Leitspruch der 1873 von Markus Reich in Fürstenwalde gegründeten Israelitischen Taubstummenanstalt für Deutschland Jedide Ilmin, Beispiel für die intensiven sozialen Pflegedienste der Jüdischen Gemeinde. 1889 wurde das Grundstück in der Parkstraße 22 erworben. Am 17. August 1890 trafen die ersten Schützlinge mit ihren Betreuern ein. Bis zu 50 Kinder und Jugendliche wurden unterrichtet. 1926 ging der erste taubstumme Abiturient aus dieser Institution hervor. 1942 wurden 146 Menschen, Zöglinge und Betreuer, deportiert und ermordet. Eine Gedenktafel erinnert.

Wittlicher Straße 2 ❼
Friedhof Adass Jisroel

1878 erwarb die Israelitische Synagogengemeinde Adass Jisroel das 2,09 Hektar große Gelände und legte hier ihren Friedhof an, auf dem dann seit Februar 1880 bestattet wird – bislang über 3.000 Grabstellen. Die Grabsteine – beispielsweise für Esriel Hildesheimer, den ersten Rabbiner – sind wesentlich zurückhaltender gestaltet als auf den anderen jüdischen Friedhöfen in Berlin. Unter den noch vorhandenen 619 Grabsteinen gibt es künstlerisch bemerkenswerte, etwa der von Erich Mendelsohn entworfene für Simon Schocken. 1940 wurden alle Grabstätten des 1865 gegründeten und aufgelassenen Friedhofs der Jüdischen Gemeinde Spandau hierher umgebettet; sie bilden eine gesonderte Abteilung. In der Nazizeit wurden „untergetauchte" jüdische Menschen konspirativ ohne Grabstein bestattet, wenn sie in der Illegalität verstarben. Auf dem Friedhof befindet sich auch ein 1990 errichteter Gedenkstein für 90 von 583 Torarollen, die seit 1943 von den Nazis für eine antisemitischen Hetzausstellung in der Synagoge Münchener Straße versteckt gehalten worden waren. Sie waren in der Elsässer Straße 85 gelagert, dort durch Bomben 1943 teilweise beschädigt worden. Die beschädigten und geschändeten Rollen wurden, jüdischer Tradition gemäß, auf dem Friedhof beerdigt. Er blieb im Kriege unversehrt. Lediglich die von Bomben zerstörte Feierhalle wurde 1990/91 durch einen Neubau ersetzt. Im Herbst 1945 fanden wieder die ersten Trauerfeiern auf dem Adass-Friedhof statt. Er verwahrloste bis in die 80er Jahre. Die kaum 200 Seelen zählende Jüdische Gemeinde im Ostteil der Stadt war bereits mit der Pflege der großen Friedhöfe in der Schönhauser Allee und der Herbert-Baum-Straße restlos überfordert. Erst das konsequente Engagement der in West-Berlin lebenden Familie Offenberg und anderer Mitstreiter aus der Adass-Gemeinde brachte den Friedhof wieder in Ordnung. Dies ging einher mit einem Revival der gesamten Adass-Gemeinde, die wieder zu einer allseits geachteten wahrnehmbaren Stimme und einem lebendigen Ort jüdischen Lebens geworden ist.

Konrad-Wolf-Straße 91 ❽

Ehemalige Synagoge der Jüdischen Gemeinschaft Hohenschönhausen.

Gudrunstraße (Lichtenberg) ❾
Gedenkstätte der Sozialisten

Hunderttausende strömten zu DDR-Zeiten Jahr für Jahr am 15. Januar zum Zentralfriedhof Friedrichsfelde, um dort vor allem der 1919 von rechtsradikalen Freikorps-Offizieren ermordeten Sozialistenführer Rosa Luxemburg und Karl Liebknecht zu gedenken. Sie standen vor leeren Gräbern.

Rosa Luxemburgs Leiche wurde am 31. Mai im Landwehrkanal unterhalb der Freiarchenbrücke an der Unterschleuse entdeckt, einen Tag später auf Veranlassung des Reichswehrministers Noske zum Standortlazarett Zossen gebracht und am 13. Juni 1919 beerdigt. In einem Massengrab wurden am 25. November 1919 Karl Liebknecht und 31 weitere Opfer der Januarkämpfe im hinteren Teil, dem Armenviertel des Friedhofs, beigesetzt.

Nach Plänen des Architekten Ludwig Mies van der Rohe entstand auf Initiative der KPD zwischen 1924 und 1926 eine Gedenkstätte, die am 13. Juni 1926 von Wilhelm Pieck eingeweiht wurde, der am 15. Januar 1919 zusammen mit Rosa Luxemburg verhaftet und zum Eden-Hotel gebracht worden war. Die Nationalsozialisten haben im Januar 1935 das Denkmal abgerissen. Die Leichen von Luxemburg und den anderen ermordeten Sozialisten wurden im Zug der Zerstörung des Denkmals weggeschafft. Die ursprünglichen Grabsteine haben teilweise die Zeiten überdauert. Rosa Luxemburgs erster Grabstein wird im Depot des Deutschen Historischen Museums verwahrt. Von 1949 an wurde eine neue Gedenkstätte errichtet, die am 14. Januar 1951 wiederum von Wilhelm Pieck, dem DDR-Staatspräsidenten, eingeweiht wurde.

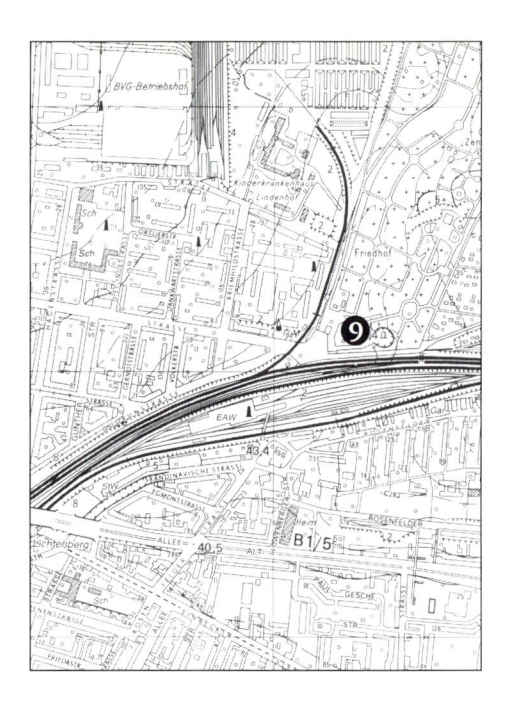

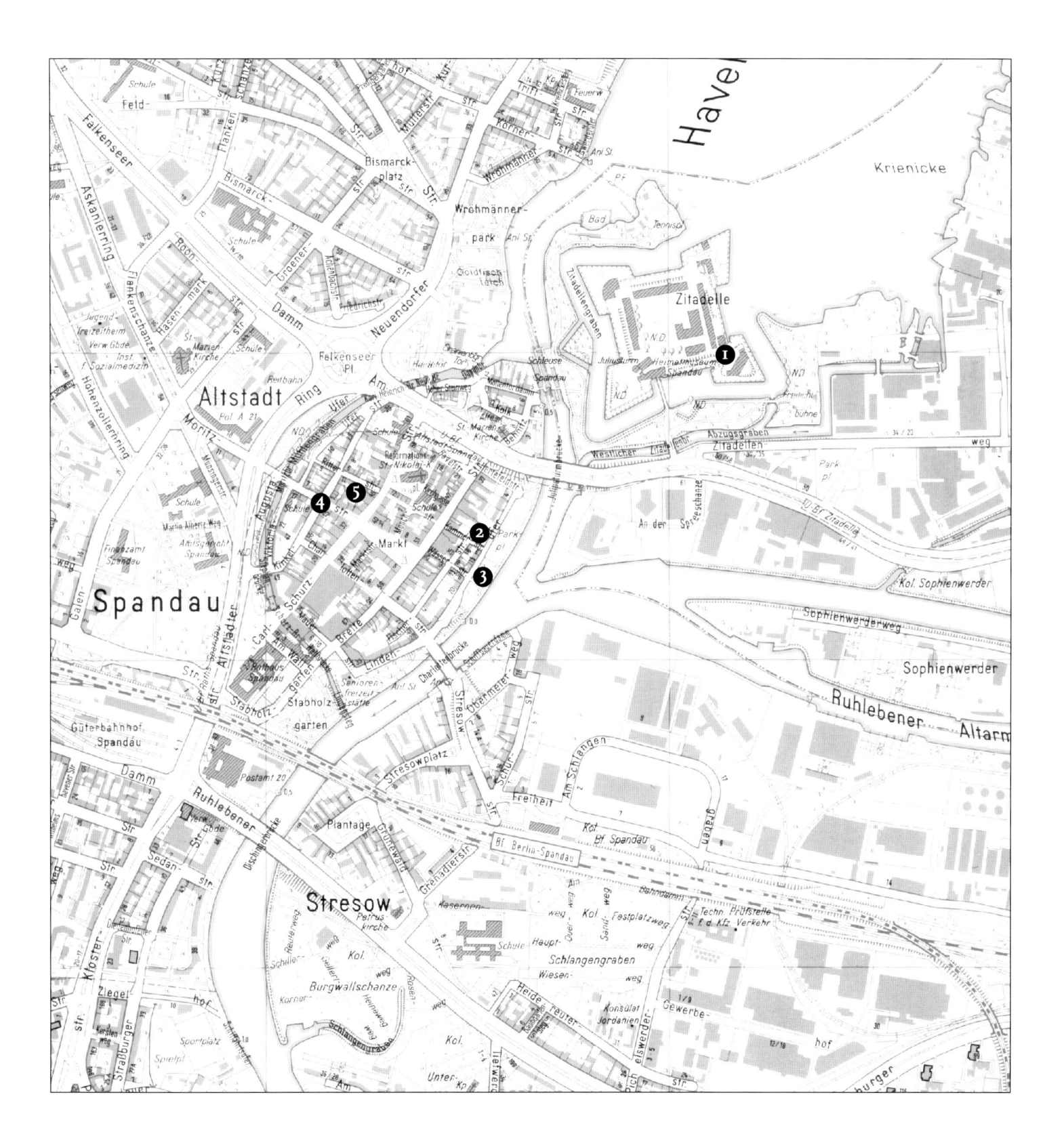

Kapitel 28
Spandau

Am Juliusturm ❶
Spandauer Zitadelle

Bei Ausgrabungs- und Restaurierungsarbeiten Mitte der 50er Jahre wurden etwa 70 jüdische Grabsteine gefunden, die nach der Vertreibung der Berliner und Spandauer jüdischen Gemeinden (1510) beim Bau des Palas der Spandauer Festung verwandt worden waren. Das älteste Grabmal datiert vom Herbst 1244 und ist damit älter als der älteste erhaltene christliche Grabstein von 1308 in der Berliner Nikolaikirche.

Hebräischer Text: „Dieser Stein wurde errichtet / zu Häupten der Grabstätte von Herrn / Jona, Sohn von Herrn Dan, der ging in seine / Welt im Monat Machecheschwan / 5 (= 1244) nach der kleinen Zeitrechnung."

Dieser und weitere in der Zitadelle aufgefundene Steine sind in der Bastion Königin als einzigartige Dauerausstellung in den Kasematten zu sehen, begleitet von kurzen historischen Einführungstexten. Die Ausstellung kann nur nach Terminvereinbarung mit dem Kunstamt besucht werden. Sie gehört zu den kulturhistorisch bedeutendsten Berliner Kostbarkeiten. Spandauer Grabsteine befinden sich auch auf dem Jüdischen Friedhof am Scholzplatz.

Lindenufer 12/Kammerstraße 7 ❷❸

Für die 1895 eingeweihte, 1938 zerstörte Synagoge wurde 1989 ein von Ruth Golan und Kay Zarch gestaltetes Mahnmal aufgestellt. Das von den Architekten Cremer und Wolffenstein errichtete Bethaus hatte 296 Sitzplätze. Die Gemeinde hatte sich mit dem Bau so hoch verschuldet, daß erst ab 1904 ein Rabbiner angestellt werden konnte. Im Führer durch die jüdische Gemeindeverwaltung von 1932/33 wird die Jüdische Gemeinde Spandau mit 604 Mitgliedern noch immer im Regierungsbezirk Potsdam der Provinz Brandenburg verzeichnet, obwohl Spandau seit der Schaffung Groß-Berlins im Oktober 1920 bereits nach Berlin eingemeindet war. Offenbar war die Mentalität der Spandauer Juden genauso wie die ihrer nichtjüdischen Umwelt: Die Einwohner fühlen sich weniger als Berliner denn als Brandenburger. Neben der Gemeinde gab es einen „Humanitätsverein", einen „Israelitischen Frauenverein" und eine „Zedakakasse". 40 Kinder besuchten den Religionsunterricht.

Kinkelstraße ❹

Die Kinkelstraße hieß seit 1537 bis 1938 Jüdenstraße. Die Rückbenennung war 1987 abgelehnt worden und soll jetzt „als Zeichen für eine verantwortungsbewußte Auseinandersetzung mit der Vergangenheit" 1995 endlich vollzogen werden.

Ritterstraße 12 ❺

Vor der Einrichtung ihrer Synagoge am Lindenufer 12 hatte die Synagogengemeinde Spandau von 1881 bis 1895 im Hofgebäude der ehemaligen Gaststätte „Zur Palme" Räume gemietet, um sie als Gebets- und Unterrichtsstätte zu benutzen. Heute findet man hier ein Lampengeschäft. Im Innern ist die ursprüngliche Verwendung als Synagoge noch deutlich zu erkennen.

Kapitel 29
Treptow – Adlershof – Köpenick

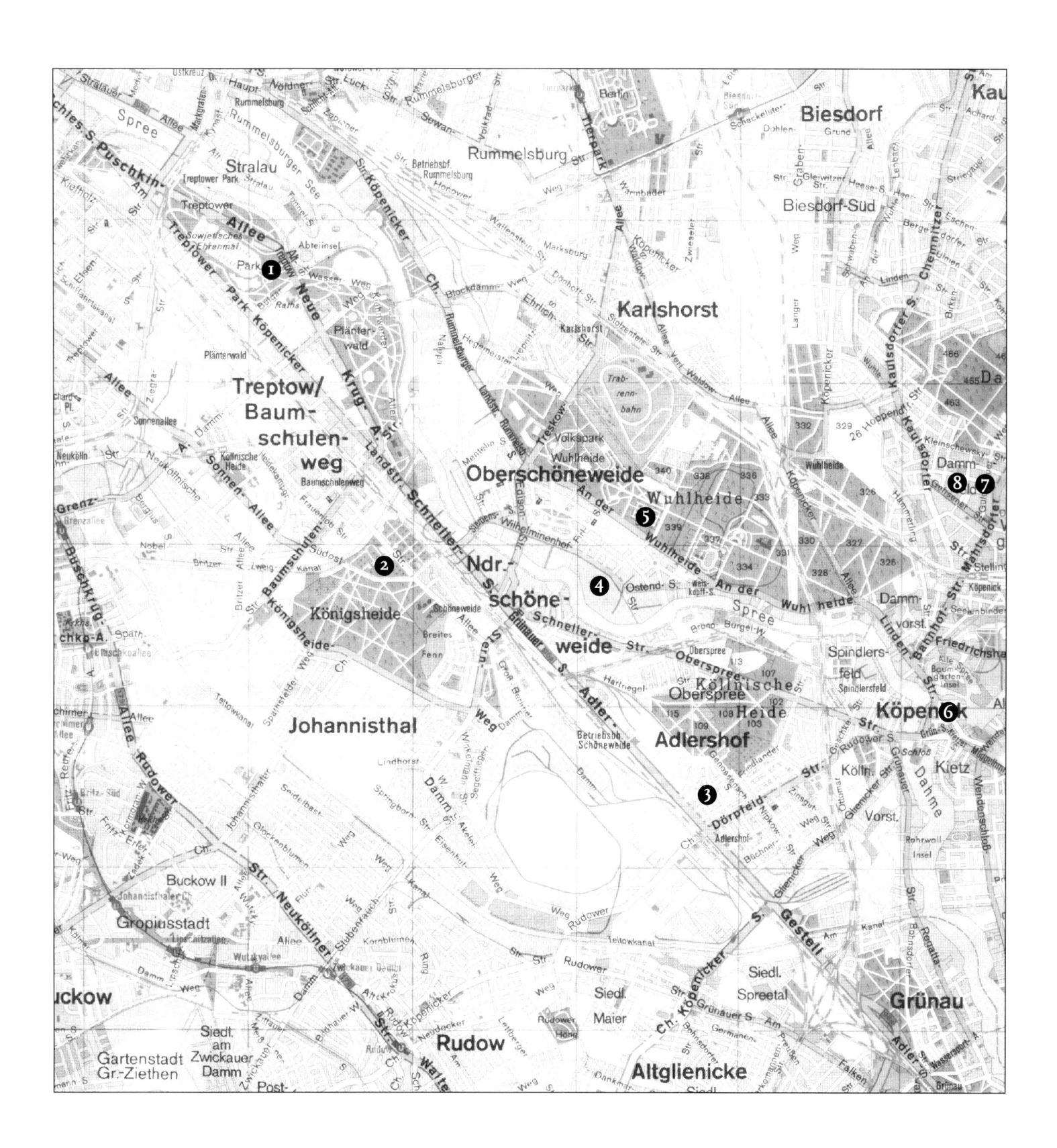

Alt-Treptow 1
Archenhold-Sternwarte
im Treptower Park

Der 1861 im westfälischen Lichtenau geborene bedeutende Astronom Friedrich Simon Archenhold war 30 Jahre lang, von 1901 bis 1931, Direktor der jetzt nach ihm benannten Sternwarte, die das für die Gewerbeausstellung 1896 gebaute und noch immer längste Fernrohr der Welt besitzt. Hier hielt Albert Einstein am 2. Juni 1915 seinen ersten öffentlichen Vortrag über die Relativitätstheorie. Archenholds Sohn Günter Hermann, geboren 1904, folgte seinem Vater im Amte, bis er 1936 verjagt und verfolgt wurde.

Er floh mit seiner Familie nach Zürich und emigrierte 1938 nach England, wo er heute im Exil lebt. Der Vater hingegen war aus Überzeugung in seiner Wahlheimat Berlin geblieben und starb geächtet, enttäuscht und verbittert am 14. Oktober 1939. Erspart blieb ihm das Schicksal seiner Frau Alice und seiner Tochter Hilde, die wenige Jahre später deportiert und in Theresienstadt ermordet wurden.

Kiefholzstraße 221
Friedhof und Krematorium
Baumschulenweg

In den Jahren 1940 und 1941 wurden die insgesamt etwa 2.300 Toten aus dem Konzentrationslager Sachsenhausen zum Krematorium Baumschulenweg gebracht und eingeäschert, bevor in Sachsenhausen eigene Verbrennungsöfen installiert wurden. Die Urnen wurden in Sammelgräbern auf den Friedhöfen Baumschulenweg (etwa 1.200) und Altglienicke bestattet, darunter der Schauspieler Hans Mayer aus Darmstadt (Grabstelle 313), der Kaufmann Brodsky aus Odessa (Grabstelle 594), der Händler Max Bloch aus Frankfurt (Grabstelle 594) und der Arzt Robert Nussbaum aus Straßburg (Grabstelle 1034) und Israel Nothmann (Bild Seite 151).

Anna-Seghers-Straße 81

Jetzt als Teil der Stiftung „Archiv der Akademie der Künste" hat die Anna-Seghers-Gedenkstätte mit den Arbeits- und Wohnräumen der Dichterin wieder ihre Türen geöffnet. Anna Seghers, alias Netty Radvanyi, geborene Reiling, war der Polizei 1933 nur durch Zufall entkommen. Als Folge des Exils war die Trägerin des Kleistpreises von 1928 und Autorin des berühmten Romans „Das siebte Kreuz" in Deutschland weitgehend unbekannt, als sie am 22. April 1947 wieder nach Berlin kam. 1950 war sie Gründungsmitglied der Deutschen Akademie der Künste der DDR und von 1952 bis 1978 Präsidentin des Schriftstellerverbandes. Sie starb am 1. Juni 1983 und wurde auf dem Dorotheenstädtischen Friedhof neben ihrem Mann in einem Ehrengrab beigesetzt. In der Gedenkstätte in Adlershof blieben Wohn- und Arbeitszimmer mit wertvoller Bibliothek im Originalzustand erhalten. Eine ständige dokumentarische Ausstellung gibt einen Überblick über die Lebensstationen der Anna Seghers.

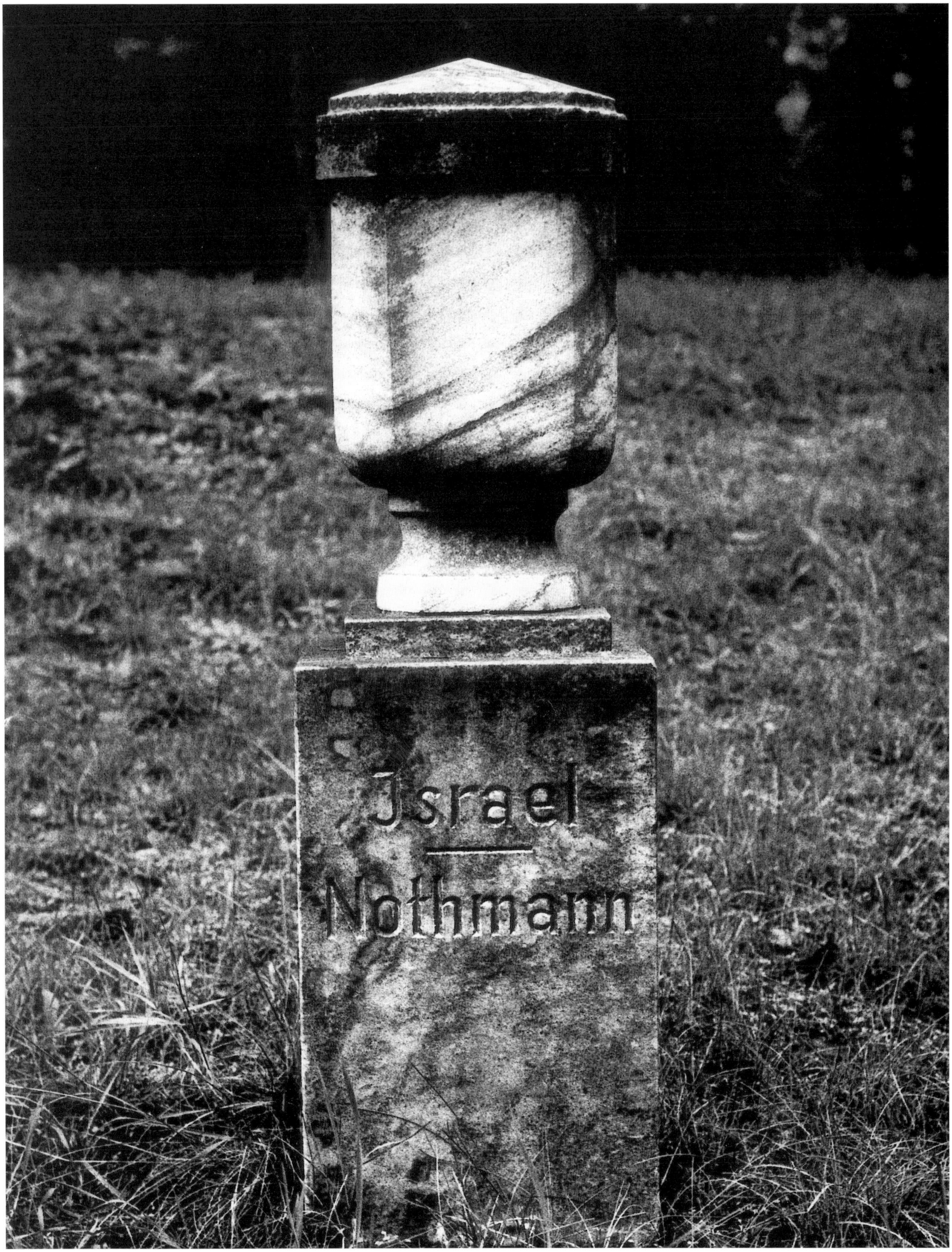
Jsrael
Nothmann

Wilhelminenhofstraße 76–77 ❹

Am 6. Juli 1898 bezog die Geschäftsführung der damaligen AEG Kabelwerke Oberspree mit Emil Rathenau an der Spitze das neugebaute Haus A6 an der Wilhelminenhofstraße. Im Innern der Fabrikanlage blieb ein 1901 errichtetes Jugendstilhaus, die sogenannte „Rathenau-Villa", erhalten. Sie diente als Firmenzentrale. Die Allgemeine Elektrizitätsgesellschaft AEG ging aus der 1883 von Emil Rathenau gegründeten Edison-Gesellschaft hervor und begann ihre Produktion im Jahre 1887. Als Generaldirektor förderte der geniale Ingenieur die Aluminium- und Elektrostahlgewinnung, Drehstromtechnik, Radiotelegraphie und den Bau elektrischer Bahnen und Turbinen. Er machte die AEG zum international führenden Unternehmen für angewandte Elektrizität mit Zehntausenden von Beschäftigten, nicht nur in Berlin. Walther Rathenau wurde nach dem Tode seines Vaters 1915 Präsident der AEG. Zuvor war er bereits in der Firma tätig und beauftragte den Architekten Peter Behrens im Jahr 1909 mit dem Bau der berühmten Turbinenhallen in Moabit und Wedding. Er schrieb 1918: „In den Jugendjahren eines jeden deutschen Juden gibt es einen schmerzlichen Augenblick, an den er sich zeitlebens erinnert: wenn ihm zum ersten Male voll bewußt ist, daß er als Bürger zweiter Klasse in die Welt getreten ist, und daß keine Tüchtigkeit und kein Verdienst ihn aus dieser Lage befreien kann." 1921 wurde er Minister für Wiederaufbau, 1922 Außenminister der Weimarer Republik. Er ließ nach eigenem Entwurf seine Villa in der Koenigsallee im Grunewald bauen. Im Juni 1922 erschossen ihn rechtsradikale Attentäter auf dem Wege von der Wohnung zum Büro in einer Kurve der Koenigsallee gegenüber der Erdener Straße. Als Reichsaußenminister setzte sich Walther Rathenau unter Anerkennung der Verpflichtungen aus dem Versailler Vertrag für die Aufnahme Deutschlands in die Völkergemeinschaft ein.

An der Wuhlheide 113a ❺

Emil Rathenau und Walther Rathenau wurden im Erbbegräbnis der Familie auf dem Städtischen Waldfriedhof Oberschöneweide bestattet.

Freiheit 8 ❻
(Köpenick)

Nur ein Hausschatten auf der benachbarten Brandmauer erinnert noch an die 1910 eingeweihte Köpenicker Synagoge, die 1938 im Pogrom beschädigt und nach dem Kriege vollständig abgerissen wurde.

Mahlsdorfer Straße 94 ❼
(Köpenick)

Der deutsch-israelische Gemeindebund gründete 1902 die Israelitische Fürsorgeerziehungsanstalt für Mädchen. Sie fand ihr Domizil ab 1915 in Köpenick zusammen mit einem Heim für Kleinkinder. Das Gebäude wurde 1932 zum damals modernsten jüdischen Altersheim umgebaut, das in 32 Zimmern 63 Bewohnern Raum bot. Ende Februar 1942 wurden alle Heiminsassen deportiert. Über ihr Schicksal ist nichts bekannt. Ein weiteres Altersheim der Jüdischen Gemeinde Köpenick befand sich im Hause Müggelseedamm 212.

Gehsener Straße 53/ ❽
Filehner Straße 96
(Köpenick)

Innerhalb der Siedlung Dammfeld, die ab 1960 gebaut wurde, befand sich auf der Gemarkung der sogenannten „Schinderfichten" der 1884 eingerichtete Jüdische Friedhof von Köpenick. Er wurde 1961 vollständig abgeräumt. Die Gräber sind nach Weißensee, Herbert-Baum-Straße, umgebettet worden.

„Zu den lächerlichen Unwahrheiten,
die die Juden über sich verbreiten lassen,
gehört ja die Rede vom Wandervolk der Juden.
Ließe man sie einmal in Ruhe,
sie gingen nicht mehr vom Fleck.
Wo die Gräber ihrer Vorfahren sind,
da spüren sie ihre Wurzeln,
da sind sie zu Hause."

Arnold Zweig 1936

Namensregister

Da stehen sie plötzlich beieinander: Carl von Ossietzky und Benno Orenstein; der eine nichtjüdischer Publizist und Demokrat, der andere jüdischer Unternehmer. Im Text dieser Wanderungen durch das jüdische Berlin tauchen auch viele nichtjüdische Namen auf, denn die Orte jüdischen Lebens waren kein Ghetto. Daß darunter auch Namen von nichtjüdischen Berlinern sind, die immer für Juden gehalten werden, wie Carl von Ossietzky, Erwin Piscator oder Karl Liebknecht, hat zum einen damit zu tun, daß diese drei, die für unzählige andere stehen, eben keinen Unterschied gemacht haben zwischen ihren jüdischen oder nichtjüdischen Kollegen und Mitstreitern, wenn nur die Sache sie einte oder es erforderlich machte, gemeinsam aufzutreten, zum anderen, daß sie eben deshalb von Faschisten zwischen 1933 und 1945 als „Juden" denunziert wurden, weil anders ihr Engagement für Demokratie und progressive Konzepte nicht erklärbar schien. In anderen Worten: Dieses Buch taugt nicht zum Nachweis einer jüdischen Herkunft, es umkreist die Orte des jüdischen Berlin und umschließt alle diejenigen jüdischen wie nichtjüdischen Menschen, die an diesem von Unmenschen beendeten Kapitel Berliner Geschichte mitgewirkt haben.

Abramson, Abraham 32
Adam, Fritz 60
Adam, Saul 60
Adorno, Theodor W. 108
Ahner, Susanne 62
Amir, Johoschua 61
Apollinaire, Guillaume 74
Archenhold, Alice 150
Archenhold, Friedrich Simon 150
Archenhold, Günter Hermann 150
Archenhold, Hilde 150
Arnhold, Eduard 72, 121
Arnim, Bettina von 51
Arnstein, Fanny (geb. Itzig) 49
Auerbach & Steinitz 54
Auerbach, Baruch 38
Bab, Julius 57, 62
Bachmann & Löwenstein 54
Bachmann, Eberhard 27
Baeck, Leo 11, 83, 97
Baker, Josephine 86
Bang, Hansen 54
Barlach 53
Barthold, Simon 37
Bartholdy 68

Bassermann, Albert 22, 27
Bauer, Felice 110
Baum & Lewinsky 44, 54
Baum, Herbert 16, 31, 67, 144
Bebel, August 62
Beer, Alexander 11, 68, 102, 118, 141, 144
Beer, Amalia 31, 32, 47, 49
Beer, Jacob Herz 15, 31
Beer, Max 141
Beermann Fischer, Gottfried 44
Behr, Paul 103
Behrend & Bernstein 54
Benjamin, Dora 92, 102, 116
Benjamin, Emil 75
Benjamin, Georg 92
Benjamin, Walter 32, 75, 92, 102, 116, 126
Beradt, Martin 22, 23
Berg, Alban 53
Berglas, David 54
Bergner, Elisabeth 27
Berliner & Jobelsky 54
Bernstein, Aron 56
Bernstein, Eduard 44, 56
Bernstein, Jakob 56
Bernstein, Nathan 10
Bibo & Jackier 54
Biedermann, Carl 16
Bismarck 72
Blau, Bruno 83
Blech, Leo 53, 87, 104, 116, 127
Bleichröder, Gerson von 38, 49, 54, 72, 141
Bleichröder, S. 50
Bloch 116
Bloch, Ernst 108
Bloch, Max 150
Block & Simon 54
Blumenthal, Oskar 81
Bode, Wilhelm von 72
Borchard, Leo 109
Borchardt, Kurt 89
Born, Max 51
Brahm, Otto 27, 60, 114
Brentano 51
Breslauer 115
Brick & Balsam 54
Brick, Flora 16
Briese & Loepert 54
Brock, William 89
Brod, Max 110
Brodsky 150
Broniatowsky, Karol 114
Bruch, Max 81
Bruckner, Ferdinand (Tagger, Theodor) 94, 127
Brünn 144
Buber, Martin 23
Bülow, Hans von 57
Burg, Josef 12
Busoni, Ferruccio 82, 104
Butzmann, Eva 16

Caragiale 139
Cassirer, Bruno 126
Cassirer, Paul 73, 88, 126, 127
Chagall, Marc 74
Chain, Ernst Boris 133
Chamisso, Adelbert von 49
Chodziesner, Ludwig 32
Cohn & Walder 54
Cohn, Emil (Bernhard, Emil) 118
Cohn, Fritz 89
Cohn, M. 44
Cohn, Reich & Blumenthal 54
Cremer & Wolffenstein 61, 148
Dessau, Paul 27
Deutsch, Ernst 127
Deutschkron, Inge 19, 48, 102
Diamant, Dora 110, 122
Dietrich, Marlene 22
Diterichs, Friedrich Wilhelm 33
Döblin, Alfred 65, 92, 117, 125
Döblin, Vincent 125
Dorn, Ernst 92
Dosquet, Wilhelm 142
Drey, Arthur 19
Dreyfus, Alfred 66
Durieux, Tilla (Godeffroy, Ottilie) 127
Ebinger, Blandine 53
Edel, Peter 41, 60
Edvardson (Langgässer), Cordelia 128, 137
Einstein, Albert 9, 51, 103, 117, 121, 122
Eisler, Hanns 27
Elias, Julius 73
Eller, Theodor 68
Ephraim, Adolph 54
Ephraim, Benjamin Veitel 33
Ephraim, Veitel Heine 15, 31, 33
Ephraimsohn & Neumann 54
Epstein, Max 114
Fehrenbach, Gerson 103
Feldheim & Goldstein 54
Felsenstein, Walter 53
Feuchtwanger, Lion 115, 142
Feuchtwanger, Martha 115
Fichte, Johann Gottlieb 49
Finder, Katharina 84
Fischbein & Mendel 54
Fischer, Brigitte 117
Fischer, Samuel 44, 57, 60, 117
Fisher & Unger 54
Flake, Otto 117
Fleming, Alexander 133
Förster, Wieland 27
Fraenkel, James 111
Fraenkel, Oliver 111
Frankenberg, Vera 37
Freier, Recha 80
Freud, Sigmund 139
Freytag, Gustav 73
Friedländer, Artur 20

Friedländer, David 15
Friedländer, Leib 48
Friedman, Herbert 137
Friedrich II. 139
Friedrich Wilhelm IV. 57, 58
Friedrich, Ferdinand 37
Fulda, Ludwig 60
Fürstenberg, Carl 49, 50
Furtwängler, Wilhelm 109
Galen, Clemens Bischof von 73
Galinski, Heinz 9, 80, 127, 144
Garbáty, Moritz 140
Garbáty-Rosenthal, Eugen 140
Garbáty-Rosenthal, Josef 140
Garbáty-Rosenthal, Moritz 140
George, Heinrich 22
Gerson 53
Ghutmann, Simon 19
Goethe, Johann Wolfgang von 51
Golan, Ruth 148
Goldberg, Salomon 89
Goldenbaum & Lichtenstein 54
Goldfaden, Abraham 16
Goldmann, A. E. 44
Goldmann, Alexander 37
Goldschmidt, Ernst 118
Goldschmidt, Leonore 118
Görß, Rainer 54
Gotzkowski 58
Granach, Alexander 22, 77
Grisebach, Hans 47
Gropius, Martin 59
Gruenthal & Wolff 54
Grünbaum, Scholem 22
Gründgens, Gustaf 22
Grüner, Franz 19
Grünfeld, Heinrich 82
Grunwald, Arthur 70
Grynberg, Abraham Mordechai 24
Grzimek, Waldemar 41
Haase, Volkmar 134
Haber, Fritz 121, 122
Haber-Immerwahr, Clara 122
Haberland, Georg 38, 101, 107
Hahn, Otto 121
Hannemann, Pablo 118
Harden, Maximilian (Witkowski, Isidor) 57, 60, 67, 116, 127
Hart, Heinrich 60
Hart, Julius 60
Hartung, Gustav 94
Hauptmann, Gerhart 60
Heartfield, John 27
Hecker, Zvi 127
Hegel, Georg Wilhelm Friedrich 49
Heidecker, Gabriele 69
Hein, Christoph 13
Heine, Heinrich 41, 49
Heine, Salomon 49

Hensel, Fanny Cäcilie (geb. Mendelssohn-Bartholdy) 65
Hermann (Borchardt), Georg 107, 108
Herrmann, Helene (geb. Schlesinger) 84
Herrmann, Louis 84
Herrmann, Max 84
Herrnfeld, Gebrüder 62
Herz, Carl (Fritz Naphtali) 64
Herz, Else 64
Herz, Günter 64
Herz, Henriette 32, 49, 51, 65, 73
Herz, Marcus 15, 32
Herzfelde, Wieland 16, 27, 88
Heß, Richard 80
Hessel, Ehrenfried 80
Hildesheimer, Esriel 12
Hiller, Kurt 19
Hirsch, Betty 42
Hirsch, Otto 80, 82
Hirsch, Rahel 28
Hirschfeld & Co. 54
Hirschfeld, Magnus 96
Hitzig, Georg Heinrich Friedrich 42, 72
Hoddis, Jakob van (Davidsohn, Hans) 19
Hoeniger, Johann 15, 38, 130
Hollaender, Erich 58
Hollaender, Felix 127
Holländer, Friedrich 53
Holländer, Gustav 57, 88
Horn, Gebrüder 60
Horowitz, Vladimir 57, 117
Humboldt, Alexander von 49, 51, 58
Humboldt, Wilhelm von 51
Hunzinger, Ingeborg 30
Ibsen, Henrik 60
Isenburg & Lewin 54
Israel, Nathan 32
Itzig, Daniel 15, 31, 33, 68
Itzig, Isaac Daniel 15, 31, 68
Jacob, Heinrich Eduard 19
Jacob, Julius 57
Jacobsohn, Betty Sophie 92
Jacobsohn, E. Ch. 78
Jacobsohn, Siegfried 97
Jäkel, August 96, 137
Jakobowski & Cohen 54
Jandorf, Adolf 41, 83
Jastram, Jo 141
Jessner, Leopold 51
Joachim II., Kurfürst 30, 33
Joachim, Joseph 57, 81, 94, 118
Joachim, Marianne 16
Joel, Rabbiner 47, 48
Jogiches, Leo 104
Junge, Günther 44
Kafka, Franz 24, 110, 122
Kahane, Oberrabbiner 83
Kainz, Josef 27
Kaléko, Mascha 87

Kaliski, Lotte 121
Kantorowicz, Alfred 10, 108
Kantorowski, Georg 68
Karschin (Karsch, Anna Luise) 15
Kaufmann, Margarethe 12
Kaufmann, Oskar 86, 94, 114
Kaufmann, Selmar 17
Kautsky, Karl 44
Kemmeter, Michael 31
Kempinski, Berthold 38, 60, 81
Kempner, Robert 109
Kerr, Alfred 77, 114, 115
Kerr, Judith 115
Kersten & Tuteur 60
Kersten, Willi 60
Kesten, Hermann 83
Kestenberg, Leo 53, 93, 126
Kiepenheuer, Gustav 83
Kisch, Egon Erwin 16, 102, 104
Klausner, Julius 67
Klee, Paul 75
Kleiber, Erich 53
Kleist, Heinrich von 76
Klemperer, Georg 26
Klemperer, Otto 53, 109
Klemperer, Victor 26
Klemperer, Wilhelm 26
Knoblauch, Eduard 9, 11
Knobloch, Heinz 15
Kochmann, Martin 16
Kochmann, Sala 16
Kolmar, Gertrud (Chodziesner, Gertrud Käthe) 32, 103, 126
Koppel, Arthur 64
Koppel, Leopold 121
Koppen 16
Kortner, Fritz 51
Kracauer, Siegfried 108
Kraft & Lewin 54
Kraus, Karl 67
Kreisler, Fritz 57
Kronberg, Rudolf 20
Krützfeld, Wilhelm 9, 48
Kühl, Max 82
Kunert, Günter 59, 104
Lachmann, Benedict 103
Lachmann, Louis 41
Lachotzki 54
Lagerlöf, Selma 130
Lammert, Will 15
Landauer, Gustav 23, 24
Langgässer, Elisabeth 128
L'Arronge (Aaronsohn), Adolph 27
Lasker-Schüler, Else 74, 77, 88, 89
Lassalle, Ferdinand 73
Lazarus, Moritz 10
Lehmann, Joseph 81
Leiser, Hermann 67
Leon, Bernhard 54

156

Lesser, Ludwig 54
Lessing, Gotthold Ephraim 32
Lessing, Julius 59
Lessler, Toni 118
Levin, David Leib 54
Levin, Markus 32, 51
Levin (Varnhagen von Ense), Rahel 32, 49, 51
Levinstein, Berta 98
Levinstein, Eduard 98
Levinstein, Walter 98
Levinstein, Willibald 98
Lewald, Fanny 73
Lewandowski, Louis (Lazarus) 9
Lewin 23
Lewinsky & Meyer 54
Lewy, Gebrüder 54
Libeskind, Daniel 59, 65
Lichtwark, Alfred 123
Liebermann, Louis 74
Liebermann, Martha 37, 47, 123
Liebermann, Max 37, 47, 53, 74, 76, 77, 86, 117, 123, 126
Liebermann, [Raw = Rabbiner] 23
Liebknecht, Karl 58, 146
Lippmann-Tauß 44
Lippold 30, 33
Liszt, Franz 57, 73
Litten, Hans 33
Loeser & Wolff 74
Loeser, Bernhard 38, 64
Loewe, Sophie 38
Loewensohn, Erwin 19
Loewenthal 54
Loewenthal, E. G. 105
Loewenthal, Leo 22
Louis Ferdinand Prinz von Preußen 51
Löwy, Isaak 22
Lubitsch, Ernst 36, 94
Lubitsch, Nicola 36
Lustig, Walter 137
Luther & Wegener 49
Luxemburg, Rosa 44, 58, 78, 104, 130, 131, 146
Magnus, Gustav 52
Mahler, Gustav 53, 122
Majarow, Oberst 141
Majut, Rudolf 19
Makower, Hermann 140
Manasse, Wilhelm 142
Manheimer, Bertha 10, 36, 54
Manheimer, David 54
Manheimer, Moritz 10, 36, 54
Manheimer, Valentin 54
Marcuse, Josephine 42
Marcuse, Ludwig 15, 83
Marks, Erwin 34
Mayer, Hans 150
Mehring, Franz 44
Mehring, Walter 77, 86

Meidner, Ludwig 73
Meinung, Rudolf 20
Meitner, Lise 121
Mendel, Emmanuel 139
Mendelsohn, Erich 61, 65, 88, 145
Mendelssohn & Co. 50, 117
Mendelssohn Bartholdy, (Jakob Ludwig) Felix 50, 52, 57, 65, 81
Mendelssohn Bartholdy, Fanny 58
Mendelssohn, Abraham 58, 68
Mendelssohn, Brendel (Dorothea) 51
Mendelssohn, Franz von 117
Mendelssohn, Henriette 51
Mendelssohn, Joseph 38
Mendelssohn, Moses 15, 32, 50, 80, 127
Menuhin, Yehudi 57, 109, 123
Messel, Alfred 17, 58, 67
Meyer, Hanni 16, 67
Meyer, Julius Wolf 50
Meyerbeer, Giacomo (Beer, [Jacob] Meyer) 31, 37, 47, 58
Meyerhoff & Kaufmann 54
Model, Paul 38
Moissi, Alexander 27
Moses, David 69
Mosse 88
Mosse, Albert 38
Mosse, Emilie 119
Mosse, Rudolf 61, 119
Motte Fouqué, de la 49
Mühsam, Erich 121
Nachama, Estrongo 144
Nathan, Paul 12
Nelson, Rudolf 81, 86
Netter, Carl Leopold 64
Neumann, Salomon 10
Neutra, Richard 61
Nicolai, Friedrich 32
Nicolaier, Arthur 78
Nielsen, Asta 22
Nothmann, Israel 150
Nussbaum, Felix 88
Nussbaum, Robert 150
Oettinger, Joseph 48
Offenberg 145
Orenstein & Koppel 64
Orenstein, Benno 64
Osborn, Max 73
Ossietzky, Carl von 107, 142
Palmer, Lilli (Peiser, Lilli Maria) 125
Paul, Jean 51
Peisackowicz, Selma 144
Peisackowicz, Siegfried 144
Peiser, Bona 34
Philippsthal, Arno 69
Pieck, Wilhelm 146
Pisarek, Abraham 109
Pisarek, Georg 109
Pisarek, Ruth 109

Piscator, Erwin 77, 93
Planck, Max 117
Poelzig, Hans 27
Poper & Fürth 54
Porten, Henny 53
Ranke, Leopold von 15
Rathenau, Emil 64, 115, 152
Rathenau, Walther 80, 115, 116, 117, 152
Rauch 49
Rechnitz, Günther 89
Rechnitz, Valeska 89
Reich & Behr 54
Reich, Markus 145
Reichel, Rudolf W. 65
Reichenheim, Moritz 42
Reichenheim, Sarah 42
Reinhardt, Max 22, 27, 36, 51, 52, 66, 86, 114, 118, 127
Reiß, Erna 65
Riesenburger, Martin 144
Riess, Curt 103
Ring, Elvira 76
Ring, Max 76
Rodewald, Heinz 51
Rosenberg, Johanna 56
Rosenberg, Sally 20
Rosenfeld & Nathan 54
Rosenthal, Hans 38, 127
Roth, Joseph 20, 51, 75, 83
Rotholz, Lotte 62
Rotholz, Siegbert 62
Rubinstein 54
Rubinstein, Artur 57
Sachs, Michael 44
Sachs, Nelly 16, 77, 130
Saling, Marianne (Mirjam) 50
Salinger 115
Salinger & Bender 54
Salomon, Bella 68
Salomon, Charlotte 87
Salomon, Erich 61, 125
Salomon, Franz 130
Salomon, Jacob 50
Salomon, Lea 68
Sandrock, Adele 27
Savigny 49
Scharfenberg, Emanuel 96
Schasar, Salman 23
Scheer, Regina 11
Scherbel, Erna 89
Scherbel, Gertrud 89
Scherchen, Hermann 109, 126
Scherl 61
Schiffer, Marcellus 53
Schlegel, Friedrich von 51
Schlegel, Brendel (Dorothea) 32
Schleiermacher, Friedrich 49, 51
Schlenther, Paul 60
Schmidt, Josef 80

Schmoll, Margarethe 89
Schnabel, Artur 57, 87
Schnock, Frieder 101
Schocken, Salman 61
Schocken, Simon 145
Schoenholtz, Michael 57
Scholem, Gershom (Gerhard) 23, 24, 116
Scholz, Rolf 69
Schönberg, Arnold 34, 57, 58, 82, 86, 93, 126
Schönflies, Pauline 75
Schröder, Marosch 69
Schüftan, Bety 89
Schüftan, Max 89
Schulenburg, Rudolf von der 70
Schüler, Ralf 78
Schüler-Witte, Urselina 78
Schwarz, Minna 42
Seghers, Anna 27, 102, 137, 150
Seibert, Georg 69, 130
Seligmann, Leopold 54
Seligsohn, M. 54
Sellner, Gustav Rudolf 126
Sidur, Vadim 97
Simmel, Georg 108
Simon, James 12, 38, 72, 121
Simson, Eduard von 58
Sinasohn, Max 24
Singer, Kurt 62, 87, 96
Singer, Paul 62, 146
Sorma, Agnes 27
Spoliansky, Mischa 53
Stahl, Heinrich 80
Stanislawski 27
Steinhardt, Jacob 73
Steinitz, Hugo 117
Stern, Julius 57
Sternheim 26
Stettenheim, Julius 60
Stieh, Renata 101
Strassmann, Fritz 121
Strauß, Hermann 137
Strauss, Richard 126
Stüler, August 9
Sussmann 24
Sussmann-Hellborn, Louis 59
Sydow, Anna 30
Tal (Grüntal), Josef 88
Tannenwald 17
Tauber, Richard 80
Tergit, Gabriele (Hirschmann, Elise) 130
Tessmann, Dorothea 89
Thieme, Gerhard 15
Thorak, Josef 127
Tieck, Ludwig 51
Tietz, Eduard 27
Tietz, Hermann 83
Tietz, Oskar 83
Toller, Ernst 16, 93
Tucholsky, Kurt 61, 86, 88, 97, 107, 133

Tuteur, Jakob 60
Ullmann, Micha 53
Ullstein, Franz 61, 127
Ullstein, Hans 61
Ullstein, Hermann 61
Ullstein, Leopold 38, 61
Ullstein, Louis (Ferdinand) 61, 115
Ullstein, Rudolf 61
Unger, Erich 19
Ury, Else 93
Ury, Lesser 77
Varnhagen von Ense, Karl August 21, 32, 49, 73
Varnhagen von Ense (geb. Levin), Rahel 65
Veit, Brendel (Dorothea) (geb. Mendelssohn) 32
Virchow, Rudolf 28, 72
Vogel Henriette 76
Vogelsdorff, Benjamin 147
Walden, Herwarth (Levin, Georg) 65, 74, 89
Walser, Carl 117
Walter (Schlesinger), Bruno 53, 57, 109
Warschauer, Robert 50
Weber, Carl Maria von 139
Wehland, Susanne 28
Weidling, General 70
Weidt, Otto 19, 48, 126
Weil & Orbach 54
Weill, Kurt 108
Weiß, Ernst 83
Weisz, David 82
Werner, Arthur 137
Wertheim 58, 83
Wertheim, Abraham 67
Wertheim, Franz 17, 67
Wertheim, Georg 17, 67
Wertheim, Wilhelm 17, 67
Wertheim, Wolf 17, 67
Wessely, Hartwig 15
Wiegel, Adolf 34
Wiegel, Frieda 34
Wiens, Paul 41
Wieprecht, Wilhelm 47, 48
Wilder, Billy 104
Wilhelm I. 50
Wilhelm II. 49, 72, 86, 117
Wilhelmy, Gebrüder 54
Willstätter, Richard 121, 122
Wisten, Fritz 62
Wolff, Bernhard (Benda) 60
Wolff, Edith 33
Wolff (geb. Cohen), Jeanette 97, 127
Wolff, Karl 74
Wolff, Theodor 60, 61, 66
Wolff-Grohmann, Hans 97
Wolffenstein, Moses 109
Wolfssohn, John 19
Wolzogen, Ernst von 34, 82
Wulff, Liepmann Meyer 31

Zarch, Kay 148
Zelter, Carl Friedrich 15, 52, 58
Zille, Heinrich 61
Zuckmayer, Carl 23, 117
Zweig, Arnold 27, 128, 127, 141, 153